BERTRAND POIRIER

BOMBARDIER

Un empire québécois

Révision : Agnès St-Laurent
Correction : Charlotte de Celles et Sylvie Massariol
Photos : Bombardier Inc.

DISTRIBUTEURS EXCLUSIFS :

Pour le Canada et les États-Unis :
MESSAGERIES ADP*
2315, rue de la Province
Longueuil, Québec J4G 1G4
Téléphone : 450-640-1237
Télécopieur : 450-674-6237
Internet : www.messageries-adp.com
* filiale du Groupe Sogides inc.,
filiale de Quebecor Media inc.

Pour la France et les autres pays :
INTERFORUM editis
Immeuble Paryseine, 3, allée de la Seine
94854 Ivry CEDEX
Téléphone : 33 (0) 1 49 59 11 56/91
Télécopieur : 33 (0) 1 49 59 11 33
Service commandes France Métropolitaine
Téléphone : 33 (0) 2 38 32 71 00
Télécopieur : 33 (0) 2 38 32 71 28
Internet : www.interforum.fr
Service commandes Export – DOM-TOM
Télécopieur : 33 (0) 2 38 32 78 86
Internet : www.interforum.fr
Courriel : cdes-export@interforum.fr

Pour la Suisse :
INTERFORUM editis SUISSE
Case postale 69 – CH 1701 Fribourg – Suisse
Téléphone : 41 (0) 26 460 80 60
Télécopieur : 41 (0) 26 460 80 68
Internet : www.interforumsuisse.ch
Courriel : office@interforumsuisse.ch
Distributeur : OLF S.A.
ZI. 3, Corminboeuf
Case postale 1061 – CH 1701 Fribourg – Suisse
Commandes :
Téléphone : 41 (0) 26 467 53 33
Télécopieur : 41 (0) 26 467 54 66
Internet : www.olf.ch
Courriel : information@olf.ch

Pour la Belgique et le Luxembourg :
INTERFORUM BENELUX S.A.
Fond Jean-Pâques, 6
B-1348 Louvain-La-Neuve
Téléphone : 32 (0) 10 42 03 20
Télécopieur : 32 (0) 10 41 20 24
Internet : www.interforum.be
Courriel : info@interforum.be

04-12

Traduction revue et augmentée de l'ouvrage original publié par John Wiley & Sons sous le titre *The Bombardier Story. Planes, trains and snowmobiles.*

Dépôt légal : 2012
Bibliothèque et Archives nationales du Québec

ISBN 978-2-7619-3074-1

Gouvernement du Québec – Programme de crédit d'impôt pour l'édition de livres – Gestion SODEC – www.sodec.gouv.qc.ca

L'Éditeur bénéficie du soutien de la Société de développement des entreprises culturelles du Québec pour son programme d'édition.

Nous remercions le Conseil des Arts du Canada de l'aide accordée à notre programme de publication.

Nous remercions le gouvernement du Canada de son soutien financier pour nos activités de traduction dans le cadre du Programme national de traduction pour l'édition du livre.

Nous reconnaissons l'aide financière du gouvernement du Canada par l'entremise du Fonds du livre du Canada pour nos activités d'édition.

BOMBARDIER
Un empire québécois

Larry MacDonald

Traduit de l'anglais (Canada) par Charles-Henri Brenner

Une compagnie de Quebecor Media

Marques de commerce

Bombardier, Challenger, Challenger 601-3R, Challenger 300, Challenger 605, Regional Jet, CRJ, CRJ700, CRJ900, CSeries, CL-415, Global Express, Global 5000, Learjet, Learjet 45, Learjet 45 XR, Learjet 60, Learjet 60 XR, Q400, Dash 8/Série Q, Skytrain, LRC, Acela, JetTrain, Bilevel, TRAXX sont des marques de commerce de Bombardier Inc. ou de ses filiales.

SKI-DOO, SEA-DOO, ROTAX, CAN-AM, EVINRUDE, JOHNSON, ELITE, ELAN, SKANDIC, VALMONT, BLIZZARD, SUMMIT, EVEREST, MOTO-SKI, FORMULA, SPEEDSTER, E-TEC, REV sont des marques de commerce de Bombardier Produits Récréatifs inc. ou de ses sociétés affiliées.

Toutes les autres marques appartiennent à leurs propriétaires respectifs.

Avant-propos

À l'époque où j'amassais l'information nécessaire à l'écriture du présent ouvrage, je songeais souvent à la parabole des six aveugles et de l'éléphant: tâtant la trompe de l'animal, le premier aveugle déclare que c'est un serpent; le deuxième attrape la queue et dit qu'il s'agit plutôt d'un bout de corde; le troisième touche la jambe de l'éléphant et pense que c'est un tronc d'arbre; le quatrième palpe son flanc et dit que c'est un mur; le cinquième lui prend l'oreille et proclame que c'est un éventail; le sixième aveugle fait glisser sa main sur une des défenses de l'animal et annonce qu'il s'agit d'une lance.

La taille de Bombardier Inc. a certes de quoi évoquer un éléphant. Il suffit, pour être convaincu de l'analogie, de considérer sa vaste gamme de produits. En Amérique par exemple, ses équipements de transport sur rail incluent le train à grande vitesse Acela ainsi que des voitures de métro utilisées dans les réseaux de transport en commun de Montréal, Toronto, Vancouver et New York, pour ne nommer que ces villes. Bombardier œuvre aussi dans le domaine de l'aéronautique ainsi qu'en témoignent des produits comme le jet régional Canadair, l'avion à turbopropulseurs Dash 8 et le jet d'affaires Global Express.

Jusqu'en 2003, il y a eu aussi les produits récréatifs comme la célèbre motoneige Ski-Doo, la motomarine Sea-Doo et le véhicule tout-terrain Traxter.

Alors, quelle est la véritable nature de Bombardier? J'ai découvert au fil de mes recherches que les perceptions divergent au sein de la compagnie même: certains employés de Bombardier confirment l'existence de cette ambiance familiale dont la firme est si fière; d'autres parlent plutôt d'un environnement d'affaires impitoyable voué aux diktats d'une croissance rapide et continue. Les points de vue sont tout aussi variés à l'extérieur de la compagnie. Faisant régulièrement la manchette, Bombardier s'attire les louanges du public pour, l'instant d'après, susciter sa réprobation. Ses supporters affirment qu'elle est un modèle d'entreprise pour le XXIe siècle ; ses détracteurs sont bien entendu d'un tout autre avis. Mon but est de présenter ici ces différentes perspectives de manière équitable, sans tomber dans l'anecdotique ni dans des récits sensationnalistes de voracité corporative. Eu égard à ses nombreuses réalisations et à la manière dont elle façonne la réalité socioéconomique du pays – même ses plus virulents détracteurs ne nient pas ce fait –, j'estime que Bombardier mérite, dans la narration de son histoire, un traitement plus digne et plus élevé.

Plus que la simple histoire d'une grande société, j'ai voulu que ce livre soit une étude de cas d'entreprise. J'agence l'histoire corporative en une série d'événements relatant l'ascension de Bombardier, de ses balbutiements jusqu'à aujourd'hui, qui exposent les rouages de son succès commercial. Incorporée à l'historique de la compagnie, l'étude de cas met en lumière la très efficace formule d'entreprise de Bombardier. Pris sous cet angle, le présent ouvrage est susceptible d'intéresser autant les gens d'affaires, les conseillers, les économistes, les journalistes et les politiciens que les universitaires poursuivant des études commerciales ; et autant les employés passés, présents et futurs de Bombardier (et les membres de leur famille) que ceux qui sont à l'emploi ou qui font affaire avec une compagnie rivale. Ce livre intéressera également les utilisateurs de produits Bombardier, les actionnaires actuels ou potentiels de la firme, de même que les investisseurs qui veulent acquérir une meilleure compréhension des processus de croissance à long terme d'une compagnie et des circonstances qui favorisent et soutiennent une telle croissance.

Dans sa chronique sur la gestion d'entreprise du *Financial Times* de Londres, le professeur britannique John Kay s'interroge souvent sur la pertinence des historiques corporatifs et des études de cas d'entreprise. Ces outils d'analyse n'offrent bien souvent selon lui qu'une interprétation incomplète des entreprises qu'ils prétendent cerner, d'une part à cause de la taille et de la complexité de ces compagnies – souvenons-nous de la parabole des aveugles et de l'éléphant –, d'autre part à cause des préjugés, favorables ou défavorables, des chroniqueurs ou analystes qui en font usage.

Ces outils ne peuvent finalement mettre en lumière que certains aspects d'une réalité plus exhaustive, et pas toujours avec exactitude. Kay cite à titre d'exemple la percée des fabricants de motos japonais sur le marché nord-américain dans les années 1960[1]. Une étude réalisée sur le sujet affirme que les fabricants japonais, dont Honda, ont sciemment orchestré leur expansion vers les États-Unis en se basant sur leurs succès commerciaux intérieurs. Certains cadres de chez Honda qui furent mutés aux États-Unis à cette époque ont relaté en entrevue une tout autre version des faits : avant de partir pour la Californie, où, leur disait-on, les réseaux de transport en commun n'étaient pas très développés, ils expédièrent vers leur nouvelle terre d'accueil des motos Honda pour leur usage personnel. Ce n'est qu'après avoir vu l'intérêt que leurs petites motos sportives suscitaient dans les rues de la Californie et constaté de première main la piètre fiabilité des motos américaines que ces gestionnaires nippons expatriés ont envisagé de lancer leur produit en sol américain.

Laquelle de ces deux versions est la bonne ? Kay explique qu'elles ne sont ni vraies ni fausses, qu'il s'agit de deux interprétations différentes qui ajoutent toutes deux à notre compréhension : le témoignage de l'intérieur donne un aperçu de ce qui se passe aux premières lignes et le témoignage de l'extérieur ajoute un certain nombre de variables à la représentation des faits. Je me suis efforcé, pendant que j'écrivais ce livre, de tenir compte de ces subtiles variantes. Il y a dans toute réalisation commerciale une part de conception et de planification, et une part de hasard, d'accident. Ce mariage du délibéré et de l'impondérable découle de l'interaction des variables internes et externes, des stratégies formulées par la compagnie et des forces externes qui influent sur elle.

Le lecteur doit savoir que j'ai eu carte blanche dans la rédaction de ce portrait de Bombardier. Bien que ce soit mon éditeur qui m'ait suggéré le sujet – et c'est le genre d'invitation que je prends plaisir à accepter –, il ne m'a pas imposé de contraintes ou de directives. Quant à la firme intéressée, elle m'a gracieusement autorisé à interviewer ses cadres supérieurs sans exiger quoi que ce soit de moi en retour.

Les personnes mentionnées dans ce livre le sont par leur patronyme, sauf dans le cas des trois principaux protagonistes, Joseph-Armand Bombardier, Laurent Beaudoin et Pierre Beaudoin.

J'appelle Joseph-Armand par son prénom pour éviter toute confusion avec la compagnie qui porte son nom ; dans le cas de Laurent et Pierre, l'usage du prénom permet de distinguer le fils du père.

On dit que la tournure d'une histoire dépend pour beaucoup du point de vue de l'observateur. Quels sont mes antécédents ? Je suis né et j'ai grandi à Ottawa, et j'ai exercé la profession d'économiste pendant douze ans avant de me tourner vers le journalisme d'affaires. Il est évident que je n'ai pas appréhendé l'histoire de Bombardier de la même manière que l'aurait fait un businessman de l'Alberta, un travailleur social de Toronto ou un employé du secteur aéronautique québécois. Néanmoins, je tiens à répéter que je me suis efforcé, tout au long de ce livre, de présenter les événements et les différentes perspectives de façon équilibrée. J'ai voulu dresser ici un portrait vraisemblable et cohérent de Bombardier, et non celui d'un éléphant étrange et disloqué, composé d'un serpent, d'une corde, d'un tronc d'arbre, d'un mur, d'un éventail et d'une lance.

Note : à moins d'indication contraire, tous les montants mentionnés dans ce livre sont en dollars canadiens.

LARRY MACDONALD

INTRODUCTION

La montée d'un empire

UN PARCOURS FULGURANT

En 1999, Bombardier s'attire les foudres du président de la firme d'équipement ferroviaire berlinoise Adtranz, une filiale de Daimler-Chrysler AG. Le PDG allemand se rend cette année-là à Toronto et livre un discours dans lequel il annonce qu'Adtranz compte amorcer une percée en Amérique du Nord avec la ferme intention de supplanter Bombardier sur son propre territoire. N'ayant pas apprécié l'incursion du géant québécois sur le marché européen, le président d'Adtranz tient à le remettre à sa place. « Je crois fermement que, dans un proche avenir, Adtranz deviendra leader en son domaine aux États-Unis[1] », proclame-t-il.

Au moment où il prononce ces paroles, il ne se doute certainement pas qu'au printemps 2001, soit moins de deux ans plus tard, son rival se portera acquéreur d'Adtranz. La compagnie allemande acceptera l'offre de Bombardier pour pouvoir se concentrer sur la production d'automobiles, qui est en fait son principal secteur d'activité. À la suite de cette acquisition, les revenus de la division d'équipement ferroviaire de Bombardier vont atteindre 8 milliards de dollars, soit plus du double de ce qu'ils étaient auparavant. En achetant Adtranz, Bombardier va s'enrichir d'une société productrice jouissant d'une grande expertise dans le matériel roulant et les systèmes de propulsion, et devenir ainsi le numéro un mondial de l'industrie ferroviaire, surpassant le conglomérat franco-britannique Alstom et le géant industriel allemand Siemens.

L'ascension qui va mener Bombardier aux plus hauts sommets de l'industrie s'amorce en 1974, année où la ville de Montréal commande à la compagnie plusieurs centaines de voitures pour son réseau de métro. L'expertise développée tout au long de ce projet permet à la firme québécoise de décrocher plusieurs gros contrats aux États-Unis, dont une commande de voitures de métro pour la *New York City Transit Authority* en 1982, un contrat d'une valeur de 1 milliard de dollars. Les fabricants d'équipement ferroviaire nord-américains éprouvent de sérieuses difficultés à cette époque, résultat d'un déclin graduel amorcé juste après la Deuxième Guerre à cause de la popularité sans cesse grandissante de l'avion et de l'automobile comme moyens de transport.

La plupart des grands manufacturiers ferroviaires américains comme Pullman n'existent déjà plus au début des années 1990. Les actifs de Pullman ont d'ailleurs été rachetés par Bombardier en 1988, après ceux de Budd en 1987.

Il ne reste en fait aux États-Unis qu'un seul producteur national majeur, la Morrison Knudsen Corporation, un géant de la construction ayant à son actif de grandes réalisations comme le barrage Hoover et le pont de la baie de San Francisco. Menée par un nouveau PDG dynamique du nom de William Agee – qui auparavant a tenu les rênes de la Bendix Corporation –, Morrison Knudsen se lance avec fougue et détermination dans la production d'équipement ferroviaire. Le conglomérat basé à Boise dans l'Idaho livre pendant un temps une lutte féroce à Bombardier et à ses autres concurrents en soumettant des offres en moyenne 7 pour cent moins chères que celles de ses rivaux.

Cette stratégie lui permet de décrocher six des huit contrats pour lesquels elle présente des soumissions entre 1990 et 1992, vendant ainsi plus de 500 véhicules ferroviaires avec une option pour 1 000 autres unités. En comparaison, Bombardier remporte les deux tiers de ses soumissions en 1988 et à peine un tiers en 1992 – un résultat beaucoup moins reluisant que celui de son concurrent. Il faut dire que Morrison Knudsen doit une bonne part de ses succès au *Buy American Act*, une loi américaine visant à favoriser l'achat de sources nationales, ainsi qu'à une nouvelle tendance de l'État et des municipalités à financer en priorité la production locale.

Morrison Knudsen n'est pas toujours très nette dans ses tractations. La firme a par exemple raflé un contrat en promettant que les voitures qu'elle produira seront fabriquées à 80 pour cent aux États-Unis, mais elle demande une dispense relativement à une exigence technique majeure pour laquelle deux des autres entreprises candidates ont été disqualifiées. Dans une autre attribution, un contrat lucratif visant la fabrication de véhicules ferroviaires pour une agence de transport du nord de l'Illinois, Morrison Knudsen bat ses concurrents de peu grâce à des «points bonis» accordés parce qu'elle promet, encore une fois, d'exécuter l'essentiel du travail dans la région intéressée. Ces mystérieux points bonis, dont personne n'a fait mention durant l'appel d'offres, font pencher la balance en faveur de Morrison Knudsen en dépit du fait que Bombardier propose une meilleure technologie à meilleur prix.

En définitive, ces stratégies de marketing pour le moins agressives vont mener Morrison Knudsen à sa perte: débordée de commandes, l'entreprise américaine s'avère incapable d'honorer les contrats qu'elle a si cavalièrement arrachés à ses rivaux. Ses ingénieurs sont dépassés et elle n'a pas les ressources nécessaires pour respecter les échéanciers et les normes de qualité que ses clients lui imposent. Pire encore, la compagnie s'aperçoit bientôt que ses coûts de production dépassent largement les sommes par trop raisonnables envisagées dans ses soumissions. Ces dépassements de coûts sont en grande partie responsables du déficit de 310 millions de dollars US qu'elle essuie en 1994.

Encore secouée par le terrible échec de sa gamme de produits de construction et par les dettes colossales qu'ils ont occasionnées, Morrison Knudsen n'est pas en bonne position pour accuser une telle perte. N'ayant pas les fonds nécessaires pour couvrir les coûts excédentaires de sa production, l'entreprise est au bord de la faillite. Le conseil d'administration congédie William Agee et stoppe net sa production d'équipement ferroviaire. L'entreprise évite le démantèlement de ses autres secteurs d'activité en fusionnant avec une autre compagnie de construction.

Avec le retrait de Morrison Knudsen, Bombardier devient le seul acteur d'importance en Amérique du Nord dans le secteur ferroviaire. Après avoir décroché plusieurs contrats extrêmement lucratifs, l'entreprise québécoise décide d'investir intensivement dans une stratégie visant à percer le marché ferroviaire européen. Cette initiative lancée au milieu des années 1980 porte ses fruits quelque 12 ans plus tard, alors que Bombardier se hisse au sommet de l'industrie en Europe. Imaginez qu'un joueur de soccer nord-américain se joigne aux ligues de foot européennes et en devienne la principale vedette: c'est un exploit de cet ordre que va réaliser Bombardier.

La performance est d'autant plus étonnante qu'on tient pour acquis, dans l'industrie ferroviaire, que l'essentiel de l'expertise et des compétences se trouve en Europe et non dans cette contrée enneigée et lointaine que l'on nomme Québec. Le marché de l'équipement ferroviaire est quatre fois plus important en Europe qu'en Amérique du Nord et il est dominé par des entreprises existant depuis plus d'un siècle.

Certaines de ces firmes européennes s'imposent comme des leaders mondiaux dans le domaine de la recherche et du développement, d'autres entretiennent des relations étroites avec des compagnies de chemin de fer étatiques, mais presque toutes bénéficient d'une coopération et d'un soutien gouvernementaux beaucoup plus assidu que ceux que les gouvernements nord-américains accordent à leurs propres entreprises.

Au même moment où elle s'impose dans le secteur ferroviaire, Bombardier travaille au développement de sa division aéronautique. La compagnie a fait son entrée dans cette industrie en 1986 en acquérant le fabricant de jets d'affaires Canadair Ltd., de Montréal. Elle achète par la suite plusieurs autres constructeurs aéronautiques en difficulté, incluant la célèbre firme Learjet. Redressant de main de maître ces actifs pour le moins précaires, Bombardier devient 12 ans plus tard le troisième plus grand constructeur d'aéronefs civils au monde, juste après le géant américain Boeing et le consortium européen Airbus.

L'ascension de Bombardier dans les sphères de l'aéronautique s'effectue, comme cela est le cas dans le secteur ferroviaire, à une époque où l'industrie connaît des ratés. Plusieurs de ses concurrents jettent l'éponge durant cette période, notamment la firme néerlandaise Fokker, une référence parmi les fabricants d'avions régionaux, qui pique définitivement du nez en 1997, écrasée sous le poids de ses dettes et de ses procédés de construction obsolètes. L'avionneur canadien de Havilland bat de l'aile lui aussi à cette époque. Rescapée par Boeing, puis abandonnée faute de retour à la rentabilité, la compagnie est prise en charge en 1992 par Bombardier, qui parvient à en faire un élément productif de ses exploitations aéronautiques.

Non contente de s'en tenir aux secteurs de l'aéronautique et de l'équipement ferroviaire, Bombardier cherche aussi à imposer sa dominance dans une troisième industrie, celle des produits récréatifs motorisés. La compagnie compte déjà 30 ans d'expérience comme fabricant de véhicules à chenilles destinés au transport sur neige ou sur terre lorsqu'elle se lance dans la production de motoneiges à usage récréatif; aussi s'impose-t-elle très rapidement comme chef de file de cette industrie florissante. Bombardier domine l'industrie de la motoneige jusqu'en 1990, année où Polaris Industries, son concurrent du Minnesota, lui dame le pion. (Le géant québécois serait sans doute resté en première position s'il avait réussi à acheter Polaris en 1980 ainsi qu'il se proposait de le faire, mais les lois antitrust américaines l'en ont empêché.)

Bombardier contre-attaque en optimisant sa gamme de motoneiges Ski-Doo et en développant de nouveaux produits comme le véhicule électrique de proximité NV, un moyen de transport novateur pour les déplacements sur courte distance en milieu urbain ou résidentiel, et le véhicule tout-terrain Traxter. Ses désirs de diversification l'incitent à lorgner du côté des produits marins, ce qui mène à la création de la gamme de motomarines Sea-Doo. Bombardier connaît là aussi un succès fulgurant, raflant dès le milieu des années 1990 pas moins de 50 pour cent des parts du marché. Ces nouveaux produits permettent à Bombardier de doubler Polaris dans le secteur des produits récréatifs en 2003 (cette dernière s'est engagée elle aussi, avec succès, sur le marché du véhicule tout-terrain).

En 2001, Bombardier acquiert les marques de moteurs hors-bord Johnson et Evinrude d'une société en faillite, la Outboard Marine Corporation, qui, fait intéressant, a tenté d'acheter Bombardier dans les années 1960. Le PDG de la Brunswick Corp., un chef de file dans l'industrie des moteurs hors-bord et des embarcations de plaisance, donne en la circonstance un conseil d'ami à son nouveau concurrent: « Bombardier est une compagnie très compétente, dit-il, mais Brunswick est le meilleur constructeur de moteurs au monde. Il faudra l'intervention du Ciel pour qu'ils arrivent à nous dépasser[2]. » Ce n'est ni plus ni moins qu'un duel que le PDG de Brunswick lui propose.

Les équipements ferroviaires, l'aéronautique, les produits récréatifs… tout cela est-il suffisant? Bien sûr que non. Confrontée à la nécessité de répondre à un besoin que les banques ne sont pas prêtes à combler, Bombardier crée au début des années 1970 un groupe de capital qui a pour vocation de fournir un financement de stocks aux concessionnaires Ski-Doo, puis un financement sur achat pour le client désireux d'acheter une motoneige. Au fil des années, ce service de financement s'étend aux nouveaux produits – motomarines, VTT, etc. – que Bombardier met en marché.

Bombardier Capital diversifiera peu à peu ses activités en proposant des prêts commerciaux, du financement par crédit-bail et des services de gestion d'actifs dans des créneaux liés à ses compétences maîtresses : les jets d'affaires et les voitures de chemin de fer sont les principaux produits visés par ces services. En 2001, Bombardier assure la gestion de 13 milliards de dollars en actifs et est le troisième plus important fournisseur de financement de stocks en Amérique du Nord.

Survient alors le 11 septembre 2001, dont l'impact est majeur pour Bombardier. La crise qui secoue l'aéronautique, associée au poids de l'intégration d'Adtranz, affaiblit l'entreprise. Un changement à la direction et une restructuration entraînent la vente des Produits récréatifs en 2003 et la liquidation graduelle des produits de Bombardier Capital. De 2005 à 2008, Laurent Beaudoin reprend les rênes pour assurer la survie et le retour à la santé de l'entreprise ébranlée.

LES ARTISANS DU SUCCÈS

En 1970, par une belle journée d'été, Laurent Beaudoin s'installe aux commandes d'un petit avion et s'engage sur la piste. Après cinq heures d'entraînement, son instructeur estime qu'il est prêt à faire son premier vol en solo. L'appareil a pris son envol lorsque Laurent se penche, cherchant à tâtons le levier qui lui permet d'ajuster son siège dans une position plus confortable. Laurent actionne le levier et, à son grand effroi, son siège se catapulte vers l'arrière. Le harnais de sécurité l'arrime à son siège. Les commandes sont hors de portée. Il étire les bras avec l'énergie du désespoir et réussit enfin à atteindre le panneau de contrôle. Maniant les instruments du bout des doigts, il parvient à ramener l'appareil au sol. « J'avais pris juste assez d'altitude pour me tuer[3] », avouera-t-il en frissonnant, encore secoué, bien des années après l'incident, par le souvenir de cette catastrophe évitée de justesse.

Bombardier peut s'estimer chanceuse que Laurent Beaudoin ne se soit pas écrasé ce jour-là. Celui qui tient la barre de la compagnie de 1966 à 1999, puis de décembre 2004 à juin 2008, comme président et chef de la direction, et qui siégera par la suite à la tête de son conseil d'administration, est sans contredit le principal artisan de son succès phénoménal. Sans lui, Bombardier ne serait certainement pas devenu le géant mondial qu'elle est aujourd'hui, un exemple particulièrement remarquable de croissance continue dans le milieu des affaires. Au lieu d'être le phare qu'elle est devenue, elle serait peut-être restée une petite compagnie québécoise ou aurait même disparu, absorbée par un concurrent ou acculée à la faillite durant les jours sombres des années 1970.

On décrit souvent Laurent Beaudoin comme un homme au physique impressionnant et aux manières raffinées. « Il a le regard sombre d'un Italien, le nez aquilin, la mâchoire et les traits volontaires d'un proconsul[4]. »En privé, il peut être charmant et affable. Son regard perçant révèle une intelligence toujours en alerte. Il ne cherche pas à attirer sur lui le regard des médias. « Les compétences qui touchent aux relations publiques, tout ce qui semble si naturel aux porte-parole ou aux hommes d'État, tout ça ne m'est pas venu facilement, avoue-t-il. Je n'ai pas été formé pour ce genre de rôle, même qu'au début, je préférais déléguer ces fonctions à d'autres[5]. »

Au fil des années, Laurent s'entoure de lieutenants qui savent contribuer au succès de Bombardier. Raymond Royer est de ceux-là. Il arrive chez Bombardier en 1974 et passe plus de 20 ans en son sein, jusqu'en 1996 où il accepte le poste de président et chef de la direction de la firme Domtar. Royer est un chef dévoué et infatigable qui préconise une philosophie de gestion basée sur l'engagement.

Autre lieutenant de Laurent Beaudoin, Robert E. Brown, était un des plus hauts fonctionnaires du gouvernement fédéral, et diplômé du Collège militaire royal. Il a 42 ans lorsque Bombardier le recrute en 1987. Reconnu pour son sang-froid et sa détermination, il use de ses talents de gestionnaire et de négociateur pour propulser, tout au long des années 1990, le groupe aéronautique de Bombardier sur une lancée de croissance continue.

Le docteur Yvan Allaire est un autre collaborateur important pour Laurent Beaudoin. Professeur et conseiller en stratégie de gestion, Allaire devient une sorte d'éminence grise au sein de Bombardier ; il joue un rôle majeur dans le processus décisionnel de la compagnie et dirige quantité de programmes et de projets.

À la liste des individus qui marquent l'histoire de l'entreprise, il faut bien sûr ajouter le nom de son fondateur, Joseph-Armand Bombardier. Joseph-Armand a donné naissance à Bombardier dans les années 1930 en créant, dans son garage de Valcourt dans les Cantons-de-l'Est, l'autoneige B7, un véhicule sur chenilles conçu pour les déplacements sur neige pouvant accueillir jusqu'à sept passagers. Lorsque la loi exige, dans les années 1950, que toutes les routes du Québec soient déneigées, Bombardier travaille au développement et à la production de véhicules à chenilles capables de négocier les zones de tourbière et les autres types de terrains difficiles auxquels sont confrontées les industries d'extraction de ressources naturelles. En 1959, il commercialise le Ski-Doo, petite motoneige qui donne le départ à un sport nouveau et qui assure la prospérité à son entreprise. Étant de cette espèce rare que sont les inventeurs-entrepreneurs, Joseph-Armand assure tout au long de sa vie, contre vents et marées, la croissance de la compagnie qu'il a fondée, si bien qu'au moment de sa mort, en 1964, Bombardier est une entreprise solide affichant un potentiel de croissance considérable.

BOMBARDIER AUJOURD'HUI

Bombardier devient un des plus grands fabricants d'équipement de transport au monde par un savant dosage d'acquisitions judicieuses et de croissance interne.

Aujourd'hui, Bombardier fabrique des avions et des trains à la fine pointe de la technologie qui facilitent le déplacement des gens et des biens. Les chiffres témoignent mieux que les mots de son développement remarquable. Les revenus sont passés de 9,2 millions (dollars CA) au 31 janvier 1964, à 17,7 milliards (dollars US) au 31 janvier 2011. De façon générale, les profits ont progressé au même rythme que la croissance des ventes : le bénéfice net de Bombardier est passé de 1,8 million (dollars CA) au 31 janvier 1964 à 769 millions (dollars US) au 31 janvier 2011. Elle compte 65 400 employés dont la diversité (plus de 100 nationalités et 25 langues) enrichit sa culture et élargit ses perspectives.

L'entreprise a fractionné ses actions sept fois durant cette période, soit en mai 1985, en octobre 1986, en juillet 1987, en janvier

1992, en juillet 1995, en juillet 1998 et en juillet 2000. Au 30 avril 2011, la capitalisation boursière de Bombardier, dont les titres étaient transigés à 7,05$ à la Bourse de Toronto, dépassait 12,3 milliards de dollars canadiens. Le nombre d'actions en circulation était de 314,5 millions d'actions de classe A et de 1,4 milliard d'actions de classe B. La famille Bombardier – c'est-à-dire les trois filles (Janine, Claire, Huguette) et le fils (J. R. André) de Joseph-Armand Bombardier – possède 79 pour cent des actions de classe A de la compagnie, ce qui représente un actif de quelque 1,8 milliard de dollars canadiens. Chacune de ces actions donne 10 votes à ses détenteurs, comparativement à un seul vote pour les actions de classe B, ce qui a permis à la famille Bombardier de conserver 54,2 pour cent des droits de vote rattachés aux titres de la société.

Pourquoi les titres de Bombardier sont-ils absents des marchés boursiers américains ? Certains croient que c'est parce que l'organisme qui réglemente les marchés financiers aux États-Unis, la *Security Exchange Commission*, rejette les sociétés dotées d'actions à vote multiple. En réalité, la commission reconnaît un droit acquis aux entreprises comportant une telle structure votante si elles ont été constituées avant 1979. Bombardier étudie actuellement la possibilité d'une introduction en Bourse aux États-Unis ; toutefois, cela ne représente pas pour elle un besoin pressant puisque ses actions sont bien cotées à la Bourse de Toronto et qu'elle retire de ses exploitations les liquidités nécessaires au financement de ses investissements. Et puis, ses titres sont populaires auprès des principales agences de courtage américaines.

Grand stratège de la firme en matière de gestion, Yvan Allaire affirmait que Bombardier était « l'une des rares compagnies à avoir réussi une diversification géographique et une diversification de ses produits sans problèmes majeurs[6] ». Ceux qui observent l'entreprise de l'extérieur prétendent parfois que ce succès est dû à la manière peu conventionnelle dont elle aborde toute occasion d'affaires. « Ils ont assemblé un nouveau Bombardier de manière très rusée, dira l'un, à partir des restes et des échecs d'autres entreprises[7]. » Raymond Royer nuancera la chose en disant : « Nous pourrions faire une offre à une compagnie qui roule très bien, mais ce n'est pas ce qui nous intéresse. Nous recherchons plutôt les compagnies à qui il manque quelque chose[8]. » Ce n'est pas peu dire, considérant que Laurent Beaudoin et son équipe sont désormais reconnus partout dans le monde comme étant des négociateurs redoutables. « Il a conclu des marchés qui auraient fait pâlir d'envie Monty Hall, animateur du jeu télévisé *Let's Make a Deal*[9] », d'assurer un chroniqueur.

Acquisition et diversification sont deux thèmes fondamentaux dans l'histoire de Bombardier, mais ils n'en sont pas les seuls éléments. L'innovation joue pour beaucoup dans l'évolution de cette entreprise, particulièrement l'innovation en matière de produits. Un constant renouvellement sur ce plan permet à la compagnie de continuer de croître lorsque ses gammes existantes saturent le marché. Une autre caractéristique de Bombardier est qu'elle tend à promouvoir sa culture d'entreprise par l'entremise d'une structure décentralisée.

Le dernier élément fort de l'approche Bombardier, et non le moindre, réside dans sa capacité de tisser des liens étroits avec le secteur public. Au Canada, comme c'est le cas dans d'autres pays, les gouvernements fédéral et provinciaux créent de nombreux programmes pour aider les entreprises d'ici à développer de nouvelles technologies, à créer des emplois, à pénétrer les marchés étrangers et, plus généralement, à atteindre leurs divers objectifs. À l'instar de bien des entreprises canadiennes, Bombardier a demandé et reçu des appuis financiers venant de l'État.

Il n'y a là-dedans rien d'inusité : partout dans le monde, les industries de l'aéronautique et du matériel de transport ferroviaire bénéficient d'un niveau de financement très élevé de la part des gouvernements. Dans bien des pays, les constructeurs aéronautiques sont nationalisés et donc financés directement par le contribuable. Les avionneurs privés comme Boeing, Airbus et Embraer ne sont pas laissés en reste puisqu'ils reçoivent des milliards de dollars en subventions gouvernementales et en commandes militaires. Quant aux fabricants d'équipement ferroviaire, ils profitent dans les marchés extérieurs à l'Amérique du Nord d'importantes injections de fonds publics qui leur permettent de développer leurs infrastructures ainsi que de nouvelles technologies. Bombardier a souvent eu recours aux programmes de soutien gouvernementaux pour rendre la joute plus équitable lorsqu'elle présente des offres dans des pays où les constructeurs d'avion et de véhicules sur rail sont fortement subventionnés par l'État.

L'attribution de fonds publics à Bombardier a suscité de nombreuses critiques, surtout chez les partisans d'un certain libéralisme économique pour qui les appuis gouvernementaux sont une aberration absolue. Pourquoi ces gens se sont-ils attaqués à Bombardier plutôt qu'à une autre entreprise financée par l'État? Probablement parce qu'elle est l'une des manifestations les plus visibles d'une approche économique qu'ils désapprouvent.

Certains détracteurs se sont inquiétés davantage de la distribution équitable des subsides gouvernementaux. Des groupes issus de l'Ouest canadien se sont plaints par exemple du fait que le fédéral octroie à Bombardier des fonds qui auraient dû être accordés aux entreprises de leur région, peut-être dans une stratégie industrielle visant à épauler l'économie québécoise dans le but d'amollir la fibre séparatiste.

Il est normal qu'il y ait divergence d'opinions en ce qui concerne l'application des politiques publiques, mais certains critiques sont allés jusqu'à affirmer que Bombardier doit tout son succès aux subventions gouvernementales, soulignant tantôt le financement que la compagnie a reçu de Partenariat technologique Canada, un programme fédéral ayant pour mandat de promouvoir le développement de nouveaux produits et de nouvelles technologies, tantôt la vente de compagnies gouvernementales à Bombardier, et tantôt les appuis consentis par Exportation et développement Canada (EDC), une société d'État fondée pour aider les compagnies canadiennes à augmenter leurs activités à l'étranger.

Bien des gens croient à tort que EDC dépend entièrement de subsides gouvernementaux alors qu'il s'agit en fait d'une société autonome qui génère des profits en agissant à titre d'intermédiaire financier, mais d'une tout autre manière que le fait une banque, en ce sens qu'elle emprunte aux mêmes taux que le gouvernement du Canada pour prêter ensuite ces fonds, à un taux supérieur, aux clients étrangers de firmes canadiennes. Mais EDC remplit aussi d'autres fonctions. Elle peut par exemple faciliter les ventes à l'exportation des firmes canadiennes en garantissant à leurs acheteurs étrangers un financement provenant du secteur privé. Elle administre également le Compte du Canada, un outil de financement soutenu par le fédéral qui prête aux acheteurs étrangers jugés « à risques », à un taux inférieur à celui du marché et avec l'aval du Conseil des ministres, afin de contrebalancer le financement accordé aux entreprises étrangères par leurs propres gouvernements. Des subventions proprement dites ne sont distribuées que pour couvrir une créance irrécouvrable contractée auprès du Compte du Canada, ou dans des cas plus rares pour des raisons humanitaires, par exemple pour permettre au Club de Paris d'alléger ou d'annuler la dette d'un pays pauvre très endetté.

Dans un article publié dans le *Globe and Mail* en 1990, le journaliste Edward Clifford écrit que le gouvernement canadien n'accorde pas son appui financier à Bombardier « au hasard ou pour faire la charité[10] ». Clifford affirme que les raisons de soutenir la firme québécoise sont multiples et il dresse la liste de ses forces et atouts, citant : 1) sa stratégie d'affaires ; 2) sa stratégie de gestion du risque ; 3) ses compétences et capacités de production ; 4) ses outils de contrôle financier ; 5) son expertise dans le développement de produits ; 6) ses relations avec ses employés et 7) son service à la clientèle.

Parmi les compagnies qui reçoivent une aide financière du gouvernement du Canada, nombreuses sont celles qui ont produit des résultats décevants. Bombardier, en revanche, se distingue comme l'une des sociétés les plus prospères de l'histoire du pays. En d'autres mots, les subventions ne garantissent pas le succès : encore faut-il que les entreprises bénéficiaires sachent les faire fructifier.

Certains diront que Bombardier se trouve dans une zone grise qui chevauche en quelque sorte les secteurs publics et privés, mais la vérité est qu'étant donné la formidable envergure de ses exploitations, la contribution de l'État demeure relativement modeste, surtout lorsqu'on la compare à l'aide reçue par certaines entreprises rivales. On peut dire en fait que Bombardier représente l'un des plus beaux exemples de coopération public-privé au monde, et très certainement l'un des plus profitables. Cette entreprise mériterait d'être étudiée si ce n'est que pour ce seul aspect. Le fait que Bombardier a aussi créé un modèle d'affaires des plus performants ne fait qu'ajouter du piquant à l'histoire.

PREMIÈRE PARTIE

CHAPITRE 1

Joseph-Armand fonde une compagnie : les années 1940 et 1950

DE HUMBLES DÉBUTS

Jusqu'en 2003, le logo corporatif de Bombardier est représenté par une roue dentée – un barbotin – aux dents larges, évocatrices de durabilité, traversée en son centre par le nom de la compagnie : BOMBARDIER.

Cette image a une résonance historique : le développement de la roue dentée s'étant avéré une étape cruciale dans la conception de l'autoneige dont rêve Joseph-Armand Bombardier. C'est en effet en appariant un barbotin recouvert de caoutchouc et un système de traction à chenilles faites de cette même matière que Joseph-Armand obtient la suspension et la traction souhaitées pour faire face à toutes les conditions hivernales.

Il utilise une roue d'engrenage dentée, le barbotin, fabriqué en bois et recouvert de caoutchouc, pour entraîner la chenille. Cette dernière est composée de deux bandes de caoutchouc reliées entre elles par des traverses d'acier. Joseph-Armand Bombardier modifie un véhicule existant en plaçant le moteur à l'arrière et en allégeant la carrosserie. Enfin, il invente un nouveau système de traction révolutionnaire : le barbotin-chenille. Le barbotin est très efficace pour transmettre la force motrice aux chenilles. Le nouveau système permet une meilleure évacuation de la neige grâce aux ouvertures entre les traverses d'acier et les bandes de caoutchouc. L'utilisation du caoutchouc réduit considérablement l'usure des pièces.

Cette importante innovation est le couronnement de près de 10 années d'expérimentation – de 1926 à 1935 – effectuées dans le Garage Bombardier de Valcourt. Joseph-Armand s'adonne à ses explorations mécaniques durant les mois d'hiver, lorsqu'il y a moins de machines agricoles ou de véhicules motorisés à réparer. Joseph-Armand décroche son premier brevet d'invention en juin 1937, mais c'est en 1936 qu'il travaille à la mise au point de l'autoneige B7 – « B » pour Bombardier et 7 parce qu'elle peut accueillir sept passagers. La clientèle du B7 est entre autres composée de médecins de campagne soucieux d'atteindre leurs patients plus rapidement sur les routes enneigées du Québec.

Au début de 1937, fort de cette invention majeure qu'est le système de traction barbotin-chenille, Joseph-Armand ferme son garage pour se lancer dans la fabrication d'autoneiges. La raison sociale de son entreprise devient L'Auto-Neige Bombardier.

Tels sont les humbles débuts de cette société qui, sous le nom de Bombardier Inc., deviendra un chef de file mondial en matière de transport terrestre et aérien. La roue dentée utilisée jusqu'en 2003 sur le logo de Bombardier est donc très significative puisque c'est cette petite pièce mécanique, en apparence anodine, qui a marqué le développement de l'entreprise.

L'AUTO-NEIGE BOMBARDIER

Le premier véhicule adapté pour la neige a été conçu en 1904. L'avion des frères Wright a effectué son premier vol en 1903. L'homme a donc fabriqué des engins capables de voler avant d'en fabriquer qui soient capables de voyager sur la neige. C'est tout dire de la difficulté que représente le transport sur neige.

En 1904 donc, le Français Adolphe Kégresse, directeur technique au garage impérial du tsar Nicolas II de Russie, convertit une automobile en véhicule de neige propulsé à l'arrière par un système à chenilles et à roues multiples, avec des skis fixés sous les roues avant pour assurer la direction. Retournant en France après la révolution bolchevique de 1917, Kégresse vend les droits de brevet de ses inventions au pionnier automobile André-Gustave Citroën. Les plans sont développés, donnant naissance à l'autochenille Citroën K1, premier véritable véhicule tout-terrain de l'histoire. Après avoir mis sa création à l'épreuve dans le désert du Sahara, le constructeur français entreprend avec elle, avec grand battage publicitaire, deux expéditions en Chine.

En 1913, Virgil White, un concessionnaire Ford du New Hampshire, conçoit un système de propulsion à chenilles et à skis pour la Ford Model T et, par la suite, pour la Model A, permettant d'adapter ces voitures afin qu'elles puissent emprunter les routes non dégagées durant l'hiver. White fabrique et vend 25 000 de ces modules au cours des années 1920. Il est le premier à breveter le terme *snowmobile*.

Joseph-Armand Bombardier conçoit son premier véhicule capable de circuler sur la neige en 1922, alors qu'il n'a que 15 ans. Fasciné par tout ce qui touche à la mécanique, le jeune inventeur monte sur une charpente de traîneau un moteur de Ford Model T à l'arrière duquel il fixe une grande hélice en bois qui sert à propulser l'appareil. Son frère et lui parcourront 1 km sur le dos de cet engin dangereux, au bruit infernal, avant que leur père ne leur ordonne de le démanteler.

En 1924, au Wisconsin, Carl J. E. Eliason invente le « toboggan à moteur », un appareil qui, comme son nom l'indique, est composé d'un toboggan en bois et d'un moteur hors-bord Johnson de 2,5 CV qui fait tourner une chaîne articulée de métal clouté. À l'avant, deux skis maniés à l'aide de cordes permettent de diriger l'engin. Eliason fait breveter son invention et en assure la fabrication jusqu'en 1960. Une compagnie canadienne, la F.W.D. Corporation, prend le relais après cette date.

Deux autres Québécois, Joseph-Adalbert Landry et Antoine Morisset de Mont-Joli, s'emploient à cette époque à convertir l'automobile pour l'adapter au transport sur neige. Tout comme Adolphe Kégresse avant eux, les deux Gaspésiens optent pour un semi-chenillé équipé de skis à l'avant pour assurer la direction et d'une chenille entraînée par des roues doubles à l'arrière. En 1924, Landry part de Mont-Joli au volant de son autoneige dans le but de l'exhiber au Salon de l'auto de Montréal. Il va sans dire que son véhicule suscite énormément d'enthousiasme tout au long de ce périple de près de 600 km.

Durant cette même année où le toboggan motorisé d'Eliason et l'autoneige de Landry et Morisset voient le jour, c'est-à-dire en 1924, Joseph-Armand Bombardier entreprend sa formation de mécanicien à Montréal après avoir convaincu ses parents que cette vocation lui convient mieux que la prêtrise, à laquelle on l'avait jusque-là destiné. Joseph-Armand est un jeune homme très occupé à cette époque : le jour, il apprend les rouages du métier de mécanicien ; le soir, s'étant inscrit à des cours par correspondance, il étudie la mécanique et l'électricité automobiles. Qui plus est, il se met à l'anglais parce que les revues scientifiques et technologiques qui l'intéressent sont toutes rédigées dans cette langue. Joseph-Armand est certes entreprenant, malheureusement son éducation professionnelle se termine là – il n'aura jamais l'occasion de poursuivre des études collégiales ou universitaires en génie et en sciences, les deux sujets qui lui tiennent à cœur. Ce qu'il aurait appris à Montréal sur l'électricité, la fabrication, la fonte des métaux, la vulcanisation du caoutchouc et sur quantité d'autres sujets, il devra l'apprendre au fil des années, en autodidacte, à force de lectures et d'expérimentations.

Mais tout cela n'est pas une corvée pour Joseph-Armand, car sa passion pour la mécanique est sans bornes. Il part parfois se balader en voiture avec des amis à l'extérieur de son village natal ; ses compagnons de voyage se souviennent qu'il ne manque jamais de s'arrêter quand il aperçoit une machine agricole qui lui semble intéressante ; il court alors à travers le champ boueux pour aller inspecter l'engin. Bien des années plus tard, lorsqu'il achètera son premier avion, il démontera complètement le moteur pour tenter d'en comprendre le fonctionnement.

Victor Plante, un ami mécanicien de Valcourt, se souvient des nombreuses visites de Joseph-Armand à son atelier. Le futur fondateur de l'entreprise Bombardier entre la plupart du temps sans le saluer, fait le tour du garage, s'arrêtant ici et là pour examiner tel nouvel outil ou telle nouvelle pièce mécanique. « Il pouvait étudier une pièce avec tellement d'intensité qu'on aurait cru que ses yeux et ses mains parlaient au métal, de raconter Plante. Quand il la reposait, j'avais l'impression qu'il connaissait tout d'elle, à quoi elle servait, ses caractéristiques. Il était si concentré qu'il repartait bien souvent comme il était venu, sans me dire au revoir[1]. » Ces incursions à l'atelier de M. Plante prennent vraisemblablement pour Joseph-Armand des allures d'expéditions scientifiques, une occasion pour lui de parfaire ses connaissances et de pousser plus avant ses recherches.

Le docteur André Lefebvre se souvient pour sa part de l'accueil particulier que lui réserve Joseph-Armand lorsqu'il se rend à son atelier, en 1939, pour aller voir sa fameuse autoneige. Sans attendre que le nouveau visiteur lui explique la raison de sa visite, Joseph-Armand entreprend d'inspecter la voiture du médecin, une Ford 1929. « Il a ouvert le capot et s'est mis à examiner le moteur, raconte le médecin. C'était un huit cylindres de 85 CV semblable à celui qu'il utilisait dans son B7. Il voulait savoir comment le moteur s'était comporté au fil des années, quelles réparations avaient été effectuées, quel bruit il faisait après dix ans d'usage. Ce moteur l'intéressait tellement qu'il en avait oublié de me saluer ou de me demander pourquoi j'étais venu le voir[2]. »

À l'époque où Joseph-Armand, ayant complété sa formation de mécanicien, revient à Valcourt pour ouvrir son propre garage, les inventions liées au transport motorisé sur neige ne sont pas encore très au point. Les toboggans d'Eliason sont fonctionnels, mais ils sont une curiosité bien plus qu'un moyen de transport. Les semi-chenillés de type Kégresse ou Landry sont des innovations ingénieuses, mais comportent des problèmes : la neige et la glace s'accumulent dans leurs chenilles massives, occasionnant une sérieuse perte de traction, mais elles ont aussi tendance à se rompre ou à glisser à l'extérieur de leurs engrenages, et alors c'est carrément la panne. Ces véhicules ont par ailleurs du mal à se mouvoir dans la neige épaisse.

Inspiré par les développements technologiques des véhicules chenillés de son époque, Joseph-Armand multiplie les essais dès 1927 pour mettre au point un véhicule capable de circuler sur la neige. Il vend son prototype cette même année. Mais il n'est pas satisfait et il poursuit ses recherches. En 1929, il adapte ce système chenillé à un véhicule Ford Modèle T, mais là encore, le mécanisme ne le satisfait pas. L'inventeur ne peut résoudre, sur ce prototype, les problèmes liés à la flottabilité, au poids et à l'efficacité de la traction du véhicule. Il poursuivra ses recherches, multipliera les essais jusqu'à ce qu'il invente le système de traction barbotin-chenille.

Son premier modèle, bien que s'apparentant aux voitures converties des autres inventeurs, trouve acquéreur. Plusieurs hommes d'affaires de la région se montrent intéressés, notamment un propriétaire d'hôtel qui juge avantageux d'offrir à ses clients un service de navette entre son établissement et la gare durant l'hiver. C'est un début prometteur, mais Joseph-Armand, insatisfait de sa création, entreprend de développer des prototypes inspirés du traîneau à hélice de son adolescence. Il abandonne bientôt ce projet à cause de divers problèmes – surchauffe du moteur, incapacité d'engager l'engin en marche arrière, dangers liés à l'usage d'une hélice, etc.

Au milieu des années 1930, bien que n'ait toujours pas trouvé de solution satisfaisante, Joseph-Armand n'en recueille pas moins au fil de ses expérimentations un certain nombre de certitudes. D'abord, il est convaincu que le moteur doit être monté à l'arrière, afin que le poids soit distribué de façon que les patins avant ne s'enfoncent pas trop profondément dans la neige. Ensuite, l'usage de chenilles en caoutchouc permettra d'éviter les bris et glissements associés aux chenilles de métal – sans compter qu'elles sont plus légères et donc moins éprouvantes pour le moteur et le différentiel.

Associant ces idées au système de traction barbotin-chenille qu'il a mis au point, Joseph-Armand parvient, en 1935, à développer un véhicule adapté au transport sur neige. Il a monté le moteur à l'arrière, comme il l'avait prévu, et donc le capot est lui aussi orienté vers l'arrière, un détail qui a failli valoir une contravention à son inventeur – un policier croyant qu'il s'est garé dans le mauvais sens ! Composée de deux longues bandes de caoutchouc reliées par des traverses d'acier, chacune des chenilles du système de propulsion est ajustée autour de deux roues et du fameux barbotin recouvert de caoutchouc que Joseph-Armand a conçu.

En 1937, Joseph-Armand met sur le marché l'autoneige B7. L'apparence extérieure du véhicule est modifiée : la cabine en contre-plaqué est plus légère et sa forme arrondie rappelle la silhouette de la coccinelle de Volkswagen. Cette nouvelle autoneige bénéficie en outre d'un système d'entraînement et d'une suspension entièrement revus.

Joseph-Armand fixe le prix de vente de son B7 à un peu plus de 1 000 $ – c'est approximativement ce que coûtent les voitures les moins chères de l'époque. Il en écoulera suffisamment dès la première année pour l'encourager à hausser sa production : il vendra 8 véhicules en 1937, 10 en 1938, 18 en 1939, 36 en 1940, puis 73 en 1941. La promesse d'une entreprise viable voit le jour en dépit de la Grande Dépression des années 1930.

D'année en année, la popularité du B7 grandit. Sa clientèle ne se limite plus aux médecins de campagne : toutes sortes de gens, des chauffeurs d'autobus et de taxis, des aubergistes, des entrepreneurs de pompes funèbres, des employés des services publics, des laitiers, des missionnaires et des commis voyageurs en font désormais bon usage. Le produit est d'autant plus alléchant que Joseph-Armand améliore chaque année son invention. Ses barbotins sont fabriqués dans des alliages métalliques plus robustes et gainés d'un revêtement de caoutchouc plus durable. Le mécanisme de suspension est affiné davantage et gagne en confort.

Joseph-Armand Bombardier continue d'améliorer l'efficacité du système barbotin-chenille. En effet, il remplace entre autres les roues à rayons du B7 par des roues pleines, éliminant ainsi le risque d'accumulation de neige dans le système.

On assiste durant ces années à une transformation remarquable. L'humble garage de Joseph-Armand prend des airs d'usine, et le mécanicien inventeur se métamorphose peu à peu en industriel. L'un des premiers impératifs de cette transition est de constituer un groupe de travailleurs formés à la production manufacturière. L'esprit de famille propre à Bombardier s'exprime déjà au début : Joseph-Armand va intégrer trois de ses frères et trois de ses cousins à son équipe initiale. Son frère Alphonse-Raymond est à ses côtés dès 1935. Léopold, mécanicien hors pair, se joint à lui en 1939. Finalement, son plus jeune frère, Gérard, se joint à l'équipe alors qu'il n'a que 15 ans.

Il faut ensuite élaborer un plan de marketing pour commercialiser ce moyen de transport novateur, tâche que Joseph-Armand endosse au début pour la déléguer ensuite à son frère Alphonse-Raymond. Les premiers agents de vente de la firme sont en fait des garagistes que Joseph-Armand embauche spécifiquement pour exhiber le B7 aux quatre coins du Québec. Lorsqu'ils arrivent dans une ville ou un village, les agents de L'Auto-Neige Bombardier se dirigent droit vers le journal local.

Cette astucieuse stratégie ne tarde pas à faire ses preuves : dès que l'éditeur du journal aperçoit ce véhicule aussi étrange que saisissant, il charge l'un de ses reporters d'écrire un article sur lui. Joseph-Armand marque un grand coup publicitaire à Québec lorsqu'il fait grimper son B7 jusqu'en haut de la longue glissade de toboggan située près du Château Frontenac… et en marche arrière par-dessus le marché !

À cette époque, Joseph-Armand Bombardier investit toute son énergie dans son entreprise florissante, travaillant de 16 à 18 heures par jour, six jours par semaine. Même s'il est un catholique dévoué et pratiquant, il lui arrive de travailler quelques heures le dimanche après la messe. S'il le pouvait, il accorderait encore plus de temps à cette entreprise qui est pour lui une véritable passion. On a toujours l'impression que le temps lui manque – il prend même l'habitude de monter les escaliers quatre à quatre pour gagner quelques secondes dans sa journée. Il se trouve généralement dans un tel état d'effervescence qu'il n'arrive pas à trouver le sommeil la nuit venue. Que fait Joseph-Armand durant ces nuits d'insomnie ? Il se lève et descend à son atelier pour travailler, bien entendu.

Joseph-Armand Bombardier est de ces hommes d'affaires qui ressentent le besoin de s'impliquer dans tous les aspects de leur compagnie. Pendant 22 ans, il est à la fois président, ingénieur en chef et chef de la production de son entreprise. Emporté par ce rythme de travail frénétique, Joseph-Armand se préoccupe généralement peu de la qualité de ses rapports avec ses employés. Il est parfois brusque avec ceux qui, à ses yeux, mettent trop de temps à comprendre une explication ou qui n'accomplissent pas une tâche aussi bien et rapidement qu'il le veut. Il distribue parcimonieusement louanges et encouragements, et préfère imposer sa volonté là où il aurait pu user de persuasion. Cela engendre dans l'ensemble un climat de travail plutôt tendu.

Bon nombre de ses employés se disent anxieux en sa présence. Joseph-Armand est en fait si perfectionniste qu'il a du mal à regarder un travailleur assembler une de ses machines sans ressentir le besoin irrépressible d'intervenir ; il prend alors sa place et lui montre ce qui est, selon lui, la façon la plus efficace d'accomplir la tâche. Il est si important pour lui que les choses soient faites de la bonne manière qu'il donne à ses employés libre accès à son bureau – n'importe qui peut venir le voir s'il a un problème relié au travail.

Le résultat de cette politique de la porte ouverte est que son bureau est envahi par un flot incessant de visiteurs. Au lieu de régler eux-mêmes leurs problèmes et de prendre des décisions qui risquent de déplaire au patron, les employés de Joseph-Armand, et particulièrement les ouvriers de l'atelier, préfèrent jouer de prudence en venant le consulter à tout moment, parfois pour des peccadilles.

Même si Joseph-Armand est en pleine discussion avec son comptable ou son avocat, dès qu'un employé se pointe à son bureau avec un problème, même mineur, il laisse tout tomber et l'accompagne sur le plancher de l'usine pour trouver une solution. L'interlocuteur attend patiemment dans le bureau jusqu'à ce que le maître de céans réapparaisse, couvert de cambouis, pour poursuivre l'entretien.

Son comptable, Jacques Bélanger, se souvient très bien d'un incident de ce genre. Un jour, alors qu'il est en train de discuter avec Joseph-Armand dans son bureau, celui-ci se lève brusquement pour examiner un moteur partiellement démonté qui trône sur une table. Joseph-Armand semble avoir trouvé la solution à un problème mécanique qui le turlupine depuis un bon moment et il veut régler la chose immédiatement. Il s'empare d'une pièce et annonce à Bélanger qu'il l'apporte à l'atelier pour modification. Une fois sur place, il demande à un de ses employés de percer deux trous, là et là. L'ouvrier tourne et retourne la pièce entre ses mains, essayant de comprendre ce que son patron veut exactement. Impatient, Joseph-Armand lui arrache la pièce des mains, va à la perceuse et fait le travail lui-même. Réintégrant son bureau quelques minutes plus tard, il installe la pièce, met le contact, puis sourit quand le moteur se met à tourner. Satisfait, il coupe les gaz, retourne à sa chaise et reprend la discussion comme si de rien n'était, son bureau saturé de vapeurs d'essence.

Quoi qu'on en pense, ce style de gestion marqué par l'impatience et l'interventionnisme produit d'excellents résultats. Surmontant les nombreux obstacles auxquels elle est confrontée, l'entreprise devient florissante. Joseph-Armand sait bien que sa méthode n'est pas faite pour plaire à tout le monde, mais il a le don de s'entourer de gens qui sont capables de travailler avec lui – le fait que plusieurs postes-clés soient occupés par des membres de sa famille facilite bien sûr les choses.

L'ambiance de travail n'est peut-être pas des plus reposantes, mais Joseph-Armand, avec humilité, s'en excuse souvent auprès de ses employés, s'attirant ainsi leur pardon et leur compréhension. On les lui accorde volontiers, car tous, employés comme associés, s'entendent à dire que Joseph-Armand est un génie de la mécanique – son ingéniosité n'est-elle pas à l'origine de tous les produits à succès de l'entreprise ? Joseph-Armand est non seulement respecté pour son génie, mais aussi pour son dynamisme, son dévouement au travail et sa volonté d'excellence. Ce qu'il exige de ses travailleurs, il l'exige aussi de lui-même.

Si tout cela brosse un portrait austère du personnage, détrompez-vous : dans ses moments de loisir, Joseph-Armand Bombardier est un homme doux, aimable et généreux. Il est dans la vie beaucoup plus décontracté qu'au travail et il adore jouer des tours à ses proches. À l'occasion d'un voyage de chasse – la chasse est un de ses passe-temps favoris –, voyant qu'un de ses compagnons s'est assoupi en guettant l'orignal, il s'approche de lui en catimini et attache une queue d'orignal au bout de sa carabine. Lorsque le dormeur s'éveille, il pousse un cri et saute sur ses jambes, effrayé par cette queue d'animal qui se balance sous son nez. Tout le monde s'esclaffe, y compris l'auteur de ce mauvais tour.

Le style de gestion de Joseph-Armand est en définitive assez bien adapté à la nature de son entreprise. Chaque nouveau produit issu de son imagination fertile suppose la mise en œuvre de technologies nouvelles qui doivent être stabilisées avant d'être appliquées à la production. Une fois cette courbe d'apprentissage aplanie, la fabrication s'effectue en séries limitées et de façon non standardisée. C'est là un environnement bien particulier, dans lequel il est difficile de déléguer ou de décentraliser les responsabilités.

Il est par ailleurs fort probable que le *modus operandi* de Joseph-Armand soit lié aux nombreuses crises qu'occasionnent les constantes fluctuations du monde des affaires, à ces facteurs externes qui peuvent menacer l'existence même d'une compagnie et causer beaucoup d'angoisse et de stress à ses dirigeants. Ces pressions très réelles sont à l'origine des problèmes d'insomnie de Joseph-Armand et de sa propension à trop travailler.

INVENTIONS ET INNOVATIONS

Le parcours d'une entreprise commerciale est constamment façonné par une interaction complexe de variables internes ou externes : les facteurs internes de la compagnie peuvent généralement être contrôlés par ses dirigeants, alors que ceux qui découlent du monde extérieur échappent bien souvent à leur contrôle. Une entreprise, c'est un peu comme un navire qui, lancé sur une mer incertaine, se dirige vers une destination inconnue. Bien que sa proue soit pointée dans une direction bien précise, des tempêtes et des courants imprévus risquent à tout moment de le faire s'échouer dans les hauts-fonds ou de le fracasser sur les récifs. Tout entrepreneur sait cela. Il sait qu'à une période de succès et d'opulence peut succéder une période sombre, remplie d'obstacles et d'embûches, voire d'échecs. Un chef d'entreprise peut améliorer ses chances de succès ou se sortir d'un mauvais pas en apprenant à mieux contrôler les variables internes de sa compagnie, mais reste qu'en affaires intervient toujours un élément de chance et de hasard.

La jeune entreprise de Joseph-Armand pourrait être le parfait exemple de cette dynamique si ce n'est du fait que son fondateur semble destiné à surmonter tous les obstacles qui se dressent sur sa route. Les variables externes n'ont pas raison de sa détermination et de son ingéniosité phénoménale ; revers et épreuves n'émoussent en rien son esprit indomptable. Fort heureusement d'ailleurs, car les problèmes ne se font pas attendre.

Dès la fin des années 1930, l'entreprise de Joseph-Armand semble vouée à un avenir prometteur : la demande pour le B7 va bon train, et bien que les rues et routes des centres urbains et de leurs alentours soient désormais déneigées durant l'hiver, en région la plupart des routes principales ou secondaires ne le sont pas, ce qui rend le produit de Joseph-Armand indispensable. L'avenir semble d'autant plus rose que l'économie nord-américaine donne enfin des signes de relance après les affres de la Grande Dépression. Au Garage Bombardier, la demande surpasse déjà la capacité de production, ce qui incite Joseph-Armand à bâtir une usine plus moderne dont la capacité de production annuelle sera de 200 unités. La construction de la nouvelle usine coïncide avec le développement du B12, une autoneige pouvant accueillir 12 passagers.

La nouvelle usine est inaugurée en janvier 1941. Peu de temps après, alors que la fortune et le succès de Joseph-Armand semblent assurés, le gouvernement fédéral canadien instaure des mesures de rationnement qui, en ces temps de guerre, orientent la production nationale vers les besoins militaires plutôt que civils. Avant de pouvoir acheter une autoneige, les clients de L'Auto-Neige Bombardier doivent désormais démontrer au ministère des Munitions et de l'Approvisionnement qu'ils ont absolument besoin d'un tel véhicule pour assurer leur subsistance. Si ce n'est pas le cas, le gouvernement leur refuse le permis nécessaire à l'achat d'un B7 ou d'un B12. Sous ces sévères restrictions, les ventes chutent de 73 véhicules en 1941, à 31 en 1942 et 27 en 1943.

Voyant son entreprise menacée, Joseph-Armand doit trouver un nouveau moyen de la faire fructifier. La solution ne tarde pas à venir : il faut donner aux autoneiges Bombardier une vocation militaire. Durant la Deuxième Guerre mondiale, Joseph-Armand adapte le B12 afin qu'il serve au transport des troupes. Rebaptisé B1, le véhicule est employé à cette époque par l'armée norvégienne.

En 1943, Joseph-Armand met la touche finale à son premier véritable véhicule de guerre, le Mark I, un tout-terrain doté d'un moteur Cadillac de 150 chevaux, muni de huit roues, d'une chenille double de 35 pouces de large et d'un barbotin double. Le Mark I est utilisé comme véhicule de transport et de reconnaissance dans les terrains marécageux de l'Italie et du Pacifique Sud.

La plupart de ces machines de guerre ne sont pas construites dans l'usine de Valcourt, mais à Montréal. Joseph-Armand aurait préféré que l'essentiel de la production se fasse chez lui, néanmoins il a la satisfaction de superviser l'ensemble des opérations. Et puis, on ne chôme pas pour autant à Valcourt : tout au long de la guerre, l'usine est appelée à développer des prototypes et à fabriquer des pièces en sous-traitance.

Au fil de ses tractations avec le gouvernement canadien, Joseph-Armand réalise qu'il serait avantageux pour lui de constituer son entreprise en société, afin de mieux protéger ses droits d'exploitation et de faire bénéficier ses proches collaborateurs des réalisations de l'entreprise.

Le 10 juillet 1942 marque la création d'une nouvelle société, L'Auto-Neige Bombardier limitée, dont le capital social est fixé à 3000 actions. La secrétaire-trésorière Marie-Jeanne Dupaul, les trois frères de Joseph-Armand, Alphonse-Raymond, Léopold et Gérard, et Joseph-Armand lui-même en sont les premiers actionnaires. Le fils aîné de Joseph-Armand, Germain, et un ingénieur du nom de Roland Saint-Pierre deviendront eux aussi actionnaires peu de temps après.

Les succès que connaît Bombardier durant la guerre sont teintés d'une amère déception. Détenteur de brevets canadiens et américains pour les innovations techniques du B1, Joseph-Armand est en droit de recevoir des redevances au fur et à mesure que ses véhicules sont construits et mis en service. Quelle n'est pas sa déception lorsqu'il apprend que l'armée canadienne refuse de lui payer son dû ! Au terme d'âpres pourparlers avec l'avocat de l'entreprise de M. Bombardier, l'armée juge qu'une maigre somme de 2 000 dollars suffit à couvrir tout droit d'exploitation passé et futur. Furieux, Joseph-Armand refuse cette offre dérisoire. Il songe d'abord à entamer une poursuite, puis, fatigué de la longue et fastidieuse bataille qu'il vient de livrer, il abandonne l'idée.

Après la guerre, le gouvernement lève les restrictions aux entreprises, si bien que l'usine de Valcourt reprend ses activités habituelles. La production pour l'année 1945-1946 dépasse 230 unités, ce qui est à l'extrême limite de sa capacité. Les clients doivent attendre plusieurs semaines, voire parfois plusieurs mois avant de pouvoir prendre livraison d'un véhicule. Sous la poussée de la demande, l'entreprise n'a d'autre choix que de procéder encore une fois à l'expansion de ses installations.

Une nouvelle usine de montage, dotée d'une capacité annuelle de 1 000 unités par an ouvre ses portes en 1947. Aussitôt, les commandes affluent, stimulées sans aucun doute par la popularité de deux nouveaux modèles de véhicules : le B12 et le C18. De 1942 à 1951, l'usine produit 2 817 autoneiges B12, utilisées tant pour le transport de passagers et de marchandises que par les services postaux et ambulanciers. Très populaire auprès des commissions scolaires des Cantons-de-l'Est, la nouveauté de Bombardier, le C18, assure le transport écolier durant les longs mois d'hiver. Joseph-Armand et son entreprise semblent enfin engagés sur la voie de la réussite. En 1947-1948, les ventes de la compagnie atteignent 2,3 millions de dollars. Les profits s'élèvent à 324 000 dollars.

Puis, tout à coup, alors même que tout laisse présager la prospérité, le mauvais sort frappe non pas une, mais deux fois : premièrement, il ne tombe presque pas de neige durant l'hiver de 1948-1949 ; deuxièmement, cette année-là le gouvernement du Québec vote une loi rendant obligatoire le déneigement des routes et autoroutes de la province, afin de rendre la circulation automobile possible pendant tout l'hiver. Ces deux événements imprévus font chuter les ventes de L'Auto-Neige Bombardier. En un an, les ventes de l'entreprise diminuent de près de 1 million de dollars.

Joseph-Armand comprend que ce changement est définitif. Même si l'hiver suivant s'avère plus enneigé, les chasse-neige, seront désormais encore et toujours au rendez-vous. L'heure est grave. L'avenir de l'entreprise est en péril. Après mûre réflexion,

Joseph-Armand en vient à la conclusion que le salut de sa compagnie réside dans le développement de nouveaux produits.

Travaillant à un rythme frénétique dans le centre de recherche qu'il vient de faire construire non loin de Valcourt, à Kingsbury, il tente de perfectionner une machine à déblayer la neige ainsi que deux véhicules-passagers. Il modifie le B12 pour l'adapter au transport du bois. Il met aussi au point plusieurs prototypes, dont le C4, tout chenilles, et le B5, doté d'un système interchangeable de roues et de patins, capable de s'adapter tant à l'asphalte et au gravier qu'à la neige. Hélas, ses efforts ne portent pas leurs fruits.

Durant cette période, il cherche aussi à créer un véhicule léger et rapide capable de transporter une ou deux personnes sur n'importe quelle surface enneigée, sur la route comme sur les sentiers moins fréquentés. C'est là un projet qu'il caresse depuis toujours. Le principal obstacle à sa réalisation est que les moteurs de l'époque s'avèrent trop lourds et volumineux pour le type de véhicule que Joseph-Armand envisage. Limité par la technologie de son temps, l'inventeur s'attelle à la création d'un moteur plus petit, mais suffisamment puissant pour remplir son office. Un premier moteur est complété en 1949. Ce moteur radial à sept cylindres refroidi à l'air fonctionne à merveille et il est testé sur différents prototypes. Cependant, sa complexité le rend trop coûteux à produire en série.

Le moins que l'on puisse dire, c'est que l'Auto-Neige Bombardier traverse une période difficile. L'entreprise a peine à payer ses fournisseurs. Avec la menace de mises à pied planant sans cesse sur les travailleurs, l'atmosphère à l'usine n'est pas des plus réjouissantes. Les actionnaires sont divisés quant aux mesures à adopter. Épuisé par ses recherches infructueuses et par les tensions inhérentes au déclin de sa compagnie, Joseph-Armand suit les conseils de son médecin et part se reposer en Floride, laissant l'entreprise entre les mains de ses frères. Lorsqu'il revient de vacances quelques semaines plus tard, la situation s'est encore aggravée, mais ayant repris des forces, il se sent prêt à affronter l'adversité. Il injecte même de son propre argent dans la compagnie pour rassurer ses créanciers.

Joseph-Armand comprend maintenant que son entreprise demeurera dans la précarité tant et aussi longtemps qu'elle dépendra des caprices de la météo hivernale. La diversification est devenue à ses yeux une nécessité, non seulement pour traverser la présente crise, mais aussi pour mieux gérer celles que lui réserve l'avenir. Une entreprise monoproduit peut jouir d'une croissance rapide pendant un temps, mais elle risque de s'effondrer dès que son marché cible connaît un ralentissement.

Pour devenir une entreprise stable, L'Auto-Neige Bombardier limitée doit développer de nouveaux produits destinés à des marchés différents. Dans ce type de système, les gammes de produits en perte de vitesse ne mettent pas l'entreprise entière en crise puisque leur piètre performance est contrebalancée par le rendement des produits qui s'adressent à d'autres clientèles.

Un premier nouveau marché ne tarde pas à s'imposer. Un des frères de Joseph-Armand, Théophile, a un tracteur qui a la fâcheuse habitude de rester embourbé en terrain mou. Gérard Bombardier imagine un dispositif qui améliore la traction sur tous les types de terrain. Une roue est ajoutée entre les roues avant et arrière, puis une chenille est enroulée autour de la roue arrière et de la roue centrale. C'est une solution simple, mais efficace. À son retour de Floride, Joseph-Armand aide Gérard à perfectionner son invention, et peu de temps après, le TTA (*Tractor Tracking Attachment*) est lancé. Conçu par Gérard Bombardier et modifié par Joseph-Armand, le système *TTA* augmente la capacité de traction des tracteurs et les rend aptes à circuler tant sur la glace et la neige que sur les terrains détrempés. Le mécanisme comprend une suspension, une petite roue et une chenille. Ce nouveau produit répond si bien aux besoins des fermiers qu'il obtient aussitôt un franc succès qui contribue largement à la relance de la compagnie.

Pendant ce temps, Joseph-Armand poursuit ses recherches. Son principal objectif est de développer des véhicules tout-terrain spécialement conçus pour les secteurs minier, forestier et pétrolifère, et il fait plusieurs voyages en régions éloignées pour voir quels sont les besoins de ces industries en matière de transport. Ses observations l'amènent à modifier le B12 pour créer le BT (*Bombardier Truck*), un véhicule de neige conçu pour l'exploitation forestière, doté à l'arrière d'une longue plateforme permettant de transporter des billots ou d'autres charges.

D'autres véhicules viennent étoffer la gamme des produits Bombardier à cette époque, mais le plus populaire est sans contredit le tracteur Muskeg, dont les premiers exemples quittent la chaîne de montage en 1953.

C'est lors d'une expédition aux champs pétrolifères nouvellement découverts de Leduc, en Alberta, que Joseph-Armand a l'idée de développer le tracteur Muskeg. Il est évident que ces gens ont besoin de moyens plus efficaces pour transporter les sismographes et équipements de forage sur les terrains enneigés ou marécageux.

Le tracteur Muskeg va jouir d'un succès international. Plusieurs industries du secteur primaire l'adoptent. On a recours à lui non seulement en foresterie, mais aussi pour construire diverses infrastructures – routes, lignes téléphoniques, chemins de fer, etc. – dans des régions à terrains difficiles. Polyvalent, il peut être utilisé tant pour faire la récolte du roseau le long du Danube que pour déblayer les routes couvertes de sable dans le désert du Sahara. Le tracteur J5, un petit véhicule destiné à l'industrie forestière, mis en marché en 1955, connaît également un grand succès commercial.

Joseph-Armand n'aurait jamais pu réaliser des véhicules industriels comme le tracteur Muskeg si ce n'avait été de deux inventions-clés, engendrées dans le laboratoire de recherche de Kingsbury. Dans la configuration des autoneiges, la carrosserie protège le barbotin d'éventuels chocs. Mais avec le développement des véhicules tout chenilles, le barbotin se trouve directement exposé aux bris, causés notamment par les arbres et les roches. Afin de remédier à ce problème, Joseph-Armand Bombardier crée une roue de commande tout caoutchouc, indéformable et incassable. En même temps, il améliore la fiabilité du système de traction barbotin-chenille en mettant au point une chenille sans fin, dépourvue de joints cassables. Lancé en 1953, le tracteur Muskeg, véhicule dont Joseph-Armand Bombardier est le plus fier à ce moment, est équipé de ces deux nouveaux éléments.

Ces deux innovations règlent une fois pour toutes les problèmes de bris au niveau de la chenille et du barbotin. La durabilité des nouvelles composantes permet à Bombardier de développer de nouveaux véhicules tout-terrain à usage industriel.

Dans une notice de spécifications, il écrit: « Le Muskeg roule aisément dans les tourbières et les terrains marécageux, là où il serait dangereux de s'aventurer à pied. Ce véhicule est un de nos plus grands succès[3]. » L'introduction du tracteur Muskeg annonce une ère de prospérité pour Bombardier. En 1958-1959, l'entreprise réalise des bénéfices de 825 000 dollars sur un chiffre d'affaires de 3,5 millions de dollars. Devenu millionnaire, Joseph-Armand récolte enfin les fruits de sa persévérance et de son ingéniosité. Mais sa plus grande réalisation, la motoneige Ski-Doo, reste à venir.

Joseph-Armand a d'abord envisagé la motoneige comme un moyen de transport individuel qui remplacerait avantageusement les traîneaux à chiens utilisés jusque-là par les trappeurs, prospecteurs, missionnaires et autres travailleurs du Grand Nord. La motoneige Ski-Doo déborde de cette vocation première pour devenir, dans l'affluence des années 1960, un véhicule récréatif immensément populaire.

À la fin des années 1950, la technologie permet enfin la fabrication de petits moteurs efficaces. Encouragé par ces innovations et par la chenille sans fin qu'il a développée, Joseph-Armand songe, avec l'aide de son fils Germain, à reprendre les plans de cette autoneige légère et compacte dont il rêve depuis tant d'années. Une série de prototypes sont mis à l'essai, puis, à l'automne 1959, la première « autoneige miniature » est lancée sur le marché. Le produit est baptisé « Ski Dog », mais une erreur typographique sur le dépliant publicitaire lui donne le nom de « Ski-Doo ». Préférant la sonorité de cette appellation accidentelle, Joseph-Armand décide de la conserver.

Appuyées par un concept de marketing et un réseau de distribution qui s'affinent d'année en année, les ventes de motoneiges Ski-Doo ne cessent de grimper, passant de 225 unités vendues en 1959-1960 à 8 352 unités quatre ans plus tard. Au vu d'une telle croissance, il faut procéder à l'expansion et à la réorganisation des installations de Valcourt.

En 1962-1963, la motoneige Ski-Doo se voit dotée d'un capot en fibre de verre et d'un moteur plus puissant, ce qui la rend encore plus attrayante auprès des consommateurs. La popularité de la motoneige Ski-Doo atteint bientôt de tels sommets que l'offre ne suffit plus à la demande – une situation causée en partie par le fait que Joseph-Armand, en entrepreneur prudent et conservateur qu'il est, n'a pas voulu augmenter trop rapidement la capacité de ses usines.

Les coups durs qu'il a encaissés auparavant à cause des rationnements gouvernementaux de 1941 et de la législation sur le déneigement des voies publiques de 1948 lui ont inculqué d'amères leçons : il ne mettra jamais plus tous ses œufs dans le même panier, ne dépendra plus jamais d'un seul produit. S'il se met à concentrer tous ses efforts de production sur la motoneige Ski-Doo, c'est toute sa gamme de véhicules industriels qui en souffrira. Plutôt que de permettre à la motoneige Ski-Doo de monopoliser les ressources de la compagnie, il faut instaurer une politique de diversification équilibrée. Joseph-Armand donne à son entreprise le loisir de développer d'autres initiatives en parallèle à la motoneige.

Joseph-Armand ne jouira malheureusement pas de l'incroyable croissance que connaîtra son entreprise tout au long des années 1960. Il souffre depuis quelques années de douleurs persistantes à l'estomac, dont les causes seront diagnostiquées trop tard : terrassé par le cancer, Joseph-Armand Bombardier rend son dernier souffle le 18 février 1964, à l'âge de 56 ans. Sa consolation, si consolation il y a, aura été de s'éteindre au plus fort de sa carrière : il laisse derrière lui une entreprise florissante qui atteint, au 31 mars 1964, un chiffre d'affaires de près de 9,2 millions de dollars et des profits de 1,8 million, une compagnie forte, solide, pleinement capable de surmonter les épreuves futures et de gérer tous ces facteurs externes qui influent tant sur le sort des entreprises.

Grâce à Joseph-Armand, L'Auto-Neige Bombardier peut envisager un avenir des plus prospères. Le tracteur Muskeg et les autres véhicules industriels génèrent des revenus constants.

Et la motoneige Ski-Doo affiche un potentiel de croissance fabuleux.

CHAPITRE 2

L'épopée du Ski-Doo : l'âge d'or des années 1960

LA FAMILLE PREND LA RELÈVE

Laurent Beaudoin a dit un jour : « J'étais comptable et je croyais que je connaîtrais tout au plus une carrière fructueuse en tant qu'expert-conseil en gestion à Québec. Je n'aurais jamais cru que j'allais diriger une compagnie de cette envergure[1]. » Après ce changement de carrière inattendu, Laurent travaille encore, depuis plus de 45 ans, au sein de cette entreprise dont il a été, pour l'essentiel de cette période, le grand dirigeant.

Laurent Beaudoin est né en 1938, à Laurier-Station, un village de la région de Québec. Durant sa jeunesse, ce dernier-né et seul garçon d'une famille de six enfants est fasciné par le bureau de son père, qui est grossiste en alimentation. Après avoir obtenu un baccalauréat en arts au Collège Sainte-Anne de Nouvelle-Écosse, où il est pensionnaire de 10 à 17 ans, il entreprend des études commerciales à l'Université Laval, à Québec. Il manifeste plus d'intérêt pour la vie sociale estudiantine que pour les études et ses résultats scolaires en pâtissent. Il décide alors d'aller poursuivre ses cours à l'Université de Sherbrooke. C'est là qu'il rencontre Claire, la fille de Joseph-Armand Bombardier, qui étudie elle aussi en commerce. Les deux jeunes gens tombent amoureux, puis convolent en justes noces en 1959. Après avoir obtenu son bac en commerce, la jeune mariée abandonne ses études pour se consacrer à la vie familiale, ainsi que le veut la coutume de l'époque ; Laurent poursuit jusqu'à la maîtrise et obtient le titre de comptable agréé.

Le couple s'établit à Québec. Son beau-père lui propose la gestion d'une scierie dans laquelle il a investi et qui est sur le bord de la faillite. En quête de clients pour le cabinet de consultation qu'il a fondé, Laurent accepte.

Après avoir étudié le fonctionnement d'une autre scierie qui est rentable, Laurent identifie le principal problème : l'entreprise a une mauvaise politique de vente, ce qui entraîne des pertes en raison de mauvaises créances. Six mois plus tard, l'entreprise, complètement restructurée par Laurent, enregistre des profits pour la première fois en cinq ans. Impressionné par la performance de son gendre, Joseph-Armand l'engage comme contrôleur chez Bombardier. Laurent et son épouse quittent Québec pour s'établir à Valcourt, où se trouve le siège social de l'entreprise.

À cette époque, Joseph-Armand s'inquiète beaucoup de sa succession. Il planifie la chose depuis 1954, année où il a créé une société de portefeuille, Les Entreprises de Joseph-Armand Bombardier limitée, dans laquelle sont actionnaires ses deux fils, Germain et André, et ses trois filles, Janine, Huguette et Claire. Joseph-Armand a placé ses actions de Bombardier dans ce *holding*. Par le moyen d'un gel successoral, la valeur de ses biens personnels est immobilisée au montant qu'ils affichaient en 1954 au moment de la création du *holding*, ce qui fixe un plafond aux droits de succession que ses héritiers auront à payer.

Mais Joseph-Armand n'a pas fait cela uniquement pour assurer la sécurité financière et alléger le fardeau fiscal des siens : il a tenu également à assurer la pérennité de cette entreprise qui était l'œuvre de sa vie. Au début des années 1960, il consulte un conseiller parce qu'il veut organiser sa compagnie de manière qu'elle puisse continuer de croître même lorsqu'il ne sera plus là. Ce spécialiste lui recommande d'adopter un mode de gouvernance qui sépare la propriété des fonctions administratives : les enfants Bombardier détiendront les actions et seront donc propriétaires de l'entreprise, mais celle-ci sera gérée par un conseil d'administration constitué d'experts indépendants. Le conseiller de Joseph-Armand estime que cette méthode contribuera par ailleurs à minimiser les querelles intestines, très fréquentes dans les entreprises familiales au moment du transfert intergénérationnel.

Ces solutions n'ont pas l'heur de plaire à Joseph-Armand. Le fondateur de Bombardier est convaincu qu'une entreprise familiale doit être gérée par la famille elle-même. Quatre de ses cinq frères ne sont-ils pas cadres supérieurs de la compagnie depuis plusieurs années déjà ? Il demande leur avis à ses enfants qui, eux non plus, ne sont pas prêts à dissocier administration et propriété. Cette possibilité est donc rejetée. Dans son testament, Joseph-Armand prévoit tout de même que quelques sièges du conseil d'administration de Bombardier soient réservés à des experts indépendants, pour rehausser la capacité de décision et de direction de la famille.

Joseph-Armand discute aussi de sa succession avec ses frères et les autres actionnaires minoritaires de la compagnie. Ils ne parviendront pas à s'entendre. En 1963, alors que sa santé se détériore, Joseph-Armand résout l'impasse en rachetant les actions des actionnaires minoritaires, ce qui lui redonne le contrôle absolu de la compagnie et lui permet d'établir son plan successoral comme il l'entend.

Il escompte que Germain, son fils aîné, pourra éventuellement accéder à la présidence, ce qui lui donne confiance que la compagnie continuera d'évoluer dans la direction qu'il lui a fixée. Vice-président de la firme depuis 1956, Germain a de réels talents d'inventeur et il a travaillé aux côtés de son père dans le centre de recherche de Kingsbury. Il est également directeur de Rockland Accessories, filiale de Bombardier chargée de fabriquer toutes ses pièces de caoutchouc.

Après le décès de Joseph-Armand Bombardier en février 1964, Germain va être assisté dans ses fonctions par ses trois beaux-frères : Gaston Bissonnette, mari de Janine, sera directeur des ventes à l'usine de Valcourt et deviendra par la suite vice-président de la recherche et du développement ; l'ingénieur Jean-Louis Fontaine, mari d'Huguette, sera vice-président de la production à la division Ski-Doo ; et Laurent Beaudoin, mari de Claire, contrôleur de gestion en 1963, deviendra directeur général de l'entreprise. Un autre membre de la famille ralliera les rangs de Bombardier en 1969 : une fois ses études universitaires terminées, André, le plus jeune fils de Joseph-Armand, œuvrera en tant que vice-président de la division industrielle.

C'est une chance que les actions de Bombardier ne soient pas inscrites à la Bourse à cette époque, car il est probable que le marché boursier n'aurait pas été très tendre envers cette compagnie perdant son fondateur et principal moteur, et dont les nouveaux dirigeants, en plus d'arborer un âge moyen de moins de 30 ans, ont été sélectionnés en raison de liens familiaux. Il ne fait aucun doute que si Bombardier avait été présente en Bourse à ce moment-là, elle serait devenue une cible de choix pour les vendeurs à découvert, dont la spécialité est de spéculer sur des titres dont ils anticipent la baisse. Dans son livre qui porte sur la vente à découvert, *The Art of Short Selling*[2], Kathryn Staley affirme que le principal critère permettant d'identifier une société candidate à ce genre de transaction est la présence au conseil d'administration de plusieurs personnes ayant des liens de parenté.

Mais dans les faits, ces spéculateurs auraient perdu leur chemise en misant contre Bombardier, car la stratégie de succession de Joseph-Armand porte ses fruits, même si les choses ne se passent pas comme il l'avait envisagé. En 1966, deux ans à peine après avoir été nommé président de la compagnie, Germain démissionne, évoquant des raisons de santé. Laurent, qui n'a pas encore 30 ans à l'époque, lui succède à la présidence.

Pendant 45 ans, il va guider la compagnie au travers des périodes difficiles pour en faire le géant qu'elle est aujourd'hui. Gaston Bissonnette et Jean-Louis Fontaine, les deux autres beaux-frères, jouent eux aussi un rôle de premier plan au sein de l'entreprise, et particulièrement Fontaine, qui occupera plusieurs postes-clés avant d'être nommé vice-président du conseil d'administration.

La stratégie successorale de Joseph-Armand est donc à la fois un échec et une réussite: son entreprise demeure sous la gouverne familiale et continue de prospérer, mais sans son fils aîné. Il faut dire que de tous les enfants Bombardier, c'est Germain qui a connu l'enfance la plus difficile. Son père a laissé l'éducation de ses frères et sœurs à la discrétion de son épouse, mais il a pris en main celle de son fils aîné pour le préparer à son rôle à la tête de l'entreprise familiale. Joseph-Armand a mené l'éducation de son fils de la même manière qu'il a supervisé ses ouvriers à l'usine, c'est-à-dire de main de fer, avec une sévérité qui ne tolère ni faiblesse ni critique. Or, Germain était un jeune homme sensible qui souffrait apparemment de se voir imposer pareille discipline[3].

Dans *Bombardier*, un film produit par Astral Vidéo qui brosse un portrait de la vie de cette grande famille québécoise[4], une scène révélatrice présente Joseph-Armand qui se montre dur avec son aîné et, l'instant d'après, tout en gentillesse avec ses trois filles. Dans une autre scène, madame Bombardier mentionne à son mari que Germain ne se sent pas apprécié et lui suggère de valoriser davantage son fils. Malgré cela, Joseph-Armand ne fait aucun cas de son fils aîné quand, plus tard dans le film, celui-ci vient lui apporter gentiment ses chaussures.

En dépit du traitement qui lui est réservé, Germain n'en est pas moins un étudiant brillant, capable d'assimiler sans mal les leçons de génie mécanique que son père lui donne. Détenteur de nombreux brevets, il devient presque l'égal de son père en matière d'innovations techniques. Mais cela ne fait pas nécessairement de lui le candidat idéal pour prendre les rênes d'une entreprise en pleine croissance qui compte déjà plus de 700 employés.

Bombardier est en voie de devenir une entreprise d'importance et, pour la diriger, il ne suffit pas d'être un bon inventeur, il faut aussi faire montre d'aptitudes dans d'autres disciplines. De surcroît, Joseph-Armand, qui conserve le contrôle de sa compagnie jusqu'à sa mort, n'a pas jugé utile d'inclure Germain dans le processus décisionnel. À la disparition du père, tout le poids de l'entreprise repose soudain sur les épaules d'un fils qui n'est pas prêt à assumer une telle charge de leadership.

D'autres facteurs semblent avoir motivé le départ de Germain. Il y a divergence d'opinions entre Laurent et lui quant à l'orientation de la compagnie. Laurent considère depuis un moment déjà que Bombardier n'exploite pas pleinement le potentiel de sa division Ski-Doo. Dès sa première année en tant que contrôleur, il a tenté de persuader son beau-père d'investir davantage dans la publicité et la promotion des motoneiges. Un jour où il suggère l'adoption d'un budget publicitaire de 35 000$, Joseph-Armand s'exclame: «Trente-cinq mille? C'est le prix d'une maison[5]!»

Lorsque Germain devient président de la compagnie, Laurent continue de prôner une stratégie énergique d'expansion et de marketing, mais se bute avec son beau-frère aux mêmes réticences qu'avec le père. Interrogé plusieurs années plus tard sur la question, Laurent laisse entendre que le départ de Germain ne s'est pas effectué dans des conditions faciles: «Germain [...] n'avait pas la capacité de diriger une grosse compagnie, raconte-t-il. La taille de Bombardier doublait chaque année dans ce temps-là, et ça le dépassait. Il a vendu ses parts à la famille en 1965 parce qu'il n'était pas d'accord avec nos plans d'expansion[6].» Laurent maintient sa position lors d'un entretien subséquent: «Notre croissance était trop rapide et les risques trop élevés. [Germain] n'avait ni les compétences ni le tempérament qu'il fallait pour diriger l'organisation[7]. »

Après son départ de Bombardier, Germain passe le plus clair de son temps en Floride. Côté affaires, il s'implique dans une firme québécoise de caoutchouc, mais l'entreprise frôlera la faillite en 1986. Il décédera à Montréal en janvier 1993, à l'âge de 62 ans, des suites d'une longue maladie. Bombardier publie un communiqué de presse ; une notice nécrologique paraîtra dans le *Financial Post*.

André Bombardier, le benjamin de la famille, évolue toujours au sein de l'entreprise que son père a fondée. Il est aujourd'hui vice-président du conseil d'administration.

UN MARKETING RENOUVELÉ

Laurent Beaudoin préconise, dès son arrivée chez Bombardier, une promotion plus vigoureuse de la motoneige Ski-Doo. Le gendre de Joseph-Armand estime que la compagnie connaîtra une croissance plus rapide et des profits accrus si elle concentre ses ressources sur cette gamme de produits. Dans la foulée de cette stratégie, les autoneiges industrielles perdront sans doute leur statut de produit phare, mais c'est le prix que Bombardier doit payer pour assurer sa mainmise sur le marché florissant de la motoneige.

Désireux de lancer la motoneige Ski-Doo sur l'ensemble du marché nord-américain, Laurent retient les services d'une agence publicitaire anglaise. Un professeur de marketing de l'Université de Sherbrooke qui a obtenu son diplôme à l'Université Western Ontario l'oriente vers un collègue issu de la même institution : John Hethrington est cadre chez Spitzer, Mills & Bates, une boîte de pub montréalaise.

Laurent contacte Hethrington le 24 décembre 1963 et lui propose de préparer, en urgence pour janvier, une campagne destinée aux magazines et à la télé. Le publicitaire accepte le défi, non sans avoir d'abord demandé à son client s'il pouvait faire l'essai de ces fameuses motoneiges, histoire de mieux comprendre le produit.

Un jour ou deux plus tard, un camion se présente au domicile de Hethrington et dépose deux Ski-Doo juste devant son entrée. L'homme de Spitzer, Mills & Bates enfourche aussitôt l'une des deux machines. Dans les heures qui suivent, il prend un plaisir fou à filer à travers les champs enneigés qui entourent sa résidence. Complètement emballé,

Hethrington entreprend de concevoir la campagne qui va populariser le Ski-Doo partout en Amérique du Nord.

Le budget de publicité annuel n'est que de 32 000$ pour la saison 1963-1964, mais il grimpe progressivement pour atteindre les 5 millions de dollars en 1969-1970.

La campagne prend véritablement son envol à l'automne de 1966, lorsque Hethrington se joint à Bombardier en tant que vice-président du marketing. Comme il est le seul cadre anglophone et protestant de la compagnie, Laurent aime se moquer gentiment de lui en le présentant comme « un orangiste de Toronto[8] ». Hethrington affirme que Laurent est un gestionnaire « de peu de mots et très soucieux des détails[9] », et qu'il n'a pas son pareil pour doser fermeté et équité dans ses rapports avec ses subordonnés.

En 1967, la compagnie change de nom: en réponse à l'émergence de l'entreprise en Amérique du Nord, L'Auto-Neige Bombardier Limitée adopte la raison sociale « Bombardier Limitée ». Deux campagnes publicitaires majeures affichant le nouveau nom sont lancées cette année-là et les années subséquentes. La première, plus modeste, est diffusée en juillet et en août pour briser la glace et donner un avant-goût de la saison à venir. S'étendant d'octobre à la mi-décembre, la seconde campagne est axée sur des pubs télé diffusées aux heures de grande écoute, plus particulièrement après les émissions sportives et les bulletins de nouvelles du soir. La télévision sait montrer mieux que n'importe quel autre média le plaisir qu'on peut prendre à enfourcher un Ski-Doo.

Cela dit, ce sont les publicités apparaissant dans les magazines qui génèrent le plus de réponses directes de la part des consommateurs – des annonces pleine page sont publiées dans des revues de consommateurs comme *Life* et *Look*, ainsi que dans des magazines de sports comme *Outdoor Life*.

Les événements spéciaux sont un autre excellent moyen de générer de la publicité pour la marque Ski-Doo. En 1966, un agent d'assurances de Minneapolis du nom de Ralph Plaisted organise une expédition au pôle Nord en Ski-Doo. Malheureusement, en raison de températures au-dessus de la normale, la glace de la banquise se brise avant que l'équipe, dont fait partie le reporter Charles Kuralt du réseau de télévision CBS, arrive à destination. Plaisted tente de nouveau sa chance deux ans plus tard, invitant cette fois le neveu de Joseph-Armand, Jean-Luc Bombardier à se joindre à l'expédition.

La caravane de quatre Ski-Doo amorce son périple au début du mois de mars, à une température de -51 °C. La traversée s'avère plus ardue que prévu : les explorateurs partent parfois à la dérive, en précaire équilibre sur de vastes plaques de glace flottantes ; des rivières torrentielles les contraignent à des détours qui doublent la distance du voyage. En dépit de ces obstacles, ils atteignent leur but après 43 jours de pérégrination dans l'Arctique, devenant la deuxième expédition à atteindre le sommet du monde par voie de terre – la première ayant été menée par Robert Peary en 1909. Toutefois, comme son arrivée est constatée par l'armée de l'air américaine, elle devient la première expédition au pôle Nord *confirmée* de l'histoire.

Très excités par leur exploit, Plaisted et son équipe ne sont pourtant pas au bout de leur peine : maintenant qu'ils ont atteint le pôle Nord, ils doivent faire demi-tour et revenir à leur point de départ, et ce, au plus fort du dégel printanier. Ils doivent traverser des rivières en crue en volant à la surface de l'eau, le moteur de leurs motoneiges Ski-Doo poussé à plein régime.

Un violent blizzard les confine à leur tente plusieurs jours durant. Au sixième jour, la tempête se calme et ils reprennent leur route, roulant à vitesse maximale pour éviter de briser la glace fondante et de s'enfoncer dans l'eau glacée. Les conditions sont périlleuses, mais, fort heureusement, un avion de skieurs les repère avant que ne survienne une catastrophe majeure. Atterrissant sur la banquise, l'aéronef prend les voyageurs et leur équipement à son bord.

Dans sa biographie de Joseph-Armand Bombardier, l'auteur Carole Precious relate l'anecdote suivante : « Une des motoneiges fut abandonnée, car il n'y avait de place dans l'avion que pour trois d'entre elles. À ce jour, un Ski-Doo demeure garé quelque part au milieu de l'Arctique, sa clé dans le contact. Si par chance vous le trouvez, vous pouvez le garder[10] ! »

LA FIÈVRE SKI-DOO

Gagnant en popularité tout au long des années 1960, les courses de motoneiges constituent un autre outil promotionnel de choix pour le Ski-Doo. Une bonne performance dans une compétition, comme le Championnat du monde de motoneige d'Eagle River, au Wisconsin, assure au constructeur une précieuse couverture médiatique.

Bombardier remporte plusieurs victoires en 1968 grâce à son nouveau moteur à deux cylindres verticaux Rotax 600 cc, construit expressément pour la motoneige Ski-Doo par un fournisseur autrichien. Le premier modèle à être doté de ce moteur performant est la T'NT, pour *Track'N Trail*, baptisée ainsi parce qu'elle est conçue tant pour les sentiers de randonnée (*trail*) que pour la piste de course (*track*).

Bombardier met un certain nombre de ces engins à la disposition de ses concessionnaires pour les compétitions de l'hiver 1967-1968. Chaque motoneige équipée d'un moteur Rotax doit être récupérée par le concessionnaire à la fin de la course, pour éviter que les concurrents de Bombardier ne mettent la main dessus. Les pilotes de la petite écurie mise sur pied par Bombardier, ainsi que les quelques pilotes amateurs qui ont pu emprunter une motoneige Ski-Doo T'NT le temps d'une course, raflent le podium sur tous les circuits nord-américains dans la catégorie illimitée. Ces victoires ne tardent pas à porter leurs fruits: toutes les motoneiges de la gamme T'NT construites pour la saison suivante sont vendues avant l'arrivée des premières neiges.

Par-delà les victoires sur piste et les campagnes de publicité, il faut, pour vendre des motoneiges Ski-Doo, établir un bon réseau de concessionnaires. Laurent Beaudoin et John Hethrington développent ensemble un réseau de 18 distributeurs régionaux capables d'alimenter plus de 2 500 concessionnaires disséminés un peu partout dans la *snowbelt* (ceinture de neige) nord-américaine. Ils organisent des réunions annuelles pour leurs distributeurs dans des sites enchanteurs, comme le village de West Yellowstone, dans le Montana, ou l'hôtel Schloss Fuschl près de Salzbourg, en Autriche, dans la région même où se trouve son fabricant de moteurs de motoneige. Il y a, durant ces rencontres, des séances d'information sur les produits, mais ce qui plaît vraiment aux distributeurs, c'est qu'ils peuvent essayer les modèles de la saison à venir. Les distributeurs passent ensuite leurs commandes, et à leur retour de la grande réunion annuelle, ils relaient l'information aux concessionnaires.

Les concessionnaires bénéficient d'un soutien continu de la part de Bombardier, et leurs initiatives de marketing sont étayées par les vastes campagnes publicitaires du fabricant québécois. Bombardier se charge par ailleurs de fournir les manuels et de former les techniciens nécessaires à l'entretien et aux réparations de leurs motoneiges. Afin de minimiser son niveau d'endettement, Bombardier insiste sur le fait que les commandes doivent être payées à l'avance et en entier. Cependant, elle offre aux concessionnaires un plan de financement sur les stocks achetés entre juillet et novembre, afin qu'ils puissent se préparer pour les promotions hivernales.

Dans cette période d'abondance et de loisir que sont les années 1960, le motoneigisme s'impose tant comme sport que comme activité récréative. Bénéficiant au fil de cette décennie d'une croissance frénétique et continue, les fabricants de motoneiges voient leurs ventes exploser : de quelques centaines d'unités en 1960-1961, on atteint les 60 000 unités cinq ans plus tard, puis 500 000 unités en 1971-1972. Propulsé par la popularité du Ski-Doo, Bombardier double sa production chaque année tout au long des années 1960, ce qui l'amène à transformer son image de fabricant d'équipement spécialisé pour celle d'une entreprise orientée vers le marché de masse. Durant la période d'engouement débridé qui va de 1965 à 1971, la production annuelle de Bombardier passe de 23 000 à 210 000 unités ; les revenus bondissent de 20 à 180 millions de dollars et les profits, de 3 à 16 millions de dollars.

Il faut savoir que ce sont Edgar Hetteen et ses collègues de la Polaris Industries, établie à Roseau, au Minnesota, qui ont développé au milieu des années 1950 un traîneau motorisé sous le nom de « Sno Traveler » afin de donner un complément à leur ligne de machines agricoles. Polaris a vendu cinq Sno Travelers durant l'hiver de 1955-1956, 75, l'hiver suivant et plus de 300 en 1957-1958, année où la compagnie a mis en place un réseau de concessionnaires assurant la vente et la réparation de ses engins[11].

En 1960, désireux de présenter son Sno Traveler à un plus vaste auditoire, Hetteen se lance avec trois autres aventuriers dans une traversée de l'Alaska allant de Bethel à Fairbanks. Ils font ce périple de plus de 1 600 km en 18 jours, chevauchant trois motoneiges fournies par un distributeur Polaris local. Le voyage comporte sa part de risques. À un moment, un vent d'une force inouïe éperonne les véhicules et leurs conducteurs et les projette en bas d'une falaise ; par bonheur, une neige épaisse au fond du ravin amortit cette chute de plus de 21 m.

À une autre occasion, la motoneige de Hetteen tombe en panne dans l'immensité terrifiante d'un désert glacial. Luttant contre les bourrasques et le froid, Hetteen démonte le moteur pour remplacer une bobine électrique défectueuse. Une fois la réparation terminée, il fait tourner le moteur pour l'éprouver, mais échappe par mégarde le marteau qu'il tenait à la main qui est catapulté contre les ailettes du radiateur, les endommageant irrémédiablement. Hetteen fait le reste du voyage dans la crainte que son moteur ne surchauffe et ne s'arrête pour de bon.

Lorsque Bombardier fait son entrée sur le marché de la motoneige en 1959, il devient vite le manufacturier dominant. Ayant fabriqué des autoneiges et d'autres véhicules chenillés tout au long des années 1940 et 1950, la firme québécoise ne tarde pas à mettre sur pied des usines de production en série de Ski-Doo très supérieures à celles de ses concurrents. Elle prend une autre longueur d'avance quand Joseph-Armand Bombardier met au point la motoneige légère à moteur avant qui va devenir la référence de toute l'industrie. C'est à partir de ce moment que la motoneige montre son potentiel récréatif et devient un produit de consommation de masse.

La majorité des modèles rivaux de l'époque visent un marché utilitaire – trappeurs, forestiers, employés de compagnies téléphoniques ou d'électricité, etc. La firme Arctic Cat introduit en 1961 une motoneige plutôt traditionnelle, à châssis d'acier tubulaire et à moteur arrière affichant une modeste vitesse de pointe de 30 à 50 km/h. Quant aux premiers modèles de Polaris Industries, ils sont conçus et testés sur les terrains plats du Minnesota et dans des conditions d'enneigement qui varient peu en raison du froid constant; ces engins sont peu performants dans la neige collante ou sur terrain accidenté.

Arctic Cat et Polaris repensent leurs motoneiges en se basant sur les concepts du Ski-Doo, mais en proposant tout de même quelques innovations technologiques de leur cru – Arctic Cat introduit une suspension coulissante qui absorbe les bosses beaucoup mieux que les systèmes existants; Polaris développe un mécanisme d'embrayage révolutionnaire. Mais tout n'est pas rose pour ces rivaux de Bombardier: percluses de problèmes de liquidités récurrents, les deux compagnies ont bien souvent peine à surnager. Arctic Cat évite la faillite de justesse en 1964 grâce à un prêt de la Small Business Administration, une agence gouvernementale américaine d'aide aux petites entreprises. Polaris trouve son salut en 1968 lorsqu'elle devient une filiale de Textron Inc., une mégasociété basée à Providence, au Rhode Island.

L'Olympique est un autre modèle des années 1960 qui jouit d'une très grande popularité. De facture plus sportive, ce Ski-Doo qui arbore la couleur jaune vif emblématique de Bombardier doit sa vitesse et sa performance à son moteur Rotax de fabrication autrichienne. De son introduction en 1964 jusqu'à la fin de la série en 1979, l'Olympique s'écoulera à raison de 664 000 exemplaires. Le modèle s'est avéré si marquant que Postes Canada a créé un timbre commémoratif à son effigie.

Introduit en 1970, le Blizzard est la première motoneige Ski-Doo conçue spécifiquement pour la compétition. On le reconnaît aux ouvertures apparaissant à l'avant et sur les côtés du capot, qui sont indicatives d'un système de refroidissement à l'air – les moteurs refroidis par ventilateur sont délaissés durant cette décennie où la vitesse est à l'honneur. Dans le moteur refroidi à l'air de Bombardier, l'air froid de l'extérieur pénètre par les ouvertures du capot pour être acheminé vers les cylindres, qui sont entourés d'ailettes de refroidissement. L'élimination du ventilateur augmente de beaucoup la performance globale de la motoneige.

L'Élan est un autre modèle introduit par Bombardier au début des années 1970. C'est une motoneige pas très rapide, mais incroyablement légère et robuste. Elle a été développée par le frère de Joseph-Armand, Gérard Bombardier, à son retour dans l'entreprise à la fin des années 1960. Ce modèle est resté en production durant 26 ans, et plusieurs amateurs de longue date ont déploré que Bombardier décide de mettre fin à la série.

L'Élan est d'une fiabilité à toute épreuve. Une fois son moteur lancé, il ne s'enraie jamais, ce qui rassure tous ces voyageurs qui sillonnent à son bord les vastes contrées désertes du Nord. Tout comme le moteur de la Ford Model T, le Rotax peut être démonté puis remonté aisément à l'aide d'une ou deux clés anglaises.

L'INTÉGRATION VERTICALE

Les motoneiges Ski-Doo Bombardier se vendent très bien dans les années 1960, mais ils se vendraient encore mieux, si ce n'était de l'apparition de plusieurs marques rivales sur le marché. À cette époque, il est tentant pour un entrepreneur de se lancer dans la fabrication de motoneiges considérant que les brevets que Joseph-

Armand détenait pour son système de traction barbotin-chenille sont arrivés à échéance dans les années 1950. Par ailleurs, Bombardier jouit d'un avantage marqué grâce à son nouveau brevet, déposé en 1960 pour l'invention de la courroie continue de caoutchouc avec travers d'acier intégrés.

Les obstacles légaux mis à part, la technologie est relativement simple et les fabricants en herbe ont les coudées franches. Chaque petit atelier de mécanique, chaque fabricant de pièces semble vouloir lancer sa propre version de la motoneige. La plupart de ces nouvelles marques sont des filiales de firmes axées sur d'autres industries ; il y a là-dedans des fabricants de produits nautiques, de composantes aéronautiques, de matériel agricole, d'outils de jardinage, et même quelques fabricants de bicyclettes. On compte au début des années 1970 plus d'une centaine de fabricants de motoneiges.

Afin de pouvoir satisfaire rapidement aux besoins du marché, Bombardier renforce sa stratégie d'intégration verticale. En acquérant ses fournisseurs, l'entreprise s'assure non seulement de la qualité de ses composants, mais aussi de leur disponibilité et de leur coût, ce qui est utile en période de croissance. Elle achète son fournisseur de pièces de plastiques, Les Plastiques LaSalle inc., et d'autres fournisseurs, certains spécialisés dans le chromage, d'autres dans la fabrication d'outils de précision ou de sièges en caoutchouc mousse, sont absorbés. La firme québécoise achète même une usine textile qui vient alimenter sa gamme de vêtements pour motoneigistes. Ces acquisitions permettent à Bombardier de mieux contrôler la qualité, la disponibilité et le prix des pièces entrant dans la composition de ses motoneiges.

Laurent Beaudoin réalise son acquisition la plus importante au début de 1970 en achetant la firme autrichienne Lohnerwerke GmbH, manufacturier de moteurs et de tramways. L'objectif de la transaction est de contrôler la firme Rotax-Werk AG, filiale de Lohnerwerke, qui construit les moteurs de Ski-Doo. Une fois absorbée, Rotax-Werk est intégrée à l'organisation de Bombardier sous l'appellation Bombardier-Rotax GmbH.

Au début, Bombardier ne souhaite pas conserver le secteur tramway de l'entreprise, mais l'avenir va en démontrer la valeur insoupçonnée. En effet, cette expertise dans le domaine du transport sur rail permettra à Bombardier de faire ses premières armes dans un secteur où elle va bientôt se diversifier.

L'autre arme de Bombardier dans sa lutte contre les fabricants de motoneiges rivaux est la consolidation. Voyant que la marque Moto-Ski lancée par Les Industries Bouchard inc. rivalise en popularité avec le Ski-Doo, Bombardier l'achète en 1971, ce qui lui permet d'augmenter sa part du marché tout en réduisant sa marge d'exploitation. Elle acquiert du même coup une nouvelle usine située à La Pocatière, au Québec.

Plusieurs compagnies, dont Chrysler et Outboard Marine Corp., tâtent le terrain pour acheter Bombardier dans les années 1960 et 1970. Laurent Beaudoin et la famille Bombardier auraient pu alors céder la compagnie et vivre dans l'opulence jusqu'à la fin de leurs jours. Néanmoins, ils sont bien déterminés à ce que Bombardier demeure une compagnie familiale, d'une part parce qu'ils croient en ses possibilités d'avenir, d'autre part parce que Joseph-Armand en a exprimé le souhait avant de mourir.

Quant à Laurent, il estime souhaitable que, d'une part, la compagnie ait plus d'indépendance managériale par rapport à la famille et que, d'autre part, la famille ait plus d'indépendance financière par rapport à l'entreprise. Il voit aussi la possibilité d'utiliser des actions boursières comme valeur d'échange pour financer les acquisitions d'entreprises qu'il projette d'acheter. C'est pourquoi Bombardier s'inscrit en 1969 aux Bourses de Montréal et de Toronto. Deux millions d'actions représentant 13 pour cent de la valeur nette de l'entreprise sont mises en vente par Les Entreprises de J. Armand Bombardier, c'est-à-dire par quatre des cinq enfants de la famille Bombardier.

À l'époque de ce premier appel public à l'épargne, les observateurs de l'industrie envisagent l'avenir de la motoneige avec optimisme. Procédant à une extrapolation du taux de pénétration de la motoneige sur le marché québécois (200 motoneiges pour 1 000 foyers), une étude de marché de 1970 prévoit qu'en 1975 Bombardier vendra 450 000 unités en Amérique du Nord et aura des revenus de 500 millions de dollars.

Le président de Bombardier partage cette vision optimiste des choses. Dans un panel de hauts gestionnaires organisé par le quotidien *Globe and Mail*, Laurent Beaudoin offre cette perspective de ce que sera l'an 2000 : « La motoneige de l'an 2000 fera compétition aux voitures, hélicoptères et aéroglisseurs. Certains modèles seront équipés de moteurs à réaction miniatures et d'un système de portance sur coussin d'air qui leur permettront d'atteindre les 300 milles à l'heure [500 km/h]. D'autres modèles fonctionneront à l'énergie solaire ou au carburant nucléaire[12]. » Bien qu'excessives, ces prédictions donnent une idée de l'engouement sans bornes que l'on vouait à la motoneige à cette époque.

LE PREMIER SEA-DOO

Déjà au début des années 1970, les motoneiges Ski-Doo représentent 90 pour cent des revenus de Bombardier. Il va sans dire qu'il est très risqué de se concentrer ainsi sur un seul produit, un produit de surcroît sensible à la saturation du marché et largement dépendant des vicissitudes du climat hivernal. Bombardier s'expose d'autant plus aux fluctuations du marché de la motoneige qu'il a procédé à une intégration verticale radicale dans laquelle 90 pour cent de ses pièces et composantes sont fabriquées à l'interne.

Laurent Beaudoin ne semble pas s'inquiéter outre mesure de la concentration très pointue de sa société. Interrogé en 1970 sur les dangers de ce type d'exploitation, il cite IBM, Xerox, Kodak et Coca-Cola comme exemples de compagnies monoproduit qui ont réussi. Ce n'est pas que Laurent soit contre la diversification. Fin des années 1960, début des années 1970, Bombardier a tenté de se lancer dans la production de motocyclettes et d'équipement de camping.

À la même époque, Laurent achète d'un inventeur américain des brevets qui lui permettent de mettre sur pied une équipe, dirigée par le designer Anselme (Sam) Lapointe et lui-même, afin de développer un véhicule qui glisserait sur l'eau tout comme le Ski-Doo glisse sur la neige. Là s'arrête la comparaison, car la « motomarine » envisagée par Bombardier ne sera pas équipée du système de propulsion à chenilles propre au Ski-Doo, mais d'un mécanisme par lequel le véhicule sera propulsé par une pompe qui aspire l'eau à l'avant et la rejette à l'arrière.

Bombardier baptise son invention « Sea-Doo ». Cette motomarine à coque en fibre de verre se conduit en position assise et se manœuvre à l'aide d'un guidon de métal ; elle affiche une vitesse de pointe de 55 km/h.

La motomarine Sea-Doo présente plusieurs avantages pour Bombardier : en plus de donner à l'entreprise un second produit cible et de réduire sa dépendance aux conditions hivernales, elle permet aux concessionnaires Ski-Doo de rester ouverts toute l'année. En 1969, désireux de promouvoir leur nouveau-né, Laurent et Sam Lapointe, accompagnés de 10 autres hommes, entreprennent le premier voyage long parcours en motomarine. Leur trajet : Montréal-New York.

Mais par-delà ses avantages et ses attraits, le Sea-Doo est retiré du marché en 1971 en raison de divers facteurs. Tout d'abord, le marché de la motomarine se trouve surtout dans le sud des États-Unis, tandis que le réseau de distribution de Bombardier est concentré dans le nord. Puis, conçu pour l'eau douce, le Sea-Doo est vulnérable à la corrosion que provoque son utilisation en milieu marin. De plus, les moteurs Rotax doivent être optimisés pour l'environnement aquatique. Pour résoudre ces problèmes, il aurait fallu investir dans le Sea-Doo des ressources dédiées au Ski-Doo, chose que Bombardier n'est pas prête à faire. La bataille qui se joue sur le marché de la motoneige exige une concentration des ressources ; or, ces précieuses ressources ne peuvent être détournées pour soutenir un produit au potentiel incertain, comme le Sea-Doo.

Bombardier retournera à la motomarine 15 ans plus tard. Jusque-là, Laurent suivra avec intérêt l'évolution du marché. Kawasaki se lance à son tour dans le Jet Ski, qui se conduit debout. Au début des années 1980, le moment semble opportun pour reconsidérer le Sea-Doo, mais Laurent hésite à lancer Bombardier dans l'aventure tant que le produit n'est pas techniquement prêt, d'autant que la motoneige traverse des années difficiles sous le coup d'une récession et de plusieurs hivers sans neige. Il décide donc d'entreprendre privément le développement technique d'une nouvelle motomarine avec son ami Gilles Houde, qui a un atelier à Saint-Antoine-de-Tilly. En 1986, le prototype est suffisamment au point pour que Bombardier prenne la relève et poursuive le projet dans son sein.

Laurent demandera alors à son fils Pierre et au fils de Sam Lapointe, Denys, de former une équipe qui relancera le Sea-Doo. Les pères ont créé la première génération, les fils mèneront la seconde au succès. Le public se montre très réceptif à cette version améliorée du Sea-Doo. La gamme connaîtra un franc succès et contribuera brillamment au chiffre d'affaires de l'entreprise tout au long des années 1990.

Pour l'heure, le retrait du Sea-Doo n'empêche pas que Laurent Beaudoin et Bombardier entament la décennie 1970 de façon triomphale, portés par la vague de popularité de la motoneige, dont la demande est en apparence insatiable. Les médias font de Laurent une véritable vedette du milieu des affaires ; Bombardier et lui sont constamment donnés en exemple. Les analystes ne tarissent pas de louanges à l'égard de leurs stratégies et de leurs décisions.

Cet âge d'or ne durera pas. Au milieu des années 1970, Bombardier chancelle et Laurent perd son aura d'infaillibilité.

DEUXIÈME PARTIE

CHAPITRE 3

La diversification ou la mort : les années 1970

UNE DÉCENNIE ÉPROUVANTE

Dans les années 1970, Bombardier joue de malchance. Des bouleversements économiques, des hivers trop doux et la montée du coût de l'énergie sont autant d'écueils rencontrés tout au long de la première moitié de la décennie. Elle réussit à remonter la pente durant la seconde moitié, entre autres grâce aux courants économiques favorables d'un Québec en pleine résurgence. Dans la houle de cette décennie tumultueuse, Laurent Beaudoin a appris de précieuses leçons, notamment en ce qui concerne la diversification et l'innovation, leçons qu'il appliquera dans les années 1980 et 1990 pour lancer son entreprise sur une formidable courbe de croissance.

Premier péril d'une décennie jalonnée d'obstacles, l'abandon du taux de change fixe entre le dollar canadien et le dollar américain cause énormément de tort à Bombardier. Fixé à 92,5$ US pour la quasi-totalité des années 1960, le dollar canadien est décroché en 1970 par un gouvernement désireux de hausser sa valeur pour contrer les pressions inflationnistes. L'appréciation du dollar se poursuit pendant près d'un an, jusqu'à ce que la devise canadienne soit environ à parité avec son homologue américain. Ce cours de change plus élevé ne facilite pas les exportations de motoneiges Ski-Doo sur le marché américain, l'inévitable surcharge qu'il entraîne devant être absorbée soit par Bombardier, soit par le client américain.

La situation économique du Canada se dégrade sensiblement au cours des trois années suivantes. Le taux de chômage double pour atteindre 8 pour cent. Le taux d'inflation frôle les 12 pour cent (selon l'index des prix à la consommation) et le taux d'intérêt se porte à 10 pour cent (selon le taux du papier commercial à 90 jours). Pris dans ce maelstrom économique, les consommateurs n'ont plus les moyens d'acheter des objets de luxe comme une motoneige, et les entreprises ont du mal à rester à flot.

Cette crise est en fait le contrecoup macroéconomique de la politique de dépenses publiques mise de l'avant par le gouvernement américain dans les années 1960 pour soutenir l'effort de guerre au Vietnam et pour implanter de nouveaux programmes sociaux. Le problème, c'est que les États-Unis ont imprimé une quantité excessive d'argent pour financer ces initiatives, enclenchant du même coup une vague de prospérité qui se solde dans les années 1970 par une inflation galopante.

Les gens d'affaires qui ont saisi la marée montante des années 1960 n'atteignent pas la fortune à laquelle ils ont aspiré, tandis que ceux qui ont semblé pécher par excès de conservatisme s'en tirent mieux. Euripide ne dit-il pas que la chance favorise l'homme prudent ?

Une compagnie est un navire livré aux caprices de l'océan. Le capitaine à la barre de l'entreprise n'a aucun mal à diriger l'embarcation quand la mer est calme et le temps, au beau fixe. Mais quand la tempête se lève et fouette le navire de ses bordées cruelles, la main du capitaine se fait moins assurée sur le gouvernail et il perd parfois le contrôle du vaisseau, le laissant ballotter dans la tourmente, tel un fétu de paille.

C'est à ce genre de tempête que Bombardier est confrontée dans les années 1970, une tempête causée par la collision de plusieurs fronts : premièrement, il y a les fluctuations macroéconomiques mentionnées précédemment ; puis il y a ces trois hivers consécutifs durant lesquels il ne neige pratiquement pas ; le troisième front, celui qui cause le plus de tort à Bombardier, est celui de la crise de l'énergie. En 1973, l'Organisation des pays exportateurs de pétrole (OPEP) impose un embargo qui fait quadrupler le prix de l'essence. Cette mesure s'avère catastrophique pour le marché de la motoneige, qui à cette époque est détenu à environ 30 pour cent par Bombardier.

Une centaine de fournisseurs se disputent une clientèle qui, pour la première fois en 10 ans, donne des signes d'essoufflement. Comble de malchance, le marché de la motoneige amorce sa phase de saturation au moment même où des facteurs climatiques et économiques viennent l'attaquer. De pénibles ajustements s'annoncent, tant pour l'industrie que pour Bombardier.

Étranglés par les mesures de l'OPEP, la plupart des fabricants de motoneiges déclarent faillite – de la centaine qu'ils étaient, ils ne sont plus que six au milieu des années 1970. Bombardier figure parmi les survivants, mais de justesse. Il suffit d'étudier la valeur de ses titres pour comprendre la gravité de sa situation : de 23 $ en 1969, l'action de Bombardier dégringole tant et si bien qu'elle ne vaut plus que 1,70 $ en 1973. Les ventes de motoneiges dégringolent aussi durant cette période. De 1970 à 1974, les ventes de l'industrie passent de 500 000 à 170 000 unités ; celles de Bombardier diminuent en proportion, chutant de 226 000 à 60 000 unités.

Fabricants et concessionnaires se retrouvent avec d'encombrants stocks sur les bras – en 1970, les stocks de Bombardier équivalent à 10 pour cent de ses ventes ; en 1974, à 33 pour cent. Les fournisseurs qui ferment leurs portes liquident leurs stocks à un prix ridicule, alimentant par le fait même une féroce guerre des prix.

Le marché de l'occasion s'est développé au fil des années, ce qui contribue à raréfier encore davantage les commandes aux fabricants. Et puis, il y a le gouvernement, qui au lieu de venir en aide à une industrie en difficulté décide d'imposer toutes sortes de restrictions à la circulation des motoneiges… le long des autoroutes, dans les parcs, etc.

Dans cet environnement peu propice à la croissance, Bombardier voit ses profits s'étioler. Un chiffre d'affaires de 151 millions de dollars pour l'exercice financier se terminant le 31 janvier 1973 fait vaciller l'entreprise, à l'extrême seuil de la rentabilité ; l'année suivante, des ventes de 132 millions la forcent à enregistrer une perte nette de 7,9 millions de dollars. Les états financiers de l'époque sont peu réjouissants. Voulant désespérément maintenir sa structure opérationnelle et conserver ses sociétés filiales, Bombardier s'endette. De 1970 à 1974, les prêts bancaires passent de 5 à 37 millions de dollars et la dette à long terme culmine à 23 millions. À eux seuls, les intérêts sur les emprunts s'élèvent à 6 millions de dollars par année – une somme énorme pour une entreprise déficitaire.

Les analystes financiers qui observent la chute de Bombardier déplorent le fait qu'elle n'a pas diversifié ses activités. «Le fait que Bombardier ne se soit pas diversifié explique sans doute sa situation présente, écrivait l'un d'eux. En d'autres mots, Bombardier a fait l'erreur de s'accrocher à la motoneige[1].»Un autre analyste abonde dans le même sens: «Le principal problème [de Bombardier] réside dans son insuccès dans ses tentatives de diversification[2].»Le vice-président du marketing de la division Ski-Doo, en accord avec cette affirmation, explique que toutes les ressources de Bombardier sont mobilisées pour répondre à la très forte demande dont ses motoneiges font l'objet.

Une première diversification dans le domaine de la moto tout-terrain a été tentée avec la ligne Can-Am, puis abandonnée après 10 ans d'efforts parce que le marché, dominé par les fabricants japonais, est trop compétitif. Bombardier produit un véhicule de ce type très bien coté, mais il a le désavantage de se vendre plus cher que les modèles rivaux comparables. Et puis, il faut composer avec la crise de l'énergie: les motos tout-terrain sont tout aussi sensibles au prix de l'essence que les motoneiges. Un analyste ne manque pas de relever ce point: «En dépit de leurs efforts, les gestionnaires de Bombardier ont la fâcheuse habitude de choisir des produits vulnérables à une hausse du prix de l'essence et à une baisse potentielle de la demande liée aux produits de loisir[3].»

ORIENTATION NOUVELLE : LE TRANSPORT SUR RAIL

Bombardier saura appliquer dans les années 1980 et 1990 les douloureuses leçons tirées de cette décennie éprouvante. L'incroyable succès que l'entreprise connaîtra témoigne de la ténacité de Laurent Beaudoin, qui n'a jamais lâché prise lors de cette longue période d'adversité. Son exemple renvoie à cette parole du poète Horace: «L'adversité dévoile le génie que la prospérité dissimule.» Certains prétendent qu'il ne serait pas resté tout ce temps aux rênes de Bombardier s'il n'était lié, par alliance, à la famille.

Dire cela c'est mal connaître Laurent Beaudoin. C'est un homme d'affaires aux nerfs d'acier qui ne se laisse jamais aller au découragement dans les moments difficiles. Il possède cette qualité que Calvin Coolidge, trentième président des États-Unis, jugeait essentielle à la réussite: « Rien au monde n'est plus important que la persévérance, disait Coolidge. Le talent n'est pas plus important – on ne compte plus les ratés qui ont du talent. Le génie ne l'est pas – d'où l'expression "génie méconnu". L'éducation ne l'est pas – le monde est rempli de diplômés dans la dèche. Seules la ténacité et la détermination sont omnipotentes. »

La dure décennie 1970 convainc Laurent que la diversification est une nécessité. Se diversifier, c'est répartir les risques sur plusieurs produits et plusieurs marchés. Joseph-Armand a su appliquer ce principe, mais après son départ, le marché de la motoneige a explosé et Bombardier n'a su se soustraire à l'attraction de la demande. Empressée de profiter d'un marché florissant et d'éclipser ses concurrents, l'entreprise a tout misé sur le Ski-Doo. Mais maintenant, il est impératif qu'elle se diversifie. Trois ou quatre gammes de produits différentes suffiraient à soutenir l'édifice de la compagnie et à le protéger contre les assauts de facteurs imprévus du monde extérieur.

La diversification, donc, mais pas dans n'importe quelle direction : il faut examiner soigneusement chaque nouvelle avenue potentielle et choisir celles qui tirent parti des aptitudes que l'organisation possède déjà. Il faut aussi créer un équilibre, une sorte de contrepoint entre les produits existants et les nouveaux produits. Même si cela peut sembler paradoxal, la diversification doit permettre à l'entreprise d'explorer de nouveaux territoires, mais sans l'éloigner trop de ses activités et compétences actuelles. Et elle doit offrir une protection contre plusieurs facteurs de risque.

Un premier risque est lié au fait que la motoneige est un produit saisonnier. La solution à cela est d'introduire des produits qui se vendent à différents moments de l'année. Le cycle économique représente un autre type de risque. La solution consiste ici à ajouter des produits non cycliques au catalogue de l'entreprise et à étendre la clientèle aux gouvernements, qui sont moins touchés par les cycles économiques et qui, souvent même, augmentent leurs dépenses en temps de crise afin de stimuler l'économie. Un troisième facteur de risque réside dans le cycle de vie ou la phase de maturité des produits. Pour se protéger de ce danger, l'entreprise doit s'investir de façon soutenue dans le développement de produits – lorsqu'un produit arrive à la fin de son cycle de vie, un autre doit être prêt à prendre sa place.

Le plan de diversification de Bombardier tient compte de tous ces facteurs. Comme on va le voir, il s'est amorcé en fait au milieu des années 1970, lorsque l'entreprise s'est lancée dans la fabrication de voitures de métro et de chemin de fer, domaine qu'elle a choisi parce qu'il lui permet d'appliquer ses compétences manufacturières – coupage, soudure, assemblage, etc. – acquises en fabriquant des motoneiges. Ce nouveau produit forme le contrepoint voulu à la gamme Ski-Doo : le train et le métro deviendront probablement de plus en plus populaires au fur et à mesure que le prix de l'essence augmentera, ce qui compensera avantageusement la diminution des ventes de motoneiges. Mieux encore, comme Bombardier le découvrira, ces deux moyens de transport font généralement partie du secteur gouvernemental ou municipal et sont donc moins sensibles aux fluctuations et aux cycles économiques.

La pertinence de l'intégration verticale est un autre facteur à considérer. Dans certains cas, il peut être avantageux d'acquérir ses fournisseurs pour obtenir les composants qui autrement ne seraient pas offerts sur le marché, ou qui ont un coût d'achat trop élevé. Par contre, une intégration verticale trop intensive augmente la dépendance de l'entreprise à un monoproduit, la rendant de ce fait plus vulnérable à la conjoncture des marchés, surtout en période de ralentissement économique.

Sur le danger d'une intégration excessive, Laurent Beaudoin a beaucoup appris de son expérience lors de la chute du marché dans les années 1970 : « On manque de vitesse de réaction, dit-il, parce qu'en plus de votre affaire principale, vous avez toutes ces autres petites entreprises que vous devez réorganiser aussitôt que leur client principal – vous – éprouve des difficultés[4]. » Le succès de la diversification de Bombardier dépend en grande partie de son degré d'intégration verticale. Il faut appliquer ici un savant dosage.

À la fin des années 1970 et au début des années 1980, plusieurs pièces et produits périphériques de la gamme Ski-Doo, fabriqués jusque-là à l'interne, sont confiés à des fabricants externes. Bombardier s'allège considérablement en 1983 lorsqu'elle vend à Camoplast Inc., une compagnie formée par un groupe d'anciens employés, quatre usines dédiées à la fabrication de vêtements, de chenilles, de couvre-sièges et d'autres articles de motoneige. Les responsabilités internes de Bombardier, en ce qui a trait au

Ski-Doo, se limitent à la fabrication des moteurs et des châssis, à l'assemblage final, au développement de produits, au marketing et à la distribution. Tout le reste est externalisé.

LE MÉTRO DE MONTRÉAL

Nous avons vu qu'en affaires, certains facteurs externes peuvent miner les efforts d'une entreprise ; or, à l'inverse, des circonstances extérieures peuvent l'aider à accomplir sa destinée. C'est le cas de Bombardier, qui voit son élan de diversification soutenu par des forces issues de la scène politique, et particulièrement par la montée du nationalisme au Québec.

Au début des années 1960, les francophones représentent 80 pour cent de la population québécoise, mais ils ne contrôlent que 26 pour cent des institutions financières, 6,5 pour cent du secteur minier et 22 pour cent du secteur manufacturier. La richesse de la province est détenue en majeure partie par les anglophones, phénomène qui découle de facteurs politiques et culturels.

Jusqu'au début des années 1940, le Québec a été essentiellement une société agraire dominée par l'Église catholique romaine, où les vocations autres que commerciales étaient les plus estimées. Les jeunes francophones prometteurs, sélectionnés par les Jésuites ou les Pères de Sainte-Croix, ont été envoyés dans un collège classique pour se préparer à la prêtrise ou à l'exercice d'une profession libérale – le droit ou la médecine.

Dans les décennies suivantes, le Québec devient une société plus urbaine et laïque. Peu à peu, les Québécois de langue française en viennent à penser que l'élite financière anglophone constitue pour elle un obstacle. Il est vrai que les francophones ne sont pas favorisés sur le plan de l'emploi du fait que la langue de travail est l'anglais. Les statistiques de l'époque démontrent clairement que « les Français » n'ont pas accès aux postes d'importance : au début des années 1960, près de 80 pour cent des postes de cadres intermédiaires sont détenus par des anglophones. Un francophone qui ne parle pas anglais ne peut espérer travailler dans le monde des affaires ; il doit nécessairement se tourner vers un autre domaine ou rester sur la ferme. (Au début des années 1960, 91 pour cent des fermiers du Québec sont francophones.)

Dans les années 1960, la population francophone se soulève contre l'hégémonie anglaise. Des mouvements de protestation populaires réclament que le Québec se sépare du reste du Canada. Les plus radicaux d'entre eux font des attentats à la bombe qui secouent la province entière. En octobre 1970, le conflit atteint un point critique lorsque des membres du Front de libération du Québec (FLQ) kidnappent un diplomate britannique, de même que le ministre québécois du Travail, Pierre Laporte, finalement tué par ses ravisseurs. En réponse à cette offensive terroriste, le gouvernement fédéral, invoquant la Loi sur les mesures de guerre, dépêche l'armée canadienne en sol québécois pour prêter main-forte aux forces policières.

Tous ces élans révolutionnaires sont symptomatiques d'un profond besoin de changement au Québec. Jean Lesage exprime déjà cette nécessité en 1962, lorsqu'il est élu premier ministre de la province au terme d'une campagne électorale dont le slogan est « Maîtres chez nous ». Le mandat de Lesage et de ses députés du Parti libéral est de remettre l'économie québécoise entre les mains des Québécois. L'élément charnière de leur plateforme électorale, la nationalisation de l'industrie hydroélectrique, est mis en œuvre par nul autre que René Lévesque, qui est alors ministre des Ressources naturelles. Lévesque accède au pouvoir en 1976, à la tête du Parti Québécois qui prône l'indépendance du Québec.

Avec l'aide de son conseiller économique Jacques Parizeau (ministre des Finances sous René Lévesque avant de devenir lui-même premier ministre), Jean Lesage instaure deux agences financières qui contribuent largement à l'essor économique du Québec. Il fonde d'abord la Société générale de financement du Québec (SGF), une société d'investissement qui a pour mandat de distribuer du capital de développement aux industries et aux entreprises francophones. La SGF est originellement financée à 50 pour cent par le gouvernement provincial et à 50 pour cent par le Mouvement Desjardins, une coopérative d'épargne et de crédit. Desjardins se retire en 1973, laissant le gouvernement gérer seul la SGF.

Le second organisme créé par Jean Lesage a vu le jour en 1965 : la Caisse de dépôt et placement du Québec est un fonds de retraite provincial. Alimentée à coups de milliards de dollars par les caisses de retraite de la province, la Caisse de dépôt s'emploie à renforcer l'entreprise francophone et stimule l'économie en achetant, à l'occasion, à l'instar d'une banque centrale, les obligations émises par le gouvernement provincial. C'est le cas après l'élection du Parti Québécois en 1976, en raison de la peur des opposants à l'indépendance de la province, ce qui jugule les ventes d'obligations du Québec. La Caisse de dépôt intervient à cette occasion en achetant les obligations invendues dans le but de stabiliser leur valeur.

Tout au long des années 1970, la SGF et la Caisse de dépôt investissent des sommes importantes dans plusieurs secteurs de l'économie québécoise. L'une des premières grosses transactions de la SGF est d'acheter 60 pour cent des parts du constructeur de navires et de turbines Marine Industries. Elle fait un autre investissement de taille en formant la compagnie de production d'acier Sidbec, une initiative ayant pour but de libérer le Québec de l'emprise des producteurs étrangers ou ontariens. La Caisse de dépôt, quant à elle, contribue à l'expansion de nombreuses entreprises francophones, comme la chaîne d'alimentation Provigo.

En 1974, Montréal compte ajouter plus de 400 voitures de métro à son réseau sous-terrain pour faire face à la hausse d'achalandage prévue pour les Jeux olympiques de 1976. Les autorités municipales lancent un appel d'offres et le maire Jean Drapeau invite Bombardier à déposer une soumission qui fera compétition à la firme britannique Vickers Ltd., qui a fourni à la ville, en 1963, ses premières voitures de métro montées sur pneumatiques.

Le premier réflexe de Laurent Beaudoin est de décliner l'invitation. Puis il songe à ce que sa compagnie cherche à accomplir : Bombardier ne désire-t-elle pas se diversifier dans une industrie qui réagit différemment aux crises économiques et énergétiques ? « Nous étions à la recherche de quelque chose qui soit contrecyclique à notre gamme de produits existante[5] », souligne-t-il. Bombardier a déjà une expertise dans le secteur du transport collectif en raison de son acquisition de la firme autrichienne Lohnerwerke GmbH, et possède en outre les compétences manufacturières nécessaires – usinage, soudure et assemblage des composantes métalliques –, héritées de sa longue expérience dans la fabrication de motoneiges.

Les voitures qui roulent dans le métro de Montréal ont été fabriquées par Vickers sous licence du manufacturier français CIMT-Lorraine, CIMT étant le sigle de « Compagnie industrielle de matériel de transport », absorbée quelques années plus tard par le groupe Alstom. Croyant qu'elle peut assurer elle-même la conception de ses voitures et ainsi se dispenser de payer tout droit d'exploitation, Vickers n'a pas renouvelé son entente avec CIMT-Lorraine. Saisissant l'occasion au vol, Laurent achète la licence de fabrication et dépose une offre à la Ville de Montréal, assurant que Bombardier peut lui fournir des voitures de métro compatibles avec sa flotte existante.

Ce dernier point est d'une importance capitale pour les instances municipales, lesquelles sont conscientes du fait qu'il est plus économique de maintenir des voitures de même type que d'avoir à réparer et à entretenir des véhicules très différents. Cet arrangement est aussi très avantageux pour Bombardier, d'un côté parce qu'elle n'a pas à investir des sommes astronomiques dans le développement d'une voiture de métro de conception entièrement nouvelle, de l'autre parce que cela lui permet de livrer le matériel roulant plus rapidement et à moindre coût. Le contrat du métro de Montréal permet par ailleurs à Bombardier de donner une nouvelle vocation à son usine de La Pocatière, dont la pérennité est mise en péril par la baisse des ventes de Ski-Doo.

Laurent Beaudoin est pleinement conscient des risques inhérents à cette tentative de diversification. L'expertise et les compétences requises pour bâtir des voitures de métro sont similaires à celles que Bombardier a appliquées dans la construction de motoneiges, cependant, elles sont suffisamment différentes pour lui causer quelques angoisses. Le jeu est d'autant plus périlleux qu'il mise l'avenir de sa compagnie en se lançant dans ce vaste projet. Le contrat avec la Ville de Montréal prévoit des pénalités fort onéreuses si la marchandise est défectueuse ou livrée en retard. La moindre contre-performance risque de mettre l'entreprise sur la paille. Un journaliste de l'époque déclare que, pour Bombardier, « c'est la diversification ou la mort[6] ».

La soumission pour le métro de Montréal est développée par une équipe dirigée par le vice-président de la production et mari d'Huguette Bombardier, Jean-Louis Fontaine. Cette équipe, qui bénéficiera de l'expertise technique des spécialistes de la CIMT, est constituée d'employés de Bombardier que l'on s'apprêtait à mettre à pied en raison du ralentissement du marché de la motoneige. Inutile de dire qu'ils sont tous très motivés !

Eu égard aux risques associés à cette nouvelle entreprise, et conscients que leur avenir est en jeu, les membres de l'équipe étudient la technologie liée au métro dans ses moindres détails.

S'appuyant sur leur expérience du processus de fabrication des motoneiges, ils calculent scrupuleusement les coûts afin de s'assurer que la compagnie soumet une offre compétitive, mais par laquelle elle réalisera tout de même des profits.

Lors d'une première évaluation, les techniciens de la CIMT estiment le coût de 423 voitures de métro à environ 70 millions de dollars, tandis que l'équipe de Bombardier chiffre le coût net de la commande à un peu plus de 100 millions. Une vérification attentive confirme les chiffres de Bombardier. La firme québécoise présente donc une offre de 118 millions de dollars… et remporte le contrat malgré le fait que le prix de Vickers soit légèrement inférieur. Cette décision de la Ville de Montréal soulève immédiatement la controverse. S'agit-il de favoritisme politique? Le nationalisme économique que pratique le Québec depuis une quinzaine d'années le laisse supposer. Mais en réalité, la soumission de Vickers est plus basse parce qu'elle inclut la fourniture d'un système d'attelage entre les wagons moins coûteux que celui exigé dans l'appel d'offres. Lorsque Vickers révise sa soumission pour y inclure le mécanisme approprié, son prix dépasse d'environ 2 millions de dollars celui de Bombardier.

Il y a des années que les analystes disent à Bombardier qu'elle devrait se diversifier. Laurent Beaudoin vient de faire un grand pas dans cette direction. Peu après avoir décroché le contrat du métro de Montréal, il se rend à New York pour annoncer la bonne nouvelle à ses banquiers. Bien que l'industrie du matériel ferroviaire soit malmenée à cette époque – le train perd du terrain en faveur de l'automobile et du transport aérien –, Laurent est persuadé que ses banquiers se réjouiront puisque ce marché présente quand même de meilleures perspectives d'avenir que celui de la motoneige. « Mais les banquiers étaient si peu enthousiastes, raconte-t-il, qu'à notre retour j'ai reçu une lettre m'annonçant qu'ils annulaient notre ligne de crédit[7] ! » Le projet de diversification de Bombardier est tout simplement trop risqué pour eux. Laurent fera finalement affaire avec une banque du Québec.

Si certains ont suggéré que Bombardier a décroché le contrat du métro de Montréal grâce aux politiques nationalistes en vigueur au Québec à ce moment-là, son prochain effort de diversification sera celui-là très clairement soutenu par le gouvernement. En 1975, le Parti libéral est au pouvoir. Son chef, Robert Bourassa, annonce à la législature québécoise qu'il compte adopter une stratégie industrielle basée sur le modèle européen du partenariat public-privé[8].

Les investissements du gouvernement provincial, soutenus par une contribution du fédéral estimée à 1,5 milliard, visent désormais la création de géants dans des secteurs industriels choisis. Les candidats favoris sont les fonderies d'aluminium, l'industrie des produits forestiers et les usines pétrochimiques. Dans cette perspective, Bombardier a le potentiel de devenir un leader dans le domaine du matériel de transport.

L'ACQUISITION DE MLW-WORTHINGTON

Au début de 1975, Les Entreprises J. Armand Bombardier limitée – c'est-à-dire la société de portefeuille familiale qui contrôle Bombardier – achètent avec le soutien de la Caisse de dépôt et de la SGF une part majoritaire dans la firme MLW-Worthington Ltd. Cette société constituée en 1902 sous le nom de « Montreal Locomotive Works » construit des locomotives depuis le début du siècle. Elle est passée de l'époque de la locomotive à vapeur, à celle du diesel, et enfin à celle de la locomotive électrique. Elle a bénéficié pour ce faire de l'expertise technique de sa société mère, l'American Locomotive Company (ALCO). Lorsque ALCO met définitivement fin à sa production en 1969, ses actifs canadiens sont achetés par une autre compagnie américaine, Studebaker-Worthington qui rebaptise l'entreprise « MLW-Worthington ».

Un an avant que Bombardier ne prenne le contrôle de MLW-Worthington, le gouvernement des États-Unis a fait pression auprès des propriétaires américains de la compagnie pour qu'ils cessent de vendre des locomotives de fabrication canadienne aux Cubains. C'est sans doute cela qui motive l'industriel américain à vendre ses intérêts à Bombardier.

L'acquisition de MLW-Worthington est recommandée et pilotée par le nouveau chef de la direction de Bombardier, Jean Claude Hébert, âgé de 61 ans. À la suite de la diversification de Bombardier dans le transport en commun en 1974, Laurent estime que le siège social de l'entreprise doit déménager de Valcourt à Montréal. Pour mieux réussir dans sa réorientation, Bombardier bénéficiera de l'expertise d'un dirigeant chevronné qui pourra tenir la barre durant cette délicate transition, pendant que lui-même restera à Valcourt pour redresser la division des produits récréatifs, mise à mal par la chute du marché de la motoneige.

Selon Hébert, l'acquisition de MLW-Worthington va permettre à Bombardier d'approfondir les compétences dont elle a besoin pour mener à bien le contrat du métro de Montréal. Mieux encore, elle ouvre à Bombardier un nouveau champ de diversification, soit celui des voitures et des locomotives pour trains interurbains. Le train LRC (léger, rapide et confortable) développé par Worthington représente à lui seul un potentiel de croissance fort intéressant pour la firme québécoise.

Quelques mois après la grande transaction, Les Entreprises J. Armand Bombardier limitée vendent un peu moins de la moitié de leurs actions de MLW-Worthington à la SGF, ce qui leur vaut une injection de capitaux de 6,8 millions de dollars. Une fois la transaction finalisée, la société de portefeuille de Bombardier réalise une prise de contrôle inversée en échangeant des actions de Bombardier contre des actions de MLW-Worthington, ce qui achève de fusionner motoneige et locomotive au sein de Bombardier. Une nouvelle entité, Bombardier-MLW Ltd., est créée en août 1976 (elle sera rebaptisée Bombardier Inc. en juin 1981).

La prise de contrôle inversée de 1976 est à l'origine d'une disparité que l'on observe dans l'historique de Bombardier. Techniquement parlant, Bombardier est achetée par MLW-Worthington puis subsumée dans la plus vaste entité ainsi créée. Mais puisque la société de portefeuille de Bombardier contrôle cette nouvelle entité, on peut considérer la transaction comme une prise de contrôle de MLW-Worthington par le fabricant de motoneiges. Cette opération complexe explique pourquoi certaines sources soutiennent que Bombardier a été fondée en 1943, année où la firme fut constituée en société – c'est la date que retient la compagnie elle-même –, alors que d'autres prétendent qu'elle a été créée en 1902, année de fondation de MLW-Worthington – c'est cette date qui est inscrite dans les archives historiques du *Financial Post*.

Fait intéressant, peu après son entrée dans l'industrie ferroviaire, Bombardier tente de pousser plus loin le virage de la diversification en lorgnant du côté de la construction navale. Bombardier offre à la firme Marine Industries Ltd., propriété de la famille Simard, d'acheter 35 pour cent de ses parts, son intention étant de prendre ensuite le contrôle de la compagnie en échangeant contre des actions de Bombardier la part de 60 pour cent de la SGF. Mais la Société générale de financement ne l'entend pas de cette manière : elle exerce son droit de préemption sur les actions de Marine Industries et achète la majorité des parts convoitées par Bombardier au prix qu'offrait cette dernière, tuant dans l'œuf les aspirations navales du constructeur québécois.

À court terme, la stratégie de diversification de Bombardier s'avère source de frustrations et de déceptions. Prise dans le maelstrom économique des années 1970, Bombardier, comme bien d'autres entreprises de l'époque, est confrontée au mécontentement de travailleurs qui exigent des hausses de salaire proportionnelles au taux de l'inflation. Une grève paralyse l'usine de La Pocatière où sont construites les voitures destinées au métro de Montréal. La compagnie livre une partie de la marchandise à temps pour les Jeux olympiques de 1976, mais elle ne peut compléter la commande qu'en 1978.

À l'usine de locomotives de Montréal, un conflit de travail se révèle encore plus pernicieux. Bombardier connaît là deux longues grèves, en 1977 et en 1979. Cette dernière, particulièrement virulente, implique près de 1 000 travailleurs membres du syndicat des métallos (United Steelworkers of America) qui stoppent les machines pendant six longs mois. Voyant que la grève s'éternise, Laurent annonce qu'il ferme l'usine de Montréal pour l'installer ailleurs si on n'en arrive pas sous peu à un accord. Il accuse le syndicat de se laisser manipuler par une poignée d'idéologues qui profitent du conflit chez Bombardier pour rallier les travailleurs à leur dessein de renverser le système économique et politique. Les parties concernées en arrivent finalement à une entente et l'usine de Montréal est préservée.

Il y a également à cette époque des tensions au sein du conseil d'administration. Jean-Claude Hébert, un sexagénaire, et Laurent Beaudoin sont tous deux en position de leadership : il y a ambiguïté quant à qui dirige l'ensemble de l'entreprise. Hébert a ses idées et Laurent Beaudoin les siennes. Hébert a d'audacieux projets de croissance qui se concilient mal avec l'objectif de consolidation de Laurent dans une période où Bombardier est ébranlée par la crise des produits récréatifs et la coûteuse acquisition de MLW, qui tourne mal.

Devant la divergence d'orientation, Hébert quitte la compagnie en 1978 et Laurent reprend les rênes de l'entreprise.

Comme si ces problèmes de leadership et de grèves ne suffisaient pas, Bombardier subit des revers dans sa quête de contrats. En 1977, le gouvernement de l'Ontario accorde la commande de construire 190 tramways pour la Ville de Toronto à une firme ontarienne, alors que Bombardier est le plus bas soumissionnaire. Le ministre du Transport de l'Ontario prétexte qu'il faut déroger aux procédures d'adjudication habituelles compte tenu du taux de chômage élevé dans sa province. Jean-Pierre Goyer, alors ministre fédéral des Approvisionnements et Services, décrie cette décision qui, selon lui, ne fera qu'attiser la flamme séparatiste au Québec[9].

C'est pourtant en sol québécois que Bombardier essuie sa plus grande défaite. Juste après avoir annoncé officiellement qu'il favorise désormais les approvisionnements fabriqués au Québec, le gouvernement provincial accorde à General Motors du Canada un contrat de 100 millions de dollars pour la construction de 1 200 autobus destinés à diverses municipalités québécoises. La politique d'achat préférentielle du gouvernement devait bien sûr favoriser Bombardier, d'autant plus que celle-ci a signé un accord de transfert de technologie avec AM General. Bombardier a déposé son offre en soulignant le fait qu'elle contribue à l'importation de cette technologie au Québec, alors que General Motors ne fera que l'assemblage final dans la Belle Province.

La victoire de General Motors dans cette affaire est une véritable étude de cas démontrant comment une multinationale peut triompher d'une politique d'achat nationaliste. Plusieurs facteurs jouent en faveur de la firme américaine. Premièrement, General Motors emploie près de 1 000 travailleurs dans son usine de Sainte-Thérèse, qui est en opération depuis plusieurs années déjà. Deuxièmement, GM a promis de déménager son usine d'assemblage ontarienne à Montréal, où elle produira des autobus pour le marché canadien et des pièces pour le marché nord-américain. Troisièmement, GM propose une soumission inférieure de 3,5 millions de dollars à celle de Bombardier, pour des autobus plus spacieux qui comportent deux sièges de plus et qui coûtent moins de 3 millions de dollars en frais d'exploitation sur toute leur durée de vie. En d'autres mots, l'offre est difficile à refuser. Bombardier acquerra quelques années plus tard des intérêts dans une compagnie d'autobus irlandaise et tentera à nouveau de pénétrer ce secteur, sans succès.

Voilà les difficultés que Bombardier éprouve, à court terme, dans son premier élan de diversification. À long terme, cependant, la stratégie de diversification amorcée dans les années 1970 s'avère une réussite. Le contrat du métro de Montréal permet à Bombardier d'acquérir une expertise qui lui vaut, dans les années subséquentes, plusieurs commandes d'équipement de transport collectif lucratives.

Bombardier diffère de ses concurrents en ce sens qu'elle préfère acheter les droits de technologies connues et éprouvées pour les améliorer et les adapter aux exigences du marché local, alors que la plupart des autres constructeurs aspirent plutôt à révolutionner le transport collectif en innovant sur le plan technique ou en proposant des véhicules de conception nouvelle. Chez Bombardier, la technologie est au service des besoins du marché, et non le contraire ; le marketing et la qualité de fabrication sont plus importants pour elle que la recherche et le développement. Ce n'est qu'après avoir approfondi ses compétences de base et renforcé ses assises financières que Bombardier se tourne de façon plus significative vers la recherche et le développement.

Les trains de Bombardier ne connaissent pas le même essor que leurs voitures de métro. Peu après l'achat de MLW-Worthington, Laurent est confronté à toutes sortes de difficultés : « On avait des problèmes de gestion, de relations de travail, d'équipement, d'ingénierie, de service à la clientèle, de contrôle de la qualité, *you name it*[10] ! » Il y a bien quelques commandes initiales pour les locomotives et voitures-passagers LRC, mais au milieu des années 1980, la rareté des contrats force Bombardier à freiner sa production de locomotives de trains de marchandises, ce qui entraîne la mise à pied de plusieurs centaines d'ouvriers et le démantèlement éventuel de la division entière. On peut donc dire que, dans l'ensemble, l'acquisition de MLW-Worthington a été un échec.

Bombardier va mettre des années à éponger les pertes occasionnées par cette première incursion dans le domaine du transport ferroviaire. Heureusement pour elle, le succès de ses voitures de métro compense largement cette déconvenue.

L'échec de Bombardier s'explique en partie par le fait que la direction, sous la recommandation de Hébert, a acheté MLW-Worthington trop précipitamment, sans mener au préalable de vérification diligente approfondie. Si Laurent Beaudoin avait su dans quelle galère il s'embarquait, il aurait sans doute laissé tomber l'affaire, ou à tout le moins négocié de meilleures conditions. L'autre problème est que Bombardier a tenté de percer un marché dominé par deux géants américains : General Motors et General Electric étaient déjà solidement implantés dans le secteur du matériel ferroviaire.

Laurent Beaudoin tire des leçons de cette période éprouvante que sont les années 1970. Il va les mettre à profit pour bâtir l'empire de Bombardier au cours des prochaines décennies. Il apprend notamment combien il est important pour une compagnie de se positionner pour répondre aux objectifs sociaux et économiques d'un gouvernement. Il comprend que, pour réussir en affaires, il ne suffit pas de fabriquer de bons produits à un prix raisonnable : il faut aussi apporter des solutions aux enjeux auxquels sont confrontées les institutions publiques.

Jusqu'au début des années 1970, Bombardier s'est concentrée exclusivement sur la vente de motoneiges. Au terme de cette décennie, elle est devenue un acteur significatif en matière de transfert de technologie, de création d'emplois, d'industrialisation et d'autres objectifs socioéconomiques. En s'engageant ainsi à répondre aux besoins des gouvernements, Bombardier fait avancer son plan de diversification et s'ouvre à des projets plus imperméables à l'influence des cycles économiques.

Rien n'illustre mieux les bienfaits de cette nouvelle approche que le contrat monstre que Bombardier rafle en 1982 et par lequel elle est appelée à construire plusieurs centaines de voitures de métro pour la Ville de New York.

CHAPITRE 4

Le contrat du siècle : le métro de New York (1982)

UNE OCCASION EN OR

C'est sans contredit un des moments les plus valorisants de la carrière de Laurent Beaudoin : le 18 mai 1982, la société de transport de la Ville de New York (Metropolitan Transit Authority ou MTA) remet à Bombardier une lettre d'intention visant l'achat de 825 voitures de métro au coût total de 1 milliard de dollars. Ce contrat fabuleux permet à Bombardier de traverser sans heurts la récession de 1982-1983. L'agonie et la déroute quasi fatale du milieu des années 1970 ne seront pas répétées.

Cette réussite vient confirmer de façon éclatante la stratégie de diversification que Laurent Beaudoin préconise depuis des années et aura pour effet de catapulter Bombardier dans les ligues majeures. Forte de l'expérience acquise dans l'exécution de la commande new-yorkaise, Bombardier pourra enfin s'imposer comme un expert incontesté du domaine, ce qui lui attirera de nouveaux clients. Les profits générés dans les années à venir grâce à ce contrat aideront Bombardier à explorer de nouvelles avenues et à s'épanouir dans l'industrie du matériel de transport jusqu'à en devenir le leader mondial au début des années 2000.

Oui, Laurent a décidément de quoi être fier : il vient de boucler le plus gros contrat de toute l'histoire de l'industrie du transport collectif, fracassant du même coup le record du plus gros chiffre d'affaires en exportation pour un manufacturier canadien. Un autre bénéfice tangible réside dans la création, au cœur d'une récession qui entraîne les plus hauts taux de chômage des dernières décennies, de milliers d'emplois qualifiés et bien rémunérés. Bref, ce contrat arrive à point nommé, tant pour la compagnie que pour le Québec et le Canada.

Bombardier a dû supplanter deux rivaux de taille pour obtenir le droit de fabriquer ces voitures de métro en acier inoxydable résistant aux graffiti, le premier étant le consortium français Francorail et le second, la société Budd Co., une entreprise du Michigan, appartenant à une société ouest-allemande. La Budd Co. a déposé une offre légèrement inférieure à celle de Bombardier, mais incluant des conditions contractuelles sur les pièces d'équipement qui, selon le président de la MTA, Richard Ravitch, font grimper la facture à un coût plus élevé que ce que propose la firme québécoise.

Le contrat exige que les voitures soient livrées par étapes au cours des cinq années suivantes et qu'elles soient construites sous licence selon les modèles de la firme japonaise Kawasaki Heavy Industries Ltd. Autre condition du contrat, EDC (Exportation et développement Canada) doit aider la MTA à assumer les coûts en lui consentant un prêt couvrant 85 pour cent du prix de la commande. Bombardier doit en outre assurer que 40 pour cent du travail sera fait aux États-Unis.

Le contrat est signé à New York, dans la nuit du 18 mai 1982, à la suite de longues et éprouvantes négociations. Trop épuisés pour célébrer l'événement plus fastueusement, Laurent Beaudoin, Ravitch et les autres participants quittent les bureaux de la MTA et se rendent à une cantine 24 heures pour s'offrir du café et des sandwichs. Les passants qui aperçoivent le groupe attablé dans le resto désert pourraient croire qu'il s'agit d'une bande de copains qui cassent la croûte après une nuit de poker.

La chaîne d'événements qui mène à cette scène finale a été mise en marche plusieurs mois auparavant, au moment où la MTA a lancé un appel d'offres pour une modeste commande de 325 voitures de métro. À cette occasion, Kawasaki l'a emporté sur Budd Co., son seul autre concurrent. (Bombardier n'a pas répondu à l'appel, peut-être parce qu'elle croyait n'avoir aucune chance de décrocher le contrat.)

Ravitch s'est montré très insatisfait tout au long du processus de sélection parce qu'il trouvait les prix des deux soumissionnaires trop élevés. Y a-t-il collusion ? Même si c'était le cas, Ravitch n'est pas autorisé à négocier les prix. Tout ce qu'il peut faire, c'est accepter une des deux offres, ou les rejeter toutes les deux. Il choisira celle de Kawasaki, la meilleure selon lui.

Quand vient le temps de commander 825 voitures supplémentaires, Ravitch se dit qu'il peut faire mieux. Il s'adresse en octobre au gouvernement de l'État dans l'espoir que la loi qui définit le rôle de la MTA soit modifiée pour qu'il puisse négocier avec les soumissionnaires dans le cadre d'un appel d'offres. Jusque-là, la loi ne le permet pas : il a uniquement le droit d'accepter ou de rejeter passivement les soumissions. Ravitch estime que l'argent du contribuable sera mieux investi si la MTA peut négocier activement avec ses fournisseurs.

Lors de ce second appel d'offres, il encourage d'autres postulants à se manifester. L'une des firmes sollicitées, la Pullman Co., refuse de participer. Francorail et Budd Co. restent dans la compétition. Effarouchée par la virulente opposition qu'elle a soulevée au sein des syndicats américains en remportant le premier contrat, Kawasaki, cette fois-ci, s'abstient. Les échanges commerciaux entre le Japon et les États-Unis sont très tendus au début des années 1980, or, la MTA et Kawasaki savent toutes deux que la situation ne fera que s'envenimer si un second contrat est accordé au fabricant japonais.

Dans les années précédentes, Bombardier a commencé à établir son renom dans l'industrie du transport collectif. Le contrat du métro de Montréal lui a attiré plusieurs commandes en provenance des États-Unis, dont une de la New Jersey Transit Corporation, laquelle a fourni à la MTA six voitures de métro Bombardier en vertu d'une entente conjointe. Impressionnée par le produit de la firme québécoise, la MTA l'invite donc à participer au second appel d'offres.

En novembre 1981, le vice-président marketing de la division transport en commun de Bombardier, Carl Mawby, se rend à New York pour y rencontrer Ravitch. Ce dernier veut savoir si Bombardier a les installations et l'expertise nécessaires pour réaliser un contrat de cette ampleur. En réponse, Mawby lance une invitation à visiter l'usine de véhicules sur rail de La Pocatière. Au début du mois suivant, un vice-président et l'ingénieur en chef de la MTA s'envolent pour le Bas-Saint-Laurent, vers cette petite ville de 5 000 habitants située à 135 km à l'est de Québec. Si les New-Yorkais entretiennent quelques doutes en survolant les vastes étendues de bois et de neige de la région, ceux-ci fondent dès qu'ils pénètrent dans l'usine. Personne ne pourrait deviner que l'endroit a été originellement conçu pour fabriquer des motoneiges : en quelques années à peine, l'usine de Bombardier s'est transformée en une chaîne de production de véhicules de transport collectif à la fine pointe de la technologie.

De retour à New York, les représentants de la MTA vantent les installations de Bombardier. Laurent s'envole vers la Grosse Pomme à la fin de décembre pour poursuivre les pourparlers. Convié à un dîner d'affaires avec Ravitch, le chef de Bombardier fait preuve d'un sang-froid incroyable. Il ne donne pas l'impression d'un homme d'affaires qui salive à l'idée de rafler un milliard de dollars. Bien au contraire, il signale d'entrée de jeu un bémol à l'affaire, annonçant tout de go à Ravitch que Bombardier ne pourra pas respecter l'échéancier de la MTA si elle doit concevoir les véhicules en partant de zéro : pour livrer la marchandise à temps, Bombardier doit s'appuyer sur les modèles d'une autre compagnie – Kawasaki, plus particulièrement. Il va donc falloir négocier un contrat de licence avec la firme en question.

Ravitch est impressionné de la franchise et de la candeur de son interlocuteur. Qui plus est, l'idée lui plaît ! Kawasaki est en train de construire 325 voitures pour le métro de New York, aussi Ravitch sait-il que leur produit est bon. De plus, Bombardier aidera la MTA à minimiser ses coûts d'entretien et de formation en optant pour la technologie du fabricant japonais. Laurent a décidément choisi la bonne stratégie. Comparativement aux autres soumissionnaires, Bombardier se montre plus sensible aux besoins de la MTA et plus réaliste dans la manière dont elle se propose d'exécuter le contrat.

À cette même époque, le gouvernement fédéral du Canada s'active dans les coulisses, mû par le désir de redresser une économie nationale qui bat de l'aile. D'un côté, le taux de chômage a franchi la barre des 10 pour cent ; de l'autre, l'élection du Parti Québécois en 1976 fait peser la menace d'une séparation du Québec. Bombardier elle-même a perdu des appels d'offres en Ontario et en Colombie-Britannique qui semblent d'ordre politique. Le fédéral décide donc d'aider Bombardier à décrocher le contrat new-yorkais, puisque cela contribuera à l'emploi, tout en montrant aux Québécois – et à la compagnie elle-même – les avantages à rester au sein de la fédération.

Le ministre du Commerce extérieur Ed Lumley ainsi que Ken Taylor, consul général du Canada à New York, sont engagés dans cette affaire. Diplomate de renom, Taylor, ambassadeur du Canada en Iran lors de la célèbre prise d'otages de 1979, se charge d'informer son gouvernement des développements dans le dossier MTA-Bombardier.

Pendant ce temps, Lumley donne un coup de pouce aux négociations de Bombardier avec Kawasaki pour obtenir la licence d'exploitation dont Bombardier a besoin, entente qui est conclue en décembre. Lumley s'emploie également à obtenir le prêt d'EDC destiné à couvrir 85 pour cent de la valeur du contrat, prêt qui s'avère essentiel pour la MTA puisque, depuis quelque temps, le gouvernement américain ne subventionne plus les infrastructures publiques des villes – le président Reagan a instauré cette mesure au début de son premier mandat dans le but de juguler un déficit national sans cesse croissant.

La soumission à la MTA, déposée par Bombardier au début du mois de mars, est suivie d'une vingtaine de réunions durant lesquelles les exigences techniques de la MTA sont scrutées à la loupe par tout un bataillon d'ingénieurs, d'avocats et de gestionnaires. Le président de la division du transport en commun de Bombardier, Raymond Royer, raconte que le cahier des charges est aussi épais qu'une bible et qu'il comprend des exigences très pointues – il y est par exemple spécifié que les portes des voitures de métro doivent fermer hermétiquement, avec une étanchéité absolue à l'air. Certaines de ces exigences extrêmes ne sont tout simplement pas réalisables, chose que Royer ne manque pas de souligner aux gens de la MTA.

Durant les deux dernières semaines de négociation, l'équipe de Bombardier a installé sa « base d'opération » dans une série de chambres au 42e étage de l'hôtel Hilton de New York, à une dizaine de pâtés de maisons des bureaux de la MTA sur Madison Avenue. Ravitch confie officieusement à Laurent Beaudoin et à Raymond Royer que la Budd n'est plus en lice, mais que la soumission de Francorail retient l'attention de la MTA en raison du financement intéressant proposé par l'agence française de développement à l'exportation. Informé de la chose, le gouvernement canadien donne l'assurance que EDC offrira aux Américains un financement équivalent à un taux d'intérêt de 9,7 pour cent, soit 4 pour cent de mieux que le taux du marché. La proposition fait pencher la balance en faveur de l'entreprise québécoise. La lettre d'intention est signée.

LA VICTOIRE CONTESTÉE

La victoire de Bombardier suscite une réaction mitigée au Canada. Pour une rare fois, le Parti Québécois félicite le gouvernement fédéral. « C'est sûr qu'il leur arrive de faire des bonnes choses[1] », convient le ministre québécois de l'Industrie, du Commerce et du Tourisme, Rodrigue Biron. Bernard Landry se montre plus pragmatique : « C'est normal qu'Ottawa redonne des fonds au Québec, dit-il. C'est l'argent de nos impôts[2]. »

Au fédéral, les membres du Parti progressiste-conservateur, parti de l'opposition, minimisent l'impact de la transaction et critiquent le gouvernement d'avoir consenti un prêt à taux d'escompte à la Ville de New York alors qu'il refuse à sa propre société de transport ferroviaire, VIA Rail, les fonds nécessaires à l'amélioration d'un service qui se détériore de jour en jour. L'opposition enjoint au gouvernement d'offrir le même taux d'intérêt aux commerçants et aux agriculteurs canadiens.

Ailleurs au pays, l'affaire suscite d'autres réactions négatives. Le président de la commission de transport d'une province de l'Ouest envoie à un quotidien de Vancouver une lettre dans laquelle il condamne ce qu'il qualifie de « mauvaise allocation des ressources ». « Qu'est-ce que les Canadiens obtiennent en retour ? demande-t-il. Seulement 60 pour cent des travaux seront faits ici. À peine 1 000 emplois seront créés, tous dans la région de Montréal, et pour construire des voitures de métro conçues au Japon[3]. »

La communauté d'affaires canadienne hésite elle aussi à se réjouir de la bonne fortune de la firme québécoise. Le président de la compagnie d'aéronautique CAE Industries Ltd. est de ceux qui déplorent que des fonds d'aide à l'exportation soient accordés, à des conditions avantageuses, à un marché avec lequel le Canada pratique le libre-échange. « L'ironie dans tout cela, déclare-t-il, c'est que les États-Unis ne fournissent même pas ce genre de financement à taux réduit à leurs propres industries[4]. » Il ajoute que la générosité dont bénéficie Bombardier vient à un moment où EDC se montre réticente à soutenir les activités d'exportation de bien des compagnies canadiennes.

Au cœur de ce débat houleux, Laurent Beaudoin se doit d'exposer les raisons qui ont poussé EDC à consentir ce prêt controversé à la MTA. À l'assemblée annuelle des actionnaires de Bombardier de juin 1982, il déclare : « Le gouvernement canadien n'a fait qu'égaler le financement offert par les Français [...]. Nous avons perdu des contrats un peu partout dans le monde à cause du financement français et je crois que le gouvernement canadien a pris la bonne décision pour une fois[5]. »

Mais l'opposition la plus vive vient des États-Unis. L'un des soumissionnaires rejetés, la firme Budd, proteste avec véhémence et entame des procédures pour faire résilier ce qu'elle appelle « le contrat du siècle ». Sur le pied de guerre, Budd multiplie pendant neuf longs mois les entraves légales. L'entente est en péril, et à un moment, les observateurs estiment que Bombardier n'a que 50 pour cent de chance de remporter la bataille.

Pour dire les choses simplement, Budd est furieuse et sur le sentier de guerre. Elle estime qu'elle aurait dû décrocher le contrat du fait qu'elle a soumis l'offre la plus basse et qu'elle s'engage à ce que 80 pour cent du travail soit fait aux États-Unis, soit le double des 40 pour cent proposés par son concurrent. Elle soutient par ailleurs que le prêt de EDC a été consenti à un taux d'intérêt « illégal », évoquant le taux minimum de 11,25 pour cent fixé, pour ce genre de prêt au développement à l'exportation, par l'Accord général sur les tarifs douaniers et le commerce (GATT) et par l'Organisation de coopération et de développement économiques (OCDE). Budd prétend que le Canada est en violation de l'entente internationale dont il est signataire.

La firme américaine éconduite lance son attaque sur deux fronts. Premièrement, elle obtient une injonction exigeant que le contrat de Bombardier soit suspendu le temps qu'elle demande à la Banque d'Export-Import des États-Unis un financement équivalant à celui de EDC. (En 1976, le Congrès américain a voté une loi autorisant la Banque d'Export-Import à octroyer des fonds pour faire contrepoids aux subventions et au financement de soutien accordés aux entreprises étrangères.) Deuxièmement, Budd dépose auprès du Département du Commerce des États-Unis et d'autres agences gouvernementales, avec l'appui de plusieurs syndicats ouvriers américains, une requête dans laquelle elle demande que l'on impose à Bombardier des droits compensatoires équivalant au montant de la subvention sur le taux d'intérêt.

Pressées de faire avancer les choses, la MTA et Bombardier signent la convention d'achat finale le 10 juin, avec une clause prévoyant la résiliation du contrat si Budd reçoit une compensation de financement du gouvernement américain. Quelques jours plus tard, Bombardier et la MTA concluent avec Budd une entente à l'amiable stipulant que si cette dernière obtient le financement désiré, la MTA passera au vote pour déterminer si elle exerce son droit de résiliation sur Bombardier et entame de nouvelles négociations avec Budd.

Tandis que la Banque d'Export-Import étudie la demande de Budd Co., le représentant américain aux affaires commerciales, William Brock, charge le GATT de régler le différend concernant la légalité du prêt de EDC. Le processus d'arbitrage s'étend sur plusieurs mois. En réponse à cette action, le ministre canadien du Commerce extérieur, Ed Lumley, réplique que le Canada ne contrevient pas aux accords du GATT, qui autorisent le financement à taux réduit lorsque celui-ci est employé pour égaler une offre bénéficiant de ce même type de soutien.

Durant cette période chaotique, la MTA ne se laisse pas attaquer sans réagir. Les représentants de la société de transport new-yorkaise multiplient les efforts de lobbying dans l'espoir de faire accepter l'entente signée avec Bombardier. Lors d'une réunion du comité du Sénat américain sur les finances, Ravitch plaide en faveur du contrat, affirmant qu'il est en accord avec le discours qu'entretient le président Reagan à cette époque, à savoir que les entreprises américaines ne doivent pas dépendre de l'aide financière de l'Oncle Sam, qu'elles doivent se débrouiller pour dénicher les meilleures offres et négocier les meilleures conditions d'affaires. « Si le contrat n'est pas conforme aux politiques du président, eh bien, qu'il nous le dise lui-même[6] ! » de lancer un Ravitch courroucé.

S'adressant aux fonctionnaires du Département du Trésor qui étudient la requête de Budd Co. à la Banque d'Export-Import, les gens de la MTA déclarent qu'ils n'ont pas choisi Bombardier uniquement à cause des conditions de financement. D'une part, ils doutent que la Budd soit en mesure de livrer un produit acceptable dans les délais voulus. D'autre part, plusieurs des voitures de métro de la MTA achetées à la société du Michigan par le passé ont présenté des problèmes mécaniques. Quant à Bombardier, le droit de licence qu'elle a obtenu de Kawasaki est un gage de qualité.

Le 13 juin 1982, le Secrétaire au Trésor des États-Unis, Donald Regan, donne raison à la MTA. Il décrète qu'un financement non concurrentiel n'étant pas le facteur déterminant dans le choix de la MTA, la Banque d'Export-Import n'accordera pas de financement à Budd Co. Après étude du dossier, il est démontré que la soumission canadienne est plus avantageuse du point de vue du prix, de l'ingénierie, des conditions de livraison, mais aussi en matière de retombées pour l'État de New York – Budd ayant proposé d'acheter pour 79 millions de dollars US en pièces à des fournisseurs locaux, alors que Bombardier s'est engagée à des achats locaux de l'ordre de 104 millions dollars US.

L'annonce du Secrétaire au Trésor est un grand jour pour Bombardier. Non seulement un obstacle majeur vient-il d'être franchi, mais cette décision fait savoir au monde entier que Bombardier ne doit pas son succès au soutien financier de l'État. Elle est réellement une entreprise manufacturière de premier ordre, capable de concurrencer les plus grands noms de l'industrie et de livrer un produit de qualité dans les délais prescrits.

Il y a toutefois un bémol à la clé : dans son rapport, le Département du Trésor avance l'hypothèse que les dirigeants de la MTA ont manipulé les instances canadiennes pour les inciter à leur fournir des conditions de financement plus avantageuses que cela n'était nécessaire, sans doute en jouant l'offre canadienne contre la soumission française. « Il est clair que la soumission française n'était pas aussi avantageuse financièrement que le croyaient les Canadiens, écrit un journaliste. Si les Canadiens avaient porté plus d'attention aux télex des autorités françaises, ils n'auraient sans doute pas accordé à la MTA des conditions de financement plus favorables que celles spécifiées par les accords du GATT[7]. » Ed Lumley n'est pas de cet avis. Dans une entrevue en 2001, il qualifie cette affirmation de sensationnaliste et souligne qu'il détient des preuves concrètes démontrant que le prêt que les Français avaient consenti à la MTA était assorti d'un taux d'intérêt de 9,7 pour cent[8].

Bombardier voit enfin la lumière au bout du tunnel, mais elle n'est pas sortie du bois pour autant. Des enquêtes en cours s'emploient à déterminer si le contrat peut être attaqué en justice en vertu des lois sur les droits compensatoires. Bombardier et la MTA estiment que les conclusions positives du Département du Trésor réduisent les risques de poursuite du fait qu'il a été établi que les subsides gouvernementaux canadiens n'ont pas porté préjudice à l'industrie américaine du transport en commun.

Leurs espoirs s'effondrent la semaine suivante lorsque le Département du Commerce décrète que la demande de droits compensatoires déposée par Budd Co. mérite d'être étudiée. Passant à l'étape suivante, le dossier est relayé à Washington, où la Commission du commerce international (International Trade Commission, ou ITC) déterminera si le contrat de Bombardier représente un danger matériel ou potentiel pour l'industrie américaine.

Le 15 novembre, l'entente finale pour le prêt de EDC, qui s'élève à plus de 750 millions de dollars, est paraphée par des représentants de la MTA, par le gouvernement canadien et par Bombardier. Ironie du sort, au moment de la signature, les taux d'intérêt commerciaux ont chuté à peu près au niveau du taux subventionné consenti par EDC plusieurs mois auparavant. Après tout ce charivari, New York se retrouve avec un prêt non subventionné au taux du marché. Ce qui n'est qu'un heureux hasard en faveur des autorités canadiennes prend soudain des allures de prescience – un sentiment qui se concrétise du fait que EDC réalise un profit intéressant sur le prêt à la Ville de New York.

Cette fluctuation providentielle des taux d'intérêt ne met cependant pas fin aux enquêtes sur les droits compensatoires dont Bombardier est l'objet. Le gouvernement américain poursuit l'affaire en se basant sur les données historiques, c'est-à-dire sur le taux d'intérêt subventionné offert par EDC en mai. Peu après la signature du prêt, le Département américain du Commerce estime le montant subventionné, et donc le montant des droits compensatoires, à 137 millions de dollars US (un montant réduit par la suite à 91 millions de dollars US). Mais avant que l'amende ne soit officiellement imposée, il faut que l'ITC démontre que l'industrie américaine a subi des dommages matériels.

Ayant prévu la possibilité d'une amende, les avocats de Bombardier ont très astucieusement inclus dans l'entente avec la MTA une clause qui rend cette dernière responsable des pénalités de ce genre. Ce détail change complètement la donne : si l'amende est imposée, c'est le contribuable américain, et non une entité étrangère, qui va payer la note. Ce scénario n'est avantageux ni pour la Ville de New York, ni pour le gouvernement américain. D'intenses négociations s'amorcent en coulisse tandis que l'ITC délibère, les parties concernées étant désireuses de résoudre le litige sans pénaliser la Grosse Pomme.

Le 10 février 1983, Budd Co. retire sa requête et la demande de l'autre plaignant dans l'affaire, la fédération de travailleurs AFL-CIO, est jugée non admissible. Cette dernière tente de soumettre une nouvelle fois sa requête, mais elle se ravise le lendemain lorsqu'elle en arrive avec la MTA au compromis suivant: la société de transport new-yorkaise fait paraître dans les journaux locaux des publicités qui proclament son engagement envers l'industrie américaine et ses travailleurs, et par lesquelles elle promet de respecter, dans ses achats des cinq prochaines années, les 50 pour cent de contenu américain stipulés par la loi encourageant l'achat de produits nationaux (*Buy American Act*) – ce qui se traduit dans les faits par l'achat de 90 voitures de trains de banlieue de fabrication américaine.

Au bout du compte, l'ITC n'a pas à rendre de jugement et les droits compensatoires ne sont pas imposés. Après neuf mois de remise en question, tous les obstacles à l'exécution de la commande sont enfin levés. Laurent Beaudoin et Bombardier peuvent enfin souffler.

Bombardier doit une partie de cette réussite aux interventions éclairées du gouvernement canadien et de son ministre du Commerce extérieur, Ed Lumley, ainsi qu'à sa prudence en matière contractuelle qui l'a menée à rendre la MTA responsable de toute pénalité éventuelle. Mais surtout, la raison de son succès revient à son modèle d'entreprise.

LES OUTILS DE LA RÉUSSITE

Au début de son développement dans le transport, Bombardier a décidé de mettre en sourdine la recherche et le développement pour se concentrer davantage sur le marketing et les processus de production. Cette approche lui confère davantage de souplesse que ses rivales et lui permet d'élaborer des solutions mieux adaptées à sa clientèle. Elle investit moins de temps et de ressources dans le développement de nouveaux produits qui risquent de ne pas trouver preneur. Sa stratégie consiste à étudier minutieusement les besoins du client, pour acheter et adapter ensuite les technologies les plus aptes à remplir ces exigences.

« Chaque client éventuel fait l'objet d'une recherche exhaustive, confie Raymond Royer à un journaliste. Une fois cette étape préliminaire terminée, nous connaissons les besoins du client aussi bien qu'il les connaît lui-même[9]. » Il peut s'écouler plusieurs années entre le moment où une société de transport décide qu'elle a besoin de nouvelles voitures de métro et l'appel d'offres proprement dit. Dans l'intervalle, des experts de Bombardier se rendent sur place pour étudier la situation et conseiller l'acheteur potentiel, mais aussi pour amasser de l'information sur les tendances et développements de l'État ou du pays où se trouve le client.

Bien que certains déplorent à l'époque le fait que Bombardier fasse peu de recherche et de développement, ce choix est l'ingrédient essentiel d'une formule gagnante qui a permis à l'entreprise de minimiser ses coûts d'exploitation et d'éviter de prendre des risques inutiles – en développant de nouveaux produits qui ne répondent pas aux besoins du marché, par exemple, ou en ratant de belles occasions d'affaires à cause de retards d'exécution. L'acquisition de technologies par voie de licence et l'amélioration de ces technologies, si besoin est, constituent la façon idéale de s'introduire dans un marché donné.

Dans le domaine de la recherche et du développement, un nouveau venu comme Bombardier ne peut espérer rivaliser avec les ressources généreusement financées et solidement implantées des grands noms de l'industrie, c'est pourquoi elle a résolu de se distinguer par une grande flexibilité sur le plan de la production et du marketing.

Cette approche a porté ses fruits bien avant que Bombardier ne décroche le contrat de New York : la compagnie québécoise n'a perdu que deux des six récents projets de transport en commun pour lesquels elle a soumissionné. Trois autres contrats d'une valeur totale de plusieurs centaines de millions de dollars sont sur le point d'être complétés au moment où la commande new-yorkaise est mise en chantier, le premier au New Jersey, le deuxième à Chicago et le troisième à Portland. À la même époque, Bombardier est également en train de mettre la touche finale à des voitures destinées au métro de Mexico, un contrat qui vaut à lui seul plusieurs centaines de millions de dollars et qui utilise la même technologie sur pneus que le métro de Montréal.

C'est là un parcours impressionnant, surtout lorsqu'on tient compte de la conjoncture de l'époque. Dans ces années-là, la plupart des constructeurs de matériel de transport en commun nord-américains surnagent péniblement dans les eaux troubles d'une industrie qu'on a cru en plein déclin. Bombardier, elle, ne fait pas que surnager : elle flotte au-dessus de ses concurrents et s'impose comme une société en pleine croissance, capable de damer le pion à des rivaux européens et japonais qui disposent pourtant d'une expertise beaucoup plus vaste, avantagés par la densité de leurs populations et par le soutien de leurs gouvernements.

Laurent Beaudoin a vu juste en amenant Bombardier à se diversifier dans l'industrie du transport en commun. Non seulement ce marché s'avère-t-il déjà très profitable, il est aussi, contrairement à celui de la motoneige, à peu près imperméable aux cycles économiques puisqu'il dépend des besoins ponctuels de gouvernements municipaux. Même au cœur de la récession, les commandes fusent et Bombardier peut éviter que ne se répètent les tourments de la décennie précédente.

La compagnie enregistre pour l'année fiscale se terminant le 31 janvier 1983 des ventes de 551 millions de dollars et des profits de 6 millions (ce qui fait monter son bénéfice par action à 1,12 $). Presque tous ses concurrents nord-américains déclarent des pertes importantes cette année-là.

La stratégie de diversification et de transfert de technologie pilotée par Laurent Beaudoin n'est pas seule responsable du succès de Bombardier : derrière lui, il y a aussi une équipe solide qui livre la marchandise avec une exécution impeccable. Sous la direction de son président, Raymond Royer, la division du transport en commun s'est attelée à la construction de milliers de voitures de métro et de trains de banlieue pour New York et d'autres États.

Comment se sont-ils acquittés de cette tâche herculéenne ?

L'APPROCHE ROYER

Raymond Royer a raconté un jour à un journaliste une anecdote qui illustre très bien son style de gestion. Cela se passait lors d'une entrevue avec un postulant à un poste de direction. Le candidat a mentionné au début que sa barbe touffue faisait partie de sa personnalité. À la fin de l'entrevue, Royer lui annonce qu'il est prêt à lui offrir le poste, à condition qu'il rase sa barbe. Sans hésiter, l'homme rétorque qu'il n'en est pas question et que, dans ces conditions, il retire sa candidature. C'était la réponse que Royer attendait. Satisfait, il engage le candidat sur-le-champ.

Cette histoire démontre combien Raymond Royer juge important de s'entourer de collaborateurs qui ont des valeurs et des principes. Les connaissances techniques, le leadership, l'aptitude à communiquer et la motivation sont certes pour lui des critères déterminants, mais ce ne sont pas les seuls qu'il recherche. S'il a demandé au candidat de se débarrasser de sa barbe, c'était dans le but d'éprouver son honnêteté et son intégrité, pour voir s'il avait le courage de ses idées et de ses convictions. Le président de la division du transport en commun de Bombardier ne veut pas engager un béni-oui-oui qui change de discours au gré des circonstances. Les personnes qui agissent ainsi ont généralement du mal à tisser des liens avec leurs collègues et leurs supérieurs.

Laurent Beaudoin a recruté Royer en 1974 expressément pour qu'il mette sur pied la division du transport en commun. Son poste précédent était celui de vice-président de Skiroule, une compagnie de motoneiges rivale que son propriétaire américain avait démantelée quelque temps auparavant, lorsque le marché de la motoneige s'est effondré. Des études très poussées l'ont préparé au monde des affaires : il détient une maîtrise en commerce, un baccalauréat en droit civil et une maîtrise en sciences comptables. Il a obtenu ce dernier diplôme à l'Université de Sherbrooke, l'*alma mater* de Laurent Beaudoin, qui est de trois ans son aîné.

Raymond Royer et Laurent Beaudoin forment un tandem du tonnerre qui va porter la division du transport en commun de Bombardier vers les plus hauts sommets. Leur style et leur façon de faire se complètent à merveille. Un de leurs collaborateurs dit d'eux : « Alors que monsieur Beaudoin prend des décisions très rapidement, monsieur Royer est plutôt partisan de la planification à long terme[10]. » En 1985, Laurent Beaudoin nomme Royer président et chef de l'exploitation de Bombardier, une promotion accordée en reconnaissance de ses réalisations et de ses compétences. Il demeurera plus de 10 ans à la barre.

Avant de donner le coup d'envoi à la division du transport en commun, il faut complètement transformer l'usine de motoneiges de La Pocatière, une opération effectuée en 1974. Certaines opérations telles la coupe de métaux, la soudure et l'assemblage peuvent être transférées et adaptées au nouveau secteur de production, mais dans l'ensemble, on a affaire à des procédés de fabrication très différents auxquels les employés doivent être formés.

Bombardier résout le problème en achetant une école de la région et en la convertissant en centre de formation. Des centaines de nouveaux employés sont engagés. Royer, pour sa part, dessine 21 cases vides au sommet de l'organigramme de l'entreprise: c'est là le nombre de cadres supérieurs qu'il doit embaucher.

Tentant d'expliquer par la suite la réussite de l'entreprise, Royer déclare: « Les critères de sélection clairement définis que nous appliquons dans le choix de nos futurs gestionnaires sont un facteur clé du succès de Bombardier[11]. » Ces critères s'expriment en trois points:

1. Connaissances techniques et expérience;
2. Aptitudes organisationnelles;
3. Qualités et valeurs de base.

Cette dernière dimension est si importante aux yeux de Royer qu'il décrit sa philosophie de gestion comme étant de la « gestion par engagement », ce qui signifie que ses administrateurs doivent s'engager à appliquer, dans leurs relations avec les employés, des valeurs, des convictions et des principes bien précis, qui sont les suivants:

- Créativité et esprit d'entreprise – avoir la capacité d'identifier des occasions d'affaires, de les saisir et de prendre des risques calculés;
- Honnêteté et intégrité – avoir la capacité de dire ce que l'on pense et de rester fidèle à ses principes;
- Rigueur et discipline – avoir le souci du détail, tant dans ses paroles que dans ses actions;
- Persévérance et détermination – avoir le courage de ne jamais baisser les bras quand on sait qu'on a raison, et l'humilité de s'incliner quand on sait qu'on a tort;
- Engagement et respect des autres – avoir l'esprit d'équipe et être capable d'assumer pleinement la responsabilité de ses fonctions.

En appliquant cette série de principes, Royer vise la création d'une culture d'entreprise axée sur un système de valeurs authentiques. Il ne veut pas d'une organisation régie par un compendium de règles écrites et par des gestionnaires qui disent aux employés quoi faire. Il ne veut pas non plus de ces superviseurs qui ne respectent pas le savoir-faire et les compétences techniques de leurs travailleurs. Si les structures hiérarchisées de ce type peuvent s'avérer adéquates dans un contexte économique stable, la conjoncture turbulente des années 1980 nécessite une approche plus souple et innovatrice.

Bombardier étant une entreprise soucieuse de répondre aux besoins du client, elle demande à ses gestionnaires d'encourager les employés à participer au processus d'identification et de concrétisation de ces besoins. Les cadres rencontrent régulièrement les membres de leur équipe pour les informer des enjeux qui s'esquissent à l'horizon et pour les impliquer dans la formulation des politiques et des objectifs de l'entreprise. « On a ici un véritable sentiment d'implication et de participation[12] », exprime un employé affecté à la planification de la production. Cette approche a pour but d'unifier pensée et action au sein de l'entreprise, d'amener tout le monde « à chanter de la même partition[13] ».

Chez Bombardier, les gestionnaires fixent les objectifs et les orientations de concert avec les employés, puis ils leur laissent l'espace nécessaire pour les accomplir, chacun étant responsable des résultats qu'il obtient. Une latitude dans l'exécution, donc, mais toujours dans l'optique de satisfaire le client et les actionnaires. La microgestion cède ici le pas à un environnement de confiance et de responsabilisation dans lequel l'individu prend des initiatives et fait son travail comme il l'entend, mais toujours à l'intérieur de paramètres donnés. « On vous laisse tranquille pour faire votre travail, d'affirmer un directeur de programme. On vous donne des directives de base et un objectif à atteindre, et c'est à vous de voir comment vous allez procéder pour en arriver là. C'est très important pour moi de ne pas avoir quelqu'un qui soit toujours là à me surveiller pour voir si je fais bien mon boulot[14]. »

L'esprit d'équipe est un ingrédient essentiel à la culture de Bombardier. On favorise ici le partage des idées et des problématiques, et non le travail en groupes isolés qui se font concurrence. Nulle guerre de clans ici, mais un environnement où, comme l'explique un employé travaillant au service des achats, « les gens s'entraident et n'ont pas peur de parler de leurs problèmes dans le but de trouver des solutions[15] ». Il va sans dire que pour propager un tel esprit d'équipe, il faut s'entourer de gestionnaires respectueux et intègres.

À l'appui de cette approche, Royer formule une directive voulant que, lorsqu'un problème de production touche plus d'un service, il doit être discuté en groupe (le service duquel émane le problème demeurant toutefois seul responsable de l'exécution des décisions). Royer met également sur pied un système de prime à la performance basé sur la performance des différentes divisions de l'entreprise plutôt que sur celle de chaque employé : une division qui affiche de bons résultats voit tous ses employés récompensés ; si la performance s'avère mauvaise, personne au sein de la division en cause n'a droit à la prime.

Les cadres de Bombardier ont aussi pour mission de veiller au développement de leurs employés. La qualité d'une entreprise étant le reflet de la qualité de son personnel, une entreprise ne peut pas être meilleure que le personnel qui la compose et la dirige. Dans cet ordre d'idées, il faut concevoir un environnement dans lequel le potentiel et les compétences des employés et des administrateurs sont maximisés.

Tenant le développement de carrière pour primordial, Bombardier crée pour ses effectifs divers programmes de formation. Les gestionnaires de la compagnie rencontrent leurs employés une fois l'an pour discuter des plans de développement personnalisés qui seront mis en œuvre dans le courant de l'année. En haussant ainsi la qualité de ses employés, Bombardier s'assure de devenir elle-même une entreprise de qualité.

Un employé aime travailler chez Bombardier parce qu'« ici, tout le monde se respecte ». Un autre élabore plus avant en disant : « On n'est pas traités comme des numéros, mais comme de vraies personnes. Je pense que la compagnie a du succès parce que ses gestionnaires considèrent tous les travailleurs comme des égaux, quel que soit leur rang. Dans ces conditions-là, quand on te demande de faire quelque chose, tu en fais toujours un peu plus. C'est ce petit extra-là qui fait la différence. »

« Dans mon emploi précédent, on se préoccupait plus de l'équipement que des gens, de confier un directeur de production. Ici, c'est plus humain. On cherche à vous mettre à contribution et à vous faire participer aux décisions. C'est une grande famille [...]. On a un sentiment d'appartenance [...]. Personne ne vous dit jamais : "On te paie pour faire tel ou tel travail, alors fais-le et ferme ta gueule." Ici, quand tu as une idée, il y a toujours quelqu'un pour t'écouter[16]. »

LE SMB

C'est dans ce contexte que Bombardier développe un Système de production novateur qu'elle baptisera le Système Manufacturier Bombardier (SMB). Ce système, qui contribue à faire de Bombardier une puissante multinationale, est développé sous l'égide du bras droit de Raymond Royer, Roland Gagnon, qui dirige avec énergie et vision l'usine de La Pocatière dans les années 1970 et 1980.

Gagnon introduit plusieurs innovations qui augmentent sensiblement la productivité de l'entreprise et qui permettent à Bombardier de distancer ses concurrents japonais et européens, ce qui n'est pas un mince exploit. « Le SMB n'est pas seulement une façon de faire les choses, mais aussi une façon de penser, de préciser Gagnon. C'est avant tout une philosophie, une façon d'organiser le travail, une façon de transmettre et d'utiliser l'information [...][17]. »

Le SMB propose en effet un procédé radicalement différent du modèle de production sérielle dans lequel le produit est acheminé le long d'une chaîne de montage et soumis à des étapes successives de fabrication. Dans la méthode traditionnelle, la production ne débute qu'après que les ingénieurs ont dessiné toutes les pièces et défini la séquence d'assemblage. Dans le système Bombardier, les ouvriers travaillent en parallèle avec les ingénieurs : chaque pièce est usinée dès sa conception, ce qui signifie que le produit est prêt à assembler au moment où les ingénieurs livrent leurs directives d'assemblage. Ainsi que l'explique Gagnon : « La fabrication commence plus tôt, les ouvriers et les ingénieurs arrivent à l'étape d'assemblage en même temps, ce qui réduit notre temps de cycle de moitié[18]. »

Le SMB innove aussi dans sa façon de coordonner les modifications apportées au produit durant le processus de fabrication. Aussitôt qu'un problème de conception est identifié sur le plancher de l'usine, une demande de modification est acheminée à l'ingénierie. Aucune révision n'est autorisée sans documentation à l'appui. Cette façon de faire décourage l'incorporation chaotique et arbitraire de changements qui auraient pour effet de retarder la production.

L'étape de conception des nouvelles spécifications est également accélérée afin d'éviter que ce mécanisme de contrôle ne ralentisse la chaîne de production. Les ingénieurs techniques et les ingénieurs des méthodes se réunissent presque tous les jours pour examiner les requêtes de modification. Lorsqu'une requête est sanctionnée, un plan est dessiné puis expédié simultanément à tous les travailleurs concernés, avec une explication de la marche à suivre. Ce processus synchrone est beaucoup plus efficace que la chaîne de communication traditionnelle dans laquelle la modification proposée passe de façon linéaire de l'ingénierie à la section méthode, à la planification, au contrôle de la production, puis enfin au service des achats avant d'être appliquée.

Une autre caractéristique intéressante du SMB est qu'il permet de décomposer les processus manufacturiers en tâches suffisamment simples pour être exécutées par n'importe quel ouvrier. Cette approche réduit considérablement la courbe d'apprentissage. Les nouveaux travailleurs peuvent ainsi atteindre la cadence opérationnelle standard en deux fois moins de temps que selon les méthodes traditionnelles, et les ouvriers spécialisés peuvent accomplir des opérations plus complexes. Elle permet également de simplifier et de rationaliser les normes de travail et l'échelle des salaires. Le procédé contribue par ailleurs à enrayer les retards de production du fait que les ouvriers peuvent aisément être transférés aux postes où il y a étranglement. C'est là un point capital, car en cas d'échéanciers compressés, on peut éviter d'engager plus de main-d'œuvre ou de payer des heures supplémentaires aux travailleurs.

En 1981, Royer et Gagnon inaugurent une nouvelle usine à Barre, dans le Vermont. Des milliers de Canadiens français se sont installés dans cette région dans les années 1920 et 1930 pour travailler dans les carrières de granit. La plupart d'entre eux s'étant américanisés, il ne subsiste plus que de maigres vestiges de cette culture française originelle. Non seulement ces gens ont adopté l'anglais comme langue maternelle, mais ils anglicisent spontanément les noms et les mots français, transformant un nom de famille comme Grandbois en « Grand-boys » et le nom de leur employeur en « Bomb-bar-deer ».

Bombardier ouvre l'usine de Barre parce qu'elle estime qu'une présence en sol américain lui attirera de nouveaux clients. Par ailleurs, le *Buy American Act* en fait une nécessité si Bombardier veut obtenir la commande des voitures de train de banlieue de la commission de transport du New Jersey qui s'élève à 100 millions de dollars. Or, la loi favorisant l'achat de produits américains stipule que les véhicules de transport sur rail dont l'achat est subventionné par le gouvernement américain doivent comporter un contenu américain d'au moins 50 pour cent, et que leur assemblage final doit s'effectuer aux États-Unis. Bombardier doit respecter ces conditions en l'occurrence puisque le New Jersey réalise cet achat grâce à une aide gouvernementale.

Les 50 pour cent de contenu américain ne posent pas problème – Bombardier dépasse déjà ce seuil dans la fabrication de ses véhicules sur rail –, mais pour réaliser l'assemblage final aux États-Unis, elle se dote d'une usine dans ce pays. Cela n'affecte en rien l'usine de La Pocatière, qui continue de faire l'essentiel du travail – fabrication de pièces, sous-assemblage, etc. – et qui se réserve les travaux de technologies avancées reliées à la structure externe des véhicules, aux systèmes électriques et à l'ingénierie.

En 1982, Raymond Royer est un célibataire de 40 ans passionné par son travail – il travaille 12 heures par jour – et par les voitures sport. Sa prédilection pour des bolides puissants et voyants n'est pas qu'une coquetterie ; c'est une nécessité qui répond à un besoin réel de vélocité. Royer a établi son poste de commande au-dessus d'un entrepôt de motoneiges de Boucherville, soit à distance à peu près égale de Barre et de La Pocatière. Son Audi turbo lui permet de se rendre à l'usine du Vermont en deux heures trente minutes ; l'usine de La Pocatière est beaucoup plus éloignée, néanmoins il fait le trajet en trois heures, engouffrant les kilomètres sur les routes rectilignes du Québec.

À cette époque, le président et chef d'exploitation de la division du transport en commun de Bombardier réalise soudain que le marché nord-américain du matériel de transport sur rail est en train de changer de visage. À la fin des années 1970, Bombardier était rarement opposée à plus d'un ou deux rivaux, généralement Budd et Pullman, lorsqu'elle répondait à un appel d'offres ; après 1981, il peut se trouver jusqu'à 10 autres soumissionnaires pour lui faire concurrence, la plupart étant des firmes européennes ou japonaises. La taille du marché est restée la même, mais la concurrence se fait de plus en plus féroce. Les firmes étrangères ont compris qu'elles peuvent offrir des prix plus que concurrentiels grâce à la dépréciation de leur monnaie par rapport au dollar américain.

Le marché nord-américain de l'automobile et de la construction navale est déjà saturé d'exportations asiatiques, si bien que les fabricants locaux se trouvent en position d'infériorité. Royer craint que le scénario ne se reproduise dans le secteur du matériel ferroviaire.

Un voyage en Asie achève de le convaincre qu'il est urgent d'agir. Comparativement à leurs homologues nord-américains, les entreprises et travailleurs asiatiques sont beaucoup plus motivés à s'approprier une part du marché, sans doute parce que le tissu social là-bas est très différent : dans les pays d'Asie, où il n'y a pas d'État-providence, on travaille pour survivre et non pour s'acheter un nouveau téléviseur.

L'heure est grave. Royer se doit d'alerter ses troupes, car la survie même de son entreprise se trouve menacée. Ce dont Bombardier a besoin, c'est d'un engagement collectif qui lui permettra de répondre mieux que ses concurrents aux besoins de la clientèle. Royer décide d'organiser des réunions de 50 à 60 personnes, l'objectif étant de rencontrer tous les employés de sa division. Il préside ainsi à une vingtaine de réunions, si bien qu'en 1985, il peut se vanter d'avoir discuté avec chacun des 1 350 membres de son effectif.

Ces discussions portent sur la concurrence, sur ce qui peut être amélioré, sur les moyens à employer pour remporter davantage d'appels d'offres. Durant ces séances qui s'étendent généralement sur quatre heures, les participants sont invités à délibérer sur quatre questions primordiales :

1. Si nous étions des Américains, achèterions-nous et utiliserions-nous des trains et des métros fabriqués au Canada ?
2. Qu'est-ce qui nous différencie de nos concurrents ?
3. Comment nous évaluons-nous dans un tel contexte ?
4. Comment devrions-nous évaluer nos résultats[19] ?

Au terme de ce long processus de réflexion, la compagnie se trouve plus unie que jamais. La survie de l'entreprise est devenue la préoccupation principale de tous les employés, chacun s'efforçant de trouver des solutions pour l'assurer. Plutôt que de demander à Bombardier de trouver des moyens de sauver leur emploi, les travailleurs s'appliquent à trouver des moyens de sauver Bombardier.

Chacun comprend qu'il est impératif d'attirer de nouveaux clients et de fournir le meilleur rapport qualité-prix possible. Il est clair pour tous que Bombardier doit se distinguer de ses concurrents par la qualité de son service et de ses gens.

L'accord de licence que Bombardier conclut avec Kawasaki en 1982 pour le métro de New York inclut une clause autorisant les employés de Bombardier à visiter les installations du constructeur japonais afin qu'ils puissent observer ses méthodes de travail et d'organisation. Les voyages de ce genre étant très coûteux, la plupart des entreprises se contentent généralement d'y envoyer cinq ou six employés. Sur une période de six mois, Bombardier enverra 70 de ses employés au Japon, par groupes de quatre à six personnes. Triés sur le volet parmi tout un éventail d'ingénieurs, de techniciens, de superviseurs et de représentants syndicaux, les candidats ont été choisis en fonction du rôle à jouer dans le transfert de la technologie japonaise.

Pourquoi Raymond Royer a-t-il envoyé au Japon plus d'employés que nécessaire ? Parce que le contrat de licence avec Kawasaki représente une occasion de plus de sensibiliser son personnel à l'intense concurrence qui se joue dans l'industrie. À leur retour du Japon, ses collègues s'entendent sur deux choses : premièrement, tous les employés de Bombardier doivent se serrer les coudes pour aider la compagnie à décrocher des contrats internationaux ; deuxièmement, chaque individu et chaque équipe doivent assumer la pleine responsabilité des rôles et des tâches qui leur sont confiés.

Ceux qui ont visité les installations de Kawasaki ont pu constater de première main la valeur de leurs rivaux. Il ne fait aucun doute à leurs yeux que Bombardier ne pourra gagner la guerre que si chacun donne tout ce qu'il a dans le ventre.

Bombardier joue la bonne carte en misant sur son personnel. La culture d'engagement et de participation qu'elle préconise instille dans l'entreprise un climat de solidarité et de coopération qui fait fleurir l'esprit d'équipe et qui favorise la communication entre travailleurs et administrateurs. Du coup, les uns et les autres se comprennent mieux : les gestionnaires se montrent plus sensibles aux préoccupations des travailleurs et les travailleurs, plus sensibles à celles des gestionnaires. Nulle léthargie ou querelle intestine dans les rangs : les effectifs de Bombardier concentrent toute leur attention et toutes leurs énergies sur l'objectif à atteindre.

Les résultats ne tardent pas à se manifester. Les réussites initiales engendrent d'autres réussites. Les salaires se bonifient. Les employés qui participent au régime d'actionnariat de la compagnie voient la valeur de leurs titres augmenter. L'impact psychologique de tout cela n'est pas négligeable: chacun est empli de ce genre de fierté, d'assurance qui ne vient qu'à celui qui a surmonté les plus grands défis. On se sent bien, à travailler chez Bombardier. La satisfaction de se retrouver du côté des vainqueurs.

UNE PERCÉE DÉCISIVE

Laurent Beaudoin a pris un risque énorme en acceptant le contrat de la Ville de New York. Avec un projet de cette ampleur, le moindre dépassement de coûts peut causer la ruine de l'entreprise. L'histoire démontre en fait qu'il s'agit d'une issue très probable: plusieurs fabricants américains de matériel de transport se sont cassé les reins en faisant affaire avec la société de transport en commun de New York. Ils se sont laissés attirer par les promesses de profit et de renommée de la Grosse Pomme, mais au bout du compte, très peu d'entre eux ont pu respecter les exigences techniques extrêmement strictes fixées par le bataillon d'ingénieurs de la MTA.

Nombreux sont les analystes qui croient qu'un sort semblable attend cette compagnie québécoise, cantonnée jusque-là dans la fabrication de ses motoneiges Ski-Doo. Bombardier, disent les experts, a eu les yeux plus grands que la panse. Ainsi qu'à leur habitude, Ravitch et son équipe ont joué serré en négociant le prix le plus bas possible – une bonne affaire pour le contribuable new-yorkais, mais qui laisse au fournisseur très peu de marge d'erreur. Bombardier se trouve maintenant dans la position peu enviable d'avoir à construire des voitures de métro de conception Kawasaki pour moins cher que ce que Kawasaki a facturé à la MTA, et ce, en employant une main-d'œuvre nord-américaine, réputée plus onéreuse et moins efficace que la japonaise. Et tout cela, en payant à Kawasaki une redevance représentant 1,5 pour cent de la valeur du contrat!

Les prédictions des analystes semblent se confirmer en mars 1985, lorsque le constructeur québécois expédie 10 voitures à la MTA pour un essai d'un mois: ces premiers véhicules affichent des problèmes de freinage et ont tendance à perdre de la vitesse lorsqu'ils montent une pente. Un représentant de la Transport Workers Union of America, le syndicat américain des opérateurs de métro, qualifie carrément les voitures de Bombardier de « citrons ». « Nous voilà pris avec de l'équipement canadien bas de gamme, conclut-il. C'est un produit pourri !... Les voitures Kawasaki sont des bijoux en comparaison[20]. »

Le problème de freinage est dû en partie au fait que les opérateurs de métro new-yorkais ne sont pas encore familiarisés avec le système de bord des nouvelles voitures. Cela dit, un porte-parole de Bombardier confirme la présence d'un problème réel lié à des circuits imprimés défectueux. Les voitures de Kawasaki sont dotées de systèmes de traction et de freinage General Electric, alors que Bombardier a opté pour des équipements provenant de la Westinghouse Electric Corp. Le problème est rectifié par un simple ajustement des systèmes électriques Westinghouse, une opération effectuée sur place au coût de quelques centaines de dollars par véhicule, sans causer ni retard ni dépassement budgétaire.

D'autres problèmes viennent malheureusement s'ajouter à ces défectuosités initiales. Lorsque le premier lot de voitures de métro est livré en juin 1985, la cérémonie d'inauguration officielle doit être reportée parce que certains des véhicules ont connu diverses avaries lors de leur première semaine en service sur la ligne allant du Bronx à Brooklyn. En plus des portes qui ont tendance à rester coincées, le revêtement extérieur en acier inoxydable, qui était censé être à l'épreuve des graffiti, a été largement barbouillé par les jeunes des quartiers ouvriers, quelques heures seulement après la mise en service des véhicules.

Quelques semaines plus tard, deux nouveaux problèmes électriques se manifestent, l'un avec le convertisseur et l'autre avec la boîte de soufflage, qui touchent l'ensemble des voitures que Bombardier a livrées jusqu'à maintenant. Le coupable est encore une fois Westinghouse Electric, fabricant des deux pièces fautives. Ces problèmes sont suffisamment sérieux pour que la MTA retire les voitures Bombardier de la circulation et décrète qu'elle n'acceptera pas de nouvelle livraison avant que les pièces défectueuses ne soient remplacées.

Mais devant ce qui pouvait sembler un revers majeur, Bombardier et la MTA se font rassurants : les difficultés initiales sont somme toute normales ; ce sont des problèmes de rodage inhérents aux équipements complexes de ce type. Même un membre du syndicat des opérateurs de métro, si agressif quelques mois plus tôt, donne ouvertement son appui en déclarant que les opérateurs ne s'inquiètent pas trop puisque « tous les nouveaux trains ont des ennuis de ce genre[21] ».

Mais un politicien de l'État de New York ne le voit pas de cet œil. Des ingénieurs de la MTA relaient au bureau du sénateur Franz Leichter des documents confidentiels indiquant la présence de fissures dans les bogies. En octobre, un adjoint du sénateur déclare que Bombardier est un simple « fabricant de motoneiges » et que la commande du métro de New York « dépasse ses compétences[22] ». La MTA s'empresse d'expliquer que les prétendues fissures ne sont rien de plus que des joints ou des lignes de laminage sans conséquence ; néanmoins, Bombardier commence à sentir la soupe chaude.

Tandis que ses techniciens s'emploient à souder les joints incriminés, la compagnie annonce que les 10 prochaines voitures de métro qu'elle livrera à la Ville de New York devront rouler sans défaillance technique pendant 30 jours d'affilée, à défaut de quoi elle autorisera la MTA à résilier leur entente. Le « contrat du siècle » prend soudain des allures de cauchemar pour Bombardier. Tout va se jouer durant ces 30 angoissantes journées.

Les détracteurs de Bombardier ne savent pas que cette entreprise qu'ils décrient est bien plus qu'un fabricant de motoneiges. Ils ne connaissent pas l'efficacité de ce système d'exploitation qu'est le « Système Manufacturier Bombardier ». Ils ne soupçonnent rien des ressources de ces ouvriers qui travaillent à l'usine de La Pocatière et qui sont issus du Kamouraska, région reconnue depuis des siècles pour l'extraordinaire dextérité manuelle de ses artisans. Mais, surtout, ils ne savent rien du flair et de la ténacité de Raymond Royer.

Contre toute attente, la période probatoire de 30 jours se déroule sans anicroche : les véhicules de Bombardier remplissent leur fonction sans accuser de pannes ou de bris mécaniques. Les dernières voitures sont livrées en 1986, ce qui signifie que le contrat du siècle a été bouclé dans les délais et dans le respect des normes de qualité particulièrement astreignantes de la MTA. Qui plus est, Bombardier n'a pas dépassé son budget, ce qui lui a permis d'engranger un profit brut d'environ 100 millions de dollars.

En plus des gratifications pécuniaires, la compagnie a gagné en réputation du fait qu'elle a su tourner une situation potentiellement désastreuse à son avantage. Chaque fois qu'un problème a surgi, elle l'a attaqué de front, sans se défiler. Bombardier a prouvé qu'elle a le sens des responsabilités et qu'elle est capable de livrer une marchandise de très haute qualité dans les délais prévus par le client. Elle s'est acquittée de ses engagements de si belle façon que le contrat de New York devient pour elle la référence rêvée. « Les sociétés de transport avaient confiance en nous, se souvient Raymond Royer. Elles se disaient que Bombardier soutenait ses produits à 100 pour cent[23]. »

Comme le chante si bien Frank Sinatra dans la chanson *New York, New York* : « If I can make it there, I'll make it anywhere. » (Qui réussit à New York peut réussir partout ailleurs.) Après le succès de la Grosse Pomme, les usines de Bombardier continuent de fonctionner à plein régime grâce à deux autres mégacontrats, l'un avec l'agence ferroviaire américaine Amtrak, l'autre avec la société de transport en commun de Boston (Massachusetts Bay Transit Authority, ou MBTA). Cette dernière a choisi Bombardier précisément parce qu'elle a prouvé, en honorant ses engagements à New York, qu'elle est capable de fournir un service et un produit de qualité.

La MTA doit effectivement être très satisfaite puisqu'elle continue de faire affaire avec Bombardier chaque fois qu'elle a à renouveler une portion de sa flotte vieillissante, forte de quelque 6 000 véhicules. En mai 1997, elle commande à Bombardier 680 voitures de métro en acier inoxydable pour la somme de 1,3 milliard de dollars. Le président du secteur transport de Bombardier dit qu'il s'agit là d'une heureuse répétition du contrat de 1982, qui confirme le fait que Bombardier s'impose comme le fournisseur de prédilection du plus grand réseau de métro en Amérique du Nord.

Ce deuxième contrat mirobolant est surpassé en mai 1999 par une commande de 2,7 milliards de dollars : la Long Island Railroad, une société de transport affiliée à la MTA, a besoin de plus de 1 000 voitures pour son réseau de trains de banlieue ; une première livraison de près de 200 véhicules est accompagnée d'une option pour plus de 800 unités supplémentaires. Avec ce contrat qui s'ajoute à ceux du métro new-yorkais et à celui de la navette ferroviaire de l'aéroport John F. Kennedy, toutes les agences associées à la MTA roulent maintenant sur les produits canadiens de Bombardier.

TEMPÊTES DANS UN VERRE D'EAU

Le contrat new-yorkais de 1982 propulse donc Bombardier dans les hautes sphères de l'industrie du transport en commun. Personne ne peut nier que l'entreprise doit l'essentiel de sa réussite à son rendement remarquable. Néanmoins, des membres de la presse écrite s'empressent d'insinuer que d'autres facteurs pourraient avoir joué.

Le 18 mai 1986, l'*Atlanta Journal and Constitution* publie un article révélant que Bombardier a effectué des paiements au frère d'Andrew Young, maire d'Atlanta, alors qu'elle a soumissionné pour un projet de monorail à construire le long d'un futur prolongement de l'autoroute 400. Le frère du maire Young, dentiste, agit également comme conseiller en affaires internationales ; sa firme, la Young International Development, se donne pour mission de guider les compagnies étrangères à travers les méandres bureaucratiques de l'État, et elle cite le maire Young comme référence dans sa documentation publicitaire.

Le projet de monorail de l'autoroute 400 vaut à la Young International plusieurs clients, l'un d'eux étant le géant français du transport sur rail Alstom Atlantique. Outre le projet de monorail, Alstom Atlantique tente de vendre à la Ville d'Atlanta l'idée d'une ligne de train à grande vitesse entre Atlanta et Savannah, une autre ville de la Géorgie. Lors d'une visite aux bureaux parisiens de la firme en mars 1985, le maire Young exprime l'intérêt de sa ville pour ce deuxième projet. Encouragée par cette déclaration, Alstom Atlantique verse une provision de 15 000 dollars US à Young International.

Durant la période de négociation du projet de monorail, Bombardier verse à Young International une somme initiale de 10 000 dollars suivie de paiements mensuels de 2 000 dollars. Il est par ailleurs entendu que si Bombardier remporte le contrat, elle versera à Young International une commission basée sur un pourcentage de la valeur totale du contrat, qui est évalué à 150 millions de dollars US. Un cadre de Bombardier raconte qu'ils ont retenu les services du frère du maire parce qu'il représente déjà Alstom et parce que c'est lui qui connaît le mieux le projet de l'autoroute 400. « Quand on arrive dans une nouvelle région, de dire le cadre, il faut faire le nécessaire pour apprendre à mieux connaître la scène locale[24]. »

Toute cette information est mise au jour lors d'une procédure de faillite dans laquelle les créanciers tentent d'obtenir une ordonnance pour saisir le salaire d'un associé du frère du maire, ainsi que des sommes obtenues de Young International. Les 10 000 dollars que Bombardier a payés à cette dernière sont l'un des points de litige. L'associé soutient que cette somme ne peut être saisie puisqu'il s'agit d'un paiement fait à Young International. Il ajoute que le frère du maire est l'un des bénéficiaires de cet argent qui, dit-il, est destiné aux caisses électorales des partis politiques de la ville. « Le docteur Young et moi-même avons signifié au client potentiel que [...] ce serait bien si [...] le docteur Young et moi avions un compte bloqué pour verser des contributions aux candidats qui se présenteront aux élections municipales d'octobre 1985. La compagnie a jugé que c'était une bonne stratégie et elle a transféré 10 000 dollars à Atlanta[25]. »

Il y a parmi les documents déposés en cour une proposition rédigée par l'associé en question au nom de Young International, intitulée *The Georgia 400 Project, A Formula for Success, Projected Light/ Heavy Rail-Line.* (Projet de l'autoroute 400, proposition pour la mise en place d'un monorail et d'un métro express régional.)

Ce document soumis à Alstom Atlantique et à Bombardier et dans lequel les politiciens impliqués, dont le maire Young, sont identifiés, renferme l'affirmation suivante : « Vous savez sans doute que, dans le cas d'un contrat de l'ampleur du *Georgia 400*, c'est l'entreprise privée qui persuade les politiciens d'accepter ou de rejeter tel ou tel participant. » Dans sa déposition à la cour, l'associé de Young International ajoute : « Les entreprises étrangères avec lesquelles nous avons fait affaire, qu'elles soient canadiennes, françaises, britanniques ou allemandes, bénéficient des bons rapports que nous entretenions avec les intérêts politiques municipaux en vertu de la présence du docteur Young[26]. »

Ces allégations de conflit d'intérêts défraient la manchette et remuent l'opinion publique tant et si bien que le frère du maire décide de se présenter volontairement devant le comité d'éthique municipal, lequel a été créé par le conseil de ville d'Atlanta pour enquêter toute allégation de conflit d'intérêts impliquant des élus municipaux.

Les cinq membres du comité concluent finalement que les actions du frère du maire ne constituent pas en elles-mêmes un conflit d'intérêts, même si elles en ont l'apparence. Cette décision met un point final à la question. Les médias et le public se désintéressent bientôt de cette affaire qui va de toute manière se terminer en queue de poisson : ni Bombardier ni Alstom Atlantique ne construiront de monorail ou de train interurbain à grande vitesse en Géorgie.

Bombardier se retrouve de nouveau sous la loupe en mai 1991 à cause d'un article du *Houston Chronicle* dénonçant les pratiques de l'entreprise avec laquelle elle s'est associée pour construire le monorail de Houston. Le partenaire en question, Kiewit Construction Group Inc., est accusé de collusion, de fraude et de rançonnement. Bombardier affirme qu'elle n'a rien à cacher et que, par conséquent, elle est ouverte à toute enquête approfondie sur ses activités. « Je serais très étonné que quelqu'un découvre quoi que ce soit d'irrégulier, assure un porte-parole de la compagnie. Bombardier est une société très intègre[27]. »

L'article du *Houston Chronicle* fait également allusion à de précédentes accusations d'irrégularité. Suivant la vente par Bombardier de 35 véhicules sur rail à la société de transport en commun de Philadelphie, le Département des Transports de la Pennsylvanie a publié un rapport faisant état de contacts inappropriés entre Bombardier et le président de la Southeastern Pennsylvania Transportation Authority (SEPTA). L'un de ces contacts inappropriés est survenu lorsque Bombardier a proposé au PDG de conduire sa fille à son collège du New Hampshire à bord du jet privé de la compagnie, une offre que le dirigeant de la SEPTA a acceptée. L'administrateur a pour sa part envoyé à Bombardier, sur papier à en-tête de la SEPTA, une lettre sollicitant des contributions politiques pour un membre du Congrès américain ; Bombardier a acheté une paire de billets pour le souper-bénéfice organisé au profit du politicien en question. Autre irrégularité, le PDG de la SEPTA, qui est avocat, a déjà conseillé Bombardier sur une question relevant du droit des brevets. Bombardier insiste sur le fait que le président de la SEPTA lui a rendu ce service gratuitement, par simple courtoisie professionnelle.

Au terme de l'enquête sur les politiques contractuelles de la SEPTA, les autorités de la Pennsylvanie et du gouvernement fédéral américain concluent que Bombardier et le PDG de la SEPTA n'ont pas commis d'actions fautives. Ayant mené sa propre enquête en se basant sur des centaines d'articles de journaux parus dans la presse canadienne et américaine, la journaliste du *Houston Chronicle* doit reconnaître que Bombardier n'a perpétré aucune irrégularité au cours des années antérieures, précisant que les articles qu'elle a consultés

« portaient en fait sur les nouveaux contrats que Bombardier avait décrochés, sur les compagnies qu'elle avait achetées, ou vantaient son modèle d'entreprise dans des profils détaillés[28] ».

LA VALEUR DES TECHNOLOGIES ÉPROUVÉES

Lorsque les médias ont annoncé, en 1982, qu'une firme québécoise du nom de Bombardier venait de décrocher le contrat de 1 milliard de dollars du métro de New York, le peuple américain a accueilli la nouvelle avec incrédulité. Comment un fabricant de motoneiges évoluant dans l'arrière-pays d'un mystérieux territoire nommé « Québec » a-t-il bien pu rafler ainsi la cagnotte ? La plupart des New-Yorkais ignorent jusqu'à l'existence de la province de Québec. Et qu'est-ce que c'est que ce drôle de nom – *Bomb-bar-deer !* Pour eux, un bombardier est un aviateur qui largue des bombes en territoire ennemi, ou alors un scarabée qui arrose ses prédateurs d'un fluide corrosif jaillissant de sa croupe. (Notez que ces deux images décrivent assez bien l'effet que Bombardier peut avoir sur ses concurrents et ses détracteurs.)

Ceux qui connaissent l'industrie du transport en commun, les analystes, spécialistes et gens d'affaires, ne sont pas étonnés outre mesure de cette victoire historique de Bombardier, voyant en elle la progression naturelle d'une transformation amorcée plusieurs années auparavant. Ces gens savent que Bombardier est devenue bien plus qu'un simple fabricant de motoneiges : depuis le début des années 1980, les revenus de la division Ski-Doo comptent pour moins de la moitié du chiffre d'affaires de la compagnie, tout le reste provenant de la production de véhicules sur rail pour le transport de voyageurs.

Bombardier est à cette époque la seule compagnie nord-américaine à construire des véhicules pour les quatre principaux types de transport en commun (à l'exception des autobus) : elle fabrique des voitures de métro, des locomotives automotrices pour trains suburbains et régionaux, des véhicules légers sur rail (tramways) et des trains interurbains LRC (léger, rapide, confortable).

Il suffit de regarder les contrats liés au transport en commun que la firme a remportés dans les cinq années qui ont précédé le contrat de New York pour comprendre qu'elle n'est plus une « compagnie de motoneiges ». L'expérience et les compétences que Bombardier a acquises en construisant des voitures pour le métro de Montréal lui ont permis de décrocher des contrats dans plusieurs autres villes, principalement aux États-Unis. Avant d'en arriver à la consécration new-yorkaise, Bombardier a rempli toute une série de commandes : elle a fabriqué des trains régionaux à deux niveaux pour la Ville de Chicago ; des tramways pour la Ville de Portland, dans l'Oregon ; et des voitures de métro à roues de caoutchouc pour Mexico.

Mais la percée la plus marquante, avant New York, parmi ces premiers contrats de matériel roulant a sans doute été la commande de 100 millions de dollars US passée par la société de transport du New Jersey. À cette occasion, Bombardier a eu raison de Budd Co. et de Vickers Canada pour rafler le plus gros contrat américain de 1980 dans le domaine du transport en commun. Proclamant que l'offre de Bombardier était plus élevée que la sienne, Budd Co. a contesté la décision devant les tribunaux, ainsi qu'elle le fera pour le contrat de New York. Lorsque les deux soumissions ont été ajustées aux fins de comparaison, Bombardier a eu gain de cause : c'est bel et bien elle qui offrait le meilleur prix.

Le contrat du New Jersey fait foi de la stratégie gagnante de Bombardier, selon laquelle les besoins du client priment sur l'innovation technologique. Contrairement à ses concurrents qui poussent leur clientèle à acheter un produit dans lequel ils ont investi énormément de temps et d'argent, Bombardier élabore des solutions personnalisées en choisissant la technologie la plus appropriée, en acquérant les droits de licence afférents, puis en adaptant cette technologie aux besoins et aux exigences du client. Dans le cadre du contrat du New Jersey, Bombardier a fait pencher la balance en sa faveur en obtenant une licence de la firme Pullman, laquelle a réalisé les trains existants du réseau. En adoptant cette même technologie, Bombardier permet à la société de transport du New Jersey de réaliser des économies d'échelle dans la formation de ses opérateurs et dans l'entretien de ses équipements.

Éludant les coûteuses explorations de la recherche et du développement pour se concentrer sur l'efficacité de ses technologies acquises et de ses procédés mercatiques et manufacturiers, Bombardier commence alors à s'imposer comme un protagoniste majeur de l'industrie du transport en commun. C'est une approche « à la japonaise », de préciser à l'époque Laurent Beaudoin et

Raymond Royer, que d'acquérir ainsi des technologies éprouvées pour ensuite les bonifier ou les adapter aux conditions du marché.

À propos de la recherche et du développement (RD), Royer se plaît à répéter que Bombardier « met plus l'accent sur le D que sur le R de RD[29] ». Cette façon de faire permet à la compagnie de percer plus rapidement de nouveaux marchés, d'éviter les risques inhérents à l'élaboration et à l'usinage de produits entièrement neufs et non éprouvés, et d'éviter les frais considérables qu'occasionne inévitablement tout service de RD. Bombardier s'appuie sur des technologies déjà existantes pour accumuler les compétences techniques qui lui permettent finalement de se lancer dans l'aventure de la recherche et du développement.

Bombardier a souvent dû défendre cette position. Aux critiques qui reprochent à la compagnie son manque d'innovation et d'implication dans la recherche, Royer pose cette question purement oratoire: « Est-il préférable de développer graduellement des produits qui risquent de ne pas répondre aux exigences du marché, ou de profiter d'un marché existant pour en faire bénéficier l'industrie canadienne[30] ? »Un autre cadre supérieur de Bombardier défend la position de l'entreprise en disant: « Nous avons toujours soumissionné dans l'optique de réduire le risque au minimum. Il faut des années pour perfectionner une nouvelle technologie, or, c'est un luxe que Bombardier ne peut pas se permettre[31]. »

Fatigué des reproches adressés à l'entreprise, Royer, irrité, répond un jour à un journaliste: « On ne fait pas le R, on fait juste le D. À quoi sert de réinventer la roue? L'achat de technologies nous donne plus d'expertise, plus d'emplois, plus de profits, tout ça à moindre risque. Bon, on utilise les designs d'autres compagnies. Et alors, quel est le problème[32] ? »

UN SOUTIEN BIENVENU

Lorsque Bombardier a obtenu le contrat de New York en 1982, ses détracteurs l'ont accusée de profiter des largesses du gouvernement canadien, évoquant le prêt à l'exportation consenti par EDC et les taux d'intérêt subventionnés. Plusieurs ont prétendu que l'alliance de Bombardier et du gouvernement canadien encourageait une forme de concurrence déloyale dans l'arène internationale.

Là où tout a commencé. Le Garage Bombardier a ouvert ses portes en 1926 à Valcourt, Québec. Mécanicien de formation devenu inventeur et entrepreneur, Joseph-Armand Bombardier obtient en 1936 son premier brevet d'invention pour le système barbotin-chenille qui lui permettra de développer l'autoneige B7. Il constitue une compagnie, L'Auto-Neige Bombardier limitée, en 1942.

Après la Deuxième Guerre mondiale, les véhicules de L'Auto-Neige Bombardier limitée servent au transport collectif et au transport de marchandises, mais ils sont aussi utilisés par les services de sauvetage, les services ambulanciers et, comme nous le voyons ici, par le service des postes.

Joseph-Armand Bombardier est un inventeur prolifique qui a obtenu plus de 40 brevets en moins de 25 ans. Ce mécanicien devenu entrepreneur a jeté les bases d'une entreprise destinée à devenir un des plus importants fabricants industriels au Canada et un géant mondial du transport.

Né à Laurier-Station au Québec en 1938, Laurent Beaudoin, C.C., FCA, est l gendre de Joseph-Armand Bombardier. Il entre chez Bombardier en 1963 à itre de contrôleur et devient président et directeur général de L'Auto-Neige Bombardier limitée en 1966. En 2008, il cède ses fonctions de président et chef de a direction à son fils Pierre et demeure président du conseil d'administration

En 1968, Bombardier lance la motomarine Sea-Doo. Le véhicule est retiré du marché après quelques années pour être réintroduit 20 ans plus tard au moment où le marché de la motomarine prend son essor.

Le titre de Bombardier est inscrit aux Bourses de Montréal et de Toronto en mai 1969. Le premier conseil d'administration est formé de membres de la famille et d'administrateurs indépendants. Entourant Laurent Beaudoin, de gauche à droite : Gaston Bissonnette, Charles Leblanc, André Bombardier, Jean-Paul Gagnon, John N. Cole et Jean-Louis Fontaine.

Le Ski-Doo, d'hier à aujourd'hui. On voit ici un prototype des véhicules à chenilles légers, précurseurs du Ski-Doo. Joseph-Armand Bombardier a lui-même testé chacun de ces véhicules durant les hivers de 1957 et 1958.

Le nom Ski-Doo est devenu synonyme de motoneige. BRP, une entreprise indépendante de Bombardier depuis 2003, demeure à ce jour le leader mondial sur le marché de la motoneige.

En 1973, Bombardier célèbre la production de sa millionième motoneige Ski-Doo dans une cérémonie à laquelle assistent Laurent Beaudoin, Yvonne Labrecque-Bombardier et tous les employés de l'usine de Valcourt. Cette même année, le marché de la motoneige s'effondre à la suite de la crise du pétrole.

Bombardier met sur le marché ses premières motocyclettes Can-Am en 1973. La ligne comprend des modèles de haute performance de types motocross (MX) et route / tout terrain (T'NT) de 125 cc et de 175 cc. Le nom Can-Am est réintroduit en 2006 pour les VTT. Le Spyder Can-Am, un roadster à trois roues, est conçu et produit par BRP en 2007.

En 1974, à la suite de l'effondrement du marché de la motoneige, Bombardier se diversifie dans le domaine du transport en commun et décroche un contrat de fabrication de voitures pour le métro de Montréal.

Détenteur d'une maîtrise en commerce, d'une licence en droit et d'une maîtrise en sciences comptables, Raymond Royer (à droite) est successivement directeur général et président de la Division du transport en commun de 1974 à 1985. De 1986 à 1996, il agit comme président et chef de l'exploitation de Bombardier, au côté du chef de la direction et président du conseil Laurent Beaudoin (à gauche). Par son leadership, Raymond Royer assure le succès de la stratégie de diversification de Bombardier dans le domaine du transport en commun.

En 1982, Bombardier obtient un contrat avec la Metropolitan Transportation Authority de New York pour la fourniture de 825 voitures de métro qui seront fabriquées en grande partie à l'usine de La Pocatière. Le contrat, d'une valeur de 1 milliard de dollars, est à cette époque le plus important contrat d'exportation jamais conclu avec un organisme de transport en commun.

Photo prise le 15 novembre 1982 à la signature du contrat pour le métro de New York, qui va catapulter Bombardier dans les ligues majeures du transport en commun. De gauche à droite : Raymond Royer, président de la division du transport en commun de Bombardier ; Laurent Beaudoin, président-directeur général de Bombardier ; Richard Ravitch, président de la société de transport de la Ville de New York (Metropolitan Transportation Authority) ; Gerald A. Regan, ministre canadien du Commerce international ; et Edward Lumley, ministre canadien de l'Industrie et de l'Expansion économique régionale.

Les analystes de l'industrie savent pourtant que Bombardier est l'un des derniers manufacturiers de matériel de transport en commun à bénéficier d'un financement gouvernemental à l'exportation. Le gouvernement canadien n'aurait jamais accordé ce genre d'appui à Bombardier si quantité d'autres pays n'avaient dérogé avant lui aux directives énoncées en 1976 par l'Organisation de coopération et de développement économiques (OCDE).

L'entente initiale de l'OCDE fixe des taux d'intérêt et des conditions de financement bien précis concernant le crédit à l'exportation. À la fin des années 1970, le taux d'intérêt prescrit par l'OCDE est plus bas que les taux commerciaux, lesquels accusent une hausse à l'échelle mondiale. Cette conjoncture incite plusieurs pays, notamment la France et l'Angleterre, à subventionner plus hardiment leurs exportations. D'autres pays tels l'Allemagne de l'Ouest et le Japon relâchent leurs politiques de crédit à l'exportation en consentant aux entreprises étrangères un financement à plus long terme.

Lorsque le gouvernement égyptien lance un appel d'offres international visant la modernisation de son réseau téléphonique, un consortium américain dépose une proposition qui n'est pas sélectionnée : les normes de l'OCDE auxquelles les Américains se sont astreints ne leur permettent pas de rester suffisamment concurrentiels. Le gouvernement Carter annonce peu après qu'il ne se soumettra plus aux directives de l'OCDE et qu'il offrira dorénavant aux clients d'exportateurs américains des prêts pouvant s'étaler sur 20 ans.

Cette initiative des États-Unis pousse plusieurs pays à réviser leurs programmes d'aide à l'exportation. Le Japon porte à 25 ans la durée maximale de ses prêts aux clients étrangers. En janvier 1981, le ministre du Commerce extérieur au Canada, Ed Lumley, annonce la création d'un nouveau programme fédéral de subventions à l'exportation : au cours des trois années suivantes, un fonds de près de 1 milliard de dollars est déposé dans les coffres de EDC pour distribuer cet argent aux exportateurs canadiens sous forme de prêts subventionnés aux conditions avantageuses, « dans des cas spécifiques [...] lorsqu'il est clair que nos concurrents ont recours à ce genre de subside à l'exportation[33] ».

Ce nouveau programme du gouvernement canadien arrive au moment où Bombardier dispute un contrat d'envergure pour la construction de matériel roulant et de voitures de métro pour la Ville de Mexico, en 1981, son rival étant un consortium français mené par la Compagnie industrielle de matériel de transport (CIMT) et par Alstom. Bombardier réussit à démontrer qu'elle dispose d'une expertise technique au moins égale à celle du groupe français (dont elle a utilisé la technologie lors du contrat du métro de Montréal). Les Mexicains se disent alors prêts à diviser la commande entre les deux soumissionnaires. Puis les Français font pencher la balance en leur faveur en introduisant des conditions de financement extrêmement avantageuses. Sachant le gouvernement canadien réfractaire à l'idée de subventionner les exportations de ses entreprises, Bombardier semble devoir se résigner à concéder le contrat à son concurrent.

Puis, soudain, le Canada change son fusil d'épaule. Plusieurs facteurs l'incitent à modifier sa politique. D'une part, un nombre sans cesse croissant de pays dérogent déjà aux normes de l'OCDE. D'autre part, le Canada enregistre à cette époque le plus haut taux de chômage de son histoire. Au Québec, le mouvement séparatiste est en train de gagner du terrain. Le gouvernement fédéral se dit qu'il tempérera peut-être la ferveur indépendantiste s'il finance les exportations de Bombardier et d'autres entreprises québécoises. Il faut montrer aux Québécois qu'il est avantageux de rester au sein de la fédération.

Bombardier est la première entreprise à soumettre une demande à EDC. Avec l'appui d'Ottawa, elle peut enfin s'approprier sa juste part du marché mexicain : séduite par le financement généreux que lui propose désormais le constructeur québécois, la Ville de Mexico lui commande 180 voitures de métro en 1981. « Sans ces nouvelles conditions de financement, nous n'aurions jamais pu arracher aux Français une part du marché mexicain », affirme Raymond Royer[34].

Bombardier n'a jamais vraiment reçu le soutien dont elle avait besoin pour conquérir les marchés internationaux. Elle s'est battue jusqu'ici avec les mains liées. Or, voilà que le gouvernement canadien lui fournit l'arme qui manque à son arsenal.

CHAPITRE 5

La grande conquête : le transport des années 1980 et 1990

LE MARCHÉ NORD-AMÉRICAIN

Le transport-passagers sur rail est en perte de vitesse depuis belle lurette lorsque Bombardier fait son entrée en scène. L'industrie a atteint son apogée dans les années 1930 et 1940, époque où les tramways sillonnent les artères des villes nord-américaines et où le train est le moyen de transport de prédilection des voyageurs. Les grands fabricants d'équipement ferroviaire sont presque tous issus de l'Est et du Midwest américain : la Budd Co. en Pennsylvanie ; la St. Louis Car Co. dans le Missouri ; et la Pullman Standard Co. dans l'Illinois.

L'avion et l'automobile ont supplanté le transport sur rail dans les années d'après-guerre. Les villes ont remplacé leurs tramways par des autobus roulant au diesel et les voyageurs ont délaissé peu à peu le transport ferroviaire. Les grosses commandes de véhicules sur rail se font de plus en plus rares, et la plupart d'entre elles sont confiées à des fabricants japonais ou européens.

Ces constructeurs étrangers sont avantagés par le fait que leurs gouvernements ont continué de développer et de subventionner leurs réseaux ferroviaires ; les affaires roulent bon train, ce qui permet à ces firmes de peaufiner leur expertise et d'amasser les ressources financières nécessaires à leur développement.

Dans les années 1980, la hausse du dollar américain permet aux fabricants étrangers, déjà avantagés par les conditions de financement offertes par leurs agences de promotion des exportations, de réduire le prix de leurs produits sur le marché des États-Unis.

Certains faits ont cependant laissé entrevoir la possibilité d'une revitalisation de l'industrie du transport sur rail en Amérique du Nord. Dans les années 1960, la firme aérospatiale Rohr Inc. s'est vue confier la conception de voitures pour le métro de San Francisco. Elle remporte ensuite un contrat lucratif pour Washington, mais comme la Ville veut un design autre que celui de San Francisco, Rohr développe un véhicule complètement différent, ce qui diminue énormément ses profits. Un contrat subséquent pour la Ville d'Atlanta lui échappe parce que les autorités municipales ne sont pas intéressées aux designs créés pour Washington et San Francisco. Découragée par les exigences particulières de chaque réseau de métro et par l'absence d'une normalisation, la firme abandonne pour de bon sa production de véhicules sur rail.

Ce que Rohr Inc. considère comme un inconvénient devient paradoxalement pour Bombardier une occasion : des années plus tard, l'entreprise québécoise fondera sa réputation sur la création d'un produit personnalisé, basé sur des technologies existantes et réalisé à l'aide de procédés de fabrication d'une grande souplesse.

Reconnu comme un brillant gestionnaire de portefeuille dans les années 1980, Peter Lynch dit que les secteurs en déclin constituent souvent un terreau propice à l'émergence de compagnies à fort potentiel de croissance[1]. Ce phénomène s'explique par le fait que, bien que les revenus globaux de l'industrie soient à la baisse, les compagnies les plus fortes se développent en achetant les firmes plus faibles à un prix très bas ou s'emparent de leur part du marché lorsque les plus faibles plient bagage.

Et justement, dans les années 1980, bien des compagnies de matériel ferroviaire liquident leurs actifs pour une bouchée de pain. Les anciens géants de l'industrie, dont Pullman, vacillent au bord du précipice, leurs administrateurs sont démoralisés, aspirés dans la spirale descendante des occasions manquées et des ressources qui s'assèchent sans cesse. Une partie de leur problème est qu'elles adhèrent toujours à un modèle d'entreprise onéreux, basé sur la recherche et le développement.

Laurent Beaudoin ne considère pas ce déclin comme une situation irréversible et sans issue. Il est convaincu que l'industrie présente des perspectives d'avenir fort prometteuses, que le transport sur rail sous toutes ses formes s'imposera finalement comme la solution idéale aux problèmes de pollution, de congestion et de consommation énergétique causés par l'automobile et le transport aérien. Fidèle à cette vision, Bombardier achète en 1986 et en 1987 les designs de Pullman et de Budd Co., deux concurrents qui ont dû baisser les bras et quitter l'industrie. La transaction a pour effet de resserrer la mainmise de Bombardier sur le marché nord-américain.

D'autres occasions s'esquissent à l'horizon avec la création prochaine d'un marché commun européen. Au milieu des années 1980, ayant assuré sa domination dans plusieurs réseaux de métro d'Amérique du Nord, Bombardier vise d'autres sommets. Laurent Beaudoin n'est pas homme à s'asseoir sur ses lauriers. Il voit le monde des affaires comme une marée changeante qui crée, à chaque flux et à chaque reflux, une nouvelle horde de gagnants et de perdants. « Il ne faut jamais stagner, avertit-il. Il suffit que vous vous arrêtiez une seconde pour profiter d'une réussite pour qu'un concurrent vous dame le pion[2]. »

À FOND DE TRAIN

Bien que l'industrie ferroviaire nord-américaine ait longtemps été dépeinte comme un secteur en déclin, dans les dernières décennies, les ingénieurs ont continué de perfectionner de nouvelles technologies qui font du train un moyen de transport de plus en plus agréable pour le voyageur. Laurent Beaudoin et son équipe se montrent optimistes et enthousiastes devant les possibilités qui pointent à l'horizon, et ils sont bien décidés à être les premiers à les introduire sur le marché.

Dans cette optique, Bombardier a acquis plusieurs technologies émergentes qu'elle compte mettre en œuvre, mais comme elle se trouve en présence d'un marché relativement vierge où les nouveaux designs sont rares, elle ne peut simplement plus continuer de produire sous licence des équipements créés par un concurrent: pour exprimer le plein potentiel de ces technologies émergentes, elle va désormais devoir investir plus sérieusement dans la recherche et le développement. Au vu de ses capacités de production et d'ingénierie actuelles et de sa situation financière avantageuse, Bombardier est mûre pour prendre ce risque qu'elle a évité jusqu'ici.

Une des technologies que Bombardier compte développer est celle du train à grande vitesse (TGV). Le réseau TGV français est entré en fonction en 1981 et, dès 1984, Bombardier amorce des discussions avec GEC Alsthom (ultérieurement rebaptisée Alstom) en vue d'un accord de coopération lui permettant de fabriquer et de commercialiser le TGV en Amérique du Nord.

C'est au Japon qu'est né le concept du train à grande vitesse : lancé en 1964, le train Shinkansen est le précurseur du TGV actuel.

Dans la plupart des pays, les voies ferrées sont sinueuses ; elles doivent multiplier les courbes pour contourner les obstacles et négocier les terrains accidentés. Lorsqu'un train classique s'engage dans un de ces virages à une vitesse élevée, la force centrifuge est ressentie de façon très marquée par les passagers. Bousculés par cette pression latérale, les voyageurs ont la désagréable impression de se retrouver dans un manège de parc d'attractions et risquent par ailleurs de renverser leur nourriture et leurs boissons. Les trains classiques ralentissent dans les courbes pour éviter ce genre d'inconvénients, ce qui a pour effet d'allonger encore davantage la durée du trajet.

Les réseaux ferroviaires à grande vitesse ne peuvent pas se permettre pareils atermoiements, aussi ont-ils trouvé deux solutions au problème. Certains pays tels la France et l'Allemagne ont construit des voies sans virages, ou à virages très longs et graduels, réservées aux trains à grande vitesse. Au Japon, les trains à grande vitesse passent à travers les montagnes au lieu de les gravir ou de les contourner, ce qui leur permet de poursuivre leur trajet en ligne droite. Les rails des lignes grande vitesse reposent sur des traverses de béton et ne comportent aucun raccord puisqu'ils sont soudés ensemble. Légers et aérodynamiques, les trains qui filent sur ces lignes de conception très particulière sont alimentés par un câble électrique qui est tendu au-dessus de la voie et relié à des postes de transformation.

Plutôt que de dépenser une fortune dans la construction de lignes dédiées, qui nécessitent par ailleurs l'obtention de droits de passage très onéreux, certains réseaux ferroviaires, comme Virgin Rail au Royaume-Uni, préfèrent cantonner leurs trains à grande vitesse aux voies de trafic déjà existantes. Les rames à grande vitesse qui circulent sur ces voies ordinaires sont pourvues d'un mécanisme d'inclinaison qui vient contrer la force centrifuge en amenant les voitures à s'infléchir à l'intérieur de la courbe. Ces trains dits « pendulaires » ne sont pas aussi rapides que les trains à grande vitesse ; en revanche, ils peuvent coûter jusqu'à 10 fois moins que ces derniers.

DÉPART CAHIN-CAHA POUR LE LRC

Il y a déjà quelques années que Bombardier s'intéresse au train à grande vitesse. Laurent Beaudoin et son équipe l'ont introduit en Amérique du Nord en 1978, année où le service ferroviaire américain Amtrak a commandé à Bombardier des voitures LRC (léger, rapide et confortable) pour son réseau interurbain. Le transporteur canadien VIA Rail emboîte bientôt le pas à son homologue américain avec deux commandes totalisant 170 millions de dollars pour une douzaine de locomotives et près d'une centaine de voitures-passagers.

Le LRC est un train grande vitesse de type pendulaire. Ses voitures-passagers légères à caisse d'aluminium sont équipées d'un système d'inclinaison hydraulique qui stabilise les voitures dans les courbes, neutralisant ainsi la force centrifuge. Cette technologie a été développée dans les années 1960 par le laboratoire de recherche de la firme MLW-Worthington Ltd., que Bombardier achète au milieu des années 1970. Une fois l'acquisition réalisée, Bombardier continue de perfectionner la technologie LRC en collaboration avec la Dominion Foundries and Steel Ltd. et avec Alcan Canada Products Ltd.

Les premiers LRC quittent la chaîne de montage en 1980. Avant de livrer sa création à Amtrak, Bombardier en fait la démonstration à ses propres dirigeants, qui sont enchantés de cette nouvelle réalisation. Raymond Royer, qui est alors président de la division du transport en commun de Bombardier, déclare : « Environ 1 500 des 4 500 trains régionaux qui sont en service en ce moment en Amérique du Nord pourront être remplacés par des LRC. C'est un train idéal pour les lignes qui comportent beaucoup de courbes et dont les autorités ne veulent pas reconstruire la plateforme[3]. » Les représentants de Bombardier affirment que le LRC peut attaquer un virage à 195 km/h et qu'il peut parcourir 180 km par litre de carburant.

Henry Valle, vice-président de la planification chez Bombardier au moment du lancement, est l'un des pionniers du LRC. Celui qui a été PDG de MLW avant qu'elle ne fusionne avec Bombardier et qui est impliqué dans le projet depuis le début se montre aussi enthousiaste que Royer: «Nous croyons que le LRC est l'un des meilleurs, sinon le meilleur produit en son genre, dit-il. Personne n'en connaît plus que nous sur les trains à grande vitesse[4]. » Emportés par cette vague d'optimisme, des représentants de VIA prédisent que, grâce au LRC, le Canada disposera bientôt d'un service ferroviaire aussi sophistiqué que celui de la France et du Japon.

Tous ces beaux espoirs s'évanouissent dès la mise en service du LRC. Les problèmes mécaniques et les défauts de conception sont nombreux: on parle de portes qui restent coincées, de moteurs qui ne veulent pas redémarrer, de toilettes gelées et de freins à main défectueux – même les poignées qui servent à ouvrir les portes en cas d'urgence ne fonctionnent pas correctement! Mais le plus grave, c'est que le mécanisme d'inclinaison du système pendulaire connaît des ratés, au point où les opérateurs, la plupart du temps, doivent le désactiver. Un train LRC tombe carrément en panne durant la période d'essai d'Amtrak et doit être remorqué. Lors d'une démonstration devant des journalistes, le système de freinage se met à couler.

Amtrak retourne à Bombardier ses trains défectueux, qu'elle a obtenus de toute manière par l'entremise d'un bail avec option d'achat. Bombardier a espéré récupérer le capital qu'elle a investi dans le LRC grâce aux ventes à l'étranger, ce qui semble peu probable après ce malencontreux retour de marchandise.

VIA n'a pas plus de succès avec ses LRC au Canada. Un rapport de la Société canadienne des transports dresse la liste des problèmes associés au LRC et affirme que ce dernier est responsable de 50 pour cent des retards chez VIA (mais d'autres sources fixent plutôt ce chiffre à 27 pour cent).

Bombardier continue cependant de défendre le LRC. Les représentants de la compagnie soulignent que ce train a été développé avec un budget minime auquel le gouvernement n'a presque pas contribué, les 30 millions de dollars investis par Bombardier n'ayant été agrémentés que d'une maigre subvention de 3,7 millions du gouvernement fédéral. En Europe et au Japon, les gouvernements ont investi des milliards dans le développement de leurs trains à grande vitesse. Sous-financée comme elle l'est, Bombardier n'a pas les moyens de tester ses trains LRC de manière exhaustive et dans un environnement contrôlé ainsi que le font les constructeurs français et japonais.

Les porte-parole de Bombardier soutiennent que le LRC est un bon train, mais qui en est encore au stade de la mise au point – une étape incontournable que toute nouvelle technologie doit obligatoirement traverser.

Certains journalistes sont plutôt de l'avis que le LRC, même s'il est rendu fonctionnel, n'est pas le train approprié pour VIA Rail[5]. Le LRC peut être un choix économique sur le corridor très achalandé qui s'étend de Windsor, en Ontario, à la ville de Québec, sauf qu'une limite de vitesse de 145 km/h est imposée sur cette ligne à cause de la présence de convois de marchandises et de nombreux passages à niveau. C'était à peine 12,5 km/h de plus que la vitesse de croisière d'un train conventionnel. À quoi bon se payer un LRC capable de rouler à 190 km/h quand le réseau impose une limite de 145 km/h ? Peut-être Bombardier et VIA ont-ils espéré que le gouvernement hausse cette limite.

Les détracteurs soutiennent que, même si c'était le cas, le LRC n'est pas un bon choix pour VIA, notamment parce que les rails s'usent beaucoup plus vite lorsque les trains circulent à plus de 145 km/h. De plus, le corridor Québec-Windsor étant relativement rectiligne, on peut douter de la nécessité d'un train pendulaire sur cette voie.

À la grande consternation de ses créateurs, le LRC voit ses commandes se tarir peu à peu. La production est discontinuée en 1984 et Bombardier passe le flambeau de la technologie pendulaire à des manufacturiers étrangers, en particulier italiens. Au milieu des années 1990, les trois quarts des rames pendulaires en construction, en commande ou en service sont des Pendolino conçus et fabriqués en Italie par la firme Fiat Ferroviaria – le circuit ferroviaire sinueux des montagnes italiennes étant l'endroit idéal pour éprouver et perfectionner cette technologie. Le Royaume-Uni, la République tchèque, la Finlande, l'Allemagne, la Malaisie, le Portugal, l'Espagne et la Suisse figurent parmi les pays qui ont adopté le Pendolino. Usant d'une technologie similaire, les trains articulés de la société espagnole Patentes Talgo SA connaissent un certain succès au Canada, en France, en Italie, au Portugal et en Suisse.

LES ALÉAS DE LA GRANDE VITESSE EN AMÉRIQUE

L'amère déception du LRC incite Bombardier à changer sa stratégie. Elle conclut en 1987 un accord de coopération avec le groupe français Alstom. Les deux sociétés veillent à leurs intérêts réciproques: Bombardier fait la promotion du TGV, propriété d'Alstom, en Amérique du Nord; de son côté, Alstom fait la promotion du LRC de Bombardier à l'extérieur du territoire nord-américain. L'entente confie à Bombardier la production du matériel roulant et la gestion globale de tout projet TGV en Amérique du Nord et, réciproquement, Alstom se charge des projets LRC dans le reste du monde.

Plusieurs études font état du potentiel de croissance du train grande vitesse en Amérique du Nord, et c'est ce qui encourage Bombardier à rester dans la course. En 1990, le Carnegie-Mellon Institute estime que les États-Unis dépenseront plus de 200 milliards de dollars au cours des 20 années suivantes pour accroître leur parc de trains à grande vitesse. Amtrak identifie 22 nouveaux corridors ferroviaires reliant plusieurs grandes villes américaines.

Encouragée par ces chiffres, Bombardier investit des millions de dollars dans une vaste campagne de lobbying visant les marchés canadiens et américains. Pierre MacDonald, un ancien militaire et banquier qui a été ministre québécois du Commerce extérieur et du Développement technologique, est engagé à la fin de 1989 à titre de vice-président responsable de la promotion du concept TGV. Durant sa première année en fonction, MacDonald, aidé de son équipe, livre plus de 300 présentations devant des politiciens, des bureaucrates et des gens d'affaires, proposant la création d'une ligne TGV entre Montréal et Toronto – éventuellement étendue à ses deux extrémités jusqu'aux villes de Québec et de Windsor. Le projet comporte de multiples avantages, souligne MacDonald: des milliers d'emplois seront créés; la congestion routière sera soulagée, ce qui entraînera une amélioration de la qualité de l'air; et, finalement, le TGV réduira la durée du voyage entre les deux plus grandes villes canadiennes, portant celui-ci à deux heures trois quarts au lieu des quatre heures et demie actuelles.

Le coût du projet est estimé à 7 milliards de dollars. Bombardier voudrait que le fédéral et les provinces s'engagent à fournir 30 pour cent de cette somme. Le montant est élevé parce qu'il inclut la construction d'une nouvelle voie ferrée composée de rails plus droits et plus résilients qu'un rail traditionnel.

Le groupe helvético-suédois ABB, qui devient par la suite l'un des constituants de la société Adtranz, met de l'avant une offre de 3 milliards de dollars qui requiert une aide gouvernementale minimale. Plutôt que de bâtir à grands frais une voie spéciale pour accueillir le TGV, ABB prône l'utilisation d'un train pendulaire sur les voies existantes. Ce train parcourra la distance entre Montréal et Toronto en trois heures, ce qui n'est que 15 minutes de plus que le dispendieux TGV proposé par Bombardier.

Politiciens et spécialistes du transport forment des commissions et des comités d'étude qui se penchent sur les deux propositions. En 1993, ils rendent leur verdict : les offres de Bombardier et d'ABB sont toutes deux refusées. Politiquement parlant, il est difficile d'accepter la proposition de Bombardier à un moment où les gouvernements sabrent les services dans le but de réduire le déficit. Pourquoi alors rejeter l'option non subventionnée d'ABB ? Les experts et les instances gouvernementales jugent le concept du train à grande vitesse difficilement applicable dans un pays comme le Canada, à la population clairsemée, disséminée sur un vaste territoire. Ce type de projet ne peut être rentable que dans un pays populeux comme le Japon, où l'on compte 26 000 individus par kilomètre de voie ferrée, ou la France, qui en compte 11 000. Au Canada, on ne compte que 4 000 habitants par kilomètre de chemin de fer. « Nous parlons d'une technologie qui ne peut être économiquement viable que s'il y a 10 millions de personnes à chaque bout de la ligne, ce qui est loin d'être le cas au Canada[6] », déclare Michael Tretheway, économiste des transports à l'Université de la Colombie-Britannique.

Parallèlement à la campagne de lobbying menée au Canada, Pierre MacDonald et son équipe partent du principe que le projet a davantage de chances d'être accepté dans un pays doté de plusieurs zones métropolitaines densément peuplées. Ils tentent donc de vendre l'idée d'un réseau de trains à grande vitesse aux autorités américaines. Au printemps de 1991, un consortium dont Bombardier fait partie se voit accorder une franchise conditionnelle d'une durée de 50 ans par l'État du Texas pour la construction et l'opération d'un réseau TGV reliant les villes de Dallas, Austin, San Antonio et Houston. La principale condition rattachée à l'entente est que le système devra être construit sans subventions du gouvernement. Le consortium espère combler l'absence des deniers publics en émettant des obligations à intérêt non imposable, ce qui lui permettra de récolter 1 milliard de dollars US. Mais pour ce faire, il doit d'abord convaincre le Congrès américain de changer les lois fiscales fédérales.

En 1991 et 1992, tandis que le consortium cherche le financement nécessaire à la réalisation du projet américain, Bombardier joue l'atout de sa percée au Texas pour tenter de faire passer sa proposition de TGV au Canada. Son discours est le suivant : si le contrat texan aboutit avant que le Canada accepte le réseau TGV, les Américains feront très certainement pression sur Bombardier pour qu'elle installe ses usines là-bas ; mais si le projet de TGV canadien est mis en branle avant celui du Texas, les nouvelles usines seront probablement établies au Canada.

Au bout du compte, toutes ces tractations s'avèrent vaines puisque le consortium n'obtient pas la permission d'émettre les obligations dont il a besoin pour financer l'entreprise. En décembre 1993, date d'échéance de la première attribution de capital, le consortium ne dispose pas des fonds nécessaires et perd donc ses droits de franchise.

Les espoirs de Bombardier se ravivent au début de 1996 alors que des consortiums dont elle fait partie concluent deux contrats importants. Une première entente est signée en février avec l'État de la Floride pour la construction d'un TGV reliant Orlando, Miami et Tampa Bay à 320 km/h. Fait intéressant, c'est le premier réseau ferroviaire grande vitesse à être financé par l'État – un investissement d'environ 70 millions de dollars US par année sur une période de 25 ans. Mais avant que les travaux ne puissent commencer, il faut traverser un processus d'évaluation et de certification exhaustif, étalé sur trois ans : tous les détails concernant la planification et l'ingénierie sont étudiés ; des analyses environnementales sont effectuées afin de positionner les lignes du réseau de manière à minimiser leur impact sur l'environnement.

En 1999, alors que le processus de certification touche à sa fin, Jeb Bush, fils d'un président américain et frère d'un autre, est élu gouverneur de la Floride. Estimant que le TGV coûte trop cher aux contribuables floridiens, le nouveau gouverneur saborde le projet en retirant l'aide financière promise par son prédécesseur.

Un mois à peine après la signature du contrat floridien, Bombardier conclut une deuxième affaire majeure : un consortium dont elle fait partie triomphe de cinq autres soumissionnaires pour remporter un contrat de 610 millions de dollars US visant la construction de 18 rames grande vitesse destinées au corridor nord-est du réseau Amtrak, qui relie les villes de Boston, New York et Washington. Bombardier va construire les voitures-passagers pendulaires du réseau, une participation dont la valeur se chiffre à 440 millions de dollars US. La société Alstom, son principal partenaire dans l'affaire, fournira les systèmes de propulsion, récoltant ainsi la majeure partie des 130 millions restants.

Parce qu'ils procèdent de la technologie pendulaire, les trains Acela Express qu'Amtrak a commandés peuvent rouler sur les voies existantes, à condition de les améliorer, ce qui permet à la société de transport de réaliser une certaine économie. Et puis, l'Acela coûte beaucoup moins cher que les trains à grande vitesse français et japonais. Si sa vitesse de pointe de 225 km/h n'est pas comparable à celle du TGV ou du Super Hikari, elle réduit néanmoins de 10 pour cent la durée du trajet entre New York et Washington, et de 33 pour cent celle du trajet Boston-New York. Amtrak prévoit que ce rendement accru lui attirera trois millions de passagers de plus par année, ce qui représente des revenus annuels de 150 millions de dollars. La compagnie compte sur ces revenus supplémentaires pour combler les subventions que le gouvernement américain coupera dès 2002. Sa survie même en dépend.

Ce contrat est également d'une importance capitale pour Bombardier : Amtrak prévoit étendre le service grande vitesse à plusieurs autres de ses corridors si cette première incursion obtient le succès escompté. Ce sont 10 années de revenus assurés et plusieurs milliards de dollars qui se jouent ici pour la firme québécoise. Le contrat d'Amtrak contribue par ailleurs à faire de Bombardier la référence nord-américaine en matière d'équipement ferroviaire à grande vitesse.

Lorsqu'on lui demande pourquoi il a attribué le contrat au consortium Bombardier, le président d'Amtrak répond ceci : « Ce n'était pas seulement le prix, mais l'offre globale qui était alléchante. Nous avons soupesé plusieurs facteurs tels le bien-fondé de la technologie, les conditions de financement, les garanties sur la performance à long terme, la fiabilité de l'équipement et le coût de la maintenance[7]. » Bombardier et Alstom s'engagent à trouver eux-mêmes la majeure partie du financement, or, c'est sans doute ce facteur qui, plus que tout autre, a scellé l'entente. Amtrak est à court de liquidités à ce moment-là, et il est fort probable qu'elle aurait eu du mal, eu égard à sa situation précaire, à négocier des conditions de financement acceptables. Le projet bénéficie en fin de compte d'une aide gouvernementale de 200 millions de dollars US, gracieuseté de l'administration Clinton.

Amtrak compte lancer son service grande vitesse à l'automne 1999, une échéance rapide qui incite Alstom et Bombardier à entreprendre la production immédiatement après la signature du contrat. La date de lancement est reportée lorsqu'une première série d'essais révèle que les roues des voitures s'usent prématurément, un problème que l'on attribue à une erreur d'Alstom. Cet impair génère beaucoup de publicité négative, mais ce n'est rien comparé au tollé que causent les manchettes canadiennes au printemps de 2000 lorsqu'elles dévoilent que le consortium mené par Bombardier a décroché le contrat d'Amtrak grâce à un prêt de 600 millions de dollars US adjugé par Exportation et Développement Canada (EDC). La nouvelle ternit quelque peu la victoire de Bombardier, surtout si l'on considère que l'emprunt ne semble pas avoir été accordé pour compenser une quelconque subvention à un concurrent étranger.

Mais les apparences, en ce cas-ci, sont trompeuses. Il est vrai que les autres soumissionnaires (l'industrielle allemande Siemens est arrivée bonne deuxième) n'ont pas obtenu de leurs gouvernements des prêts à taux avantageux comme celui que EDC a consenti à Bombardier, mais contrairement à la firme canadienne, ils ont bénéficié d'une aide gouvernementale substantielle pour développer et implanter leurs trains à grande vitesse. Leurs technologies sont éprouvées justement parce qu'elles sont perfectionnées au sein de projets d'infrastructure subventionnés par leurs gouvernements respectifs.

Considérant la chose sous cet angle, on peut dire que le prêt de EDC est un moyen détourné de compenser le soutien gouvernemental accordé, dans d'autres pays, au développement des technologies ferroviaires. EDC, qui doit en principe répondre de ses actions auprès du ministre du Commerce international, se retrouve néanmoins sur la sellette. Certains critiques prétendent que la société canadienne de crédit à l'exportation prend un risque énorme en prêtant une si grosse somme à Amtrak, que le gouvernement américain menace de démanteler en 2002 si elle ne devient pas profitable. Les porte-parole de EDC répliquent que leur organisation est gérée comme une entité commerciale indépendante, qu'elle génère ses propres fonds en spéculant sur les marchés financiers et qu'elle est seule à accuser les pertes découlant de prêts délinquants – contrairement au Compte du Canada qui, bien qu'il soit administré par EDC, voit ses mauvaises créances couvertes par le gouvernement canadien. L'organisation a donc évalué les risques d'un point de vue commercial et les a jugés acceptables.

Au début, EDC ne veut pas confirmer qu'elle a consenti un prêt à Amtrak et refuse de dévoiler quelque information que ce soit en ce sens. Certains mécontents exigent que le gouvernement révoque l'exemption aux lois sur l'accès à l'information dont jouit cette société de la Couronne. D'autres réclament la tenue d'une enquête par le Vérificateur général du Canada. L'agence de crédit à l'exportation précise que sa politique de confidentialité lui interdit la divulgation de renseignements commerciaux délicats. « Notre organisme a toujours bénéficié de cette exemption qui reflète le fait que ses exploitations seront sérieusement inhibées, voire paralysées, si elle doit procéder à une divulgation complète de ses activités[8] », d'insister Eric Siegel, vice-président de EDC.

Aux États-Unis, un porte-parole d'Amtrak rappelle que les détails du prêt ont été pleinement divulgués le 16 mars 1996 dans un article du *New York Times*, soit juste après la signature du contrat. Amtrak n'a rien à cacher, souligne-t-il, précisant que l'école d'affaires publiques de l'Université Harvard, la John F. Kennedy School of Government, a décerné un prix à Amtrak pour célébrer l'entente exceptionnelle conclue avec Bombardier. S'exprimant pour le Congrès américain, un adjoint attaché au sous-comité des transports relativise la polémique en déclarant : « Je crois que cette affaire nous a fait épargner de l'argent[9]. »

Toute cette controverse ne freine pas l'avancée du train grande vitesse en Amérique du Nord : en décembre 2000, juste avant Noël, l'Acela Express est mis en service. Bombardier a dû traverser maintes crises et embûches pour en arriver là, mais elle a enfin de quoi plaider la cause du transport ferroviaire à grande vitesse en sol nord-américain. C'est la consécration d'une lutte qu'elle mène depuis plus d'une décennie. Dans les années 1980 et 1990, elle a dû composer avec le conservatisme fiscal de gouvernements canadien et américain réticents à financer de grands projets à même les fonds publics, même si les entreprises étrangères bénéficient dans leur pays d'une aide gouvernementale soutenue. Bombardier a également dû tenir tête au lobby des compagnies aériennes, qui font pression contre elle pour empêcher la modernisation du transport ferroviaire.

Par-delà ces obstacles, la vision de Laurent Beaudoin s'est concrétisée. Le chef de Bombardier a fait preuve de persévérance parce qu'il savait que ce n'était qu'une question de temps avant que le service de train à grande vitesse ne soit implanté en Amérique du Nord. Il est convaincu que son usage sera bientôt très répandu – l'accroissement des populations, de la pollution et de la congestion automobile fait du train un moyen de transport de plus en plus attrayant. Le transport ferroviaire à grande vitesse, en particulier, présente une option viable aux côtés du transport routier et aérien sur des trajets de 800 km ou moins entre zones urbaines.

Au début du deuxième millénaire, les gouvernements nord-américains ont affiché des surplus, et les grands projets d'infrastructure ferroviaire ont donc eu davantage de chances d'obtenir un financement public. Bombardier se trouve au seuil d'un marché prodigieux qui peut potentiellement rapporter des centaines de milliards de dollars aux entreprises impliquées. Laurent Beaudoin a eu raison de se montrer persévérant. Le jeu en vaut la chandelle.

LE MONORAIL DISNEY

Poursuivant son acquisition de technologies qui peuvent lui ouvrir le marché américain, Laurent Beaudoin se rend à Disneyland en 1984... et pas seulement pour se faire prendre en photo avec Mickey Mouse ! Il signe avec les dirigeants du célèbre parc d'attractions une entente de licence permettant à Bombardier de construire, d'exploiter et de commercialiser un système de monorail conçu par Disney. Le monorail est contrôlé à partir d'un poste de commande électronique, par l'entremise d'un système d'ordinateurs et de caméras.

Bombardier projette de vendre le monorail de Disney à d'autres parcs d'attractions, mais elle compte aussi adapter la technologie à divers usages – par exemple ce peut être un excellent moyen de se déplacer à l'intérieur d'un aéroport ou de transporter les piétons d'un endroit à un autre dans les grands centres urbains. Du fait de son infrastructure minimale – des cabines légères, ouvertes ou fermées ; un rail surélevé, construit à ciel ouvert, que le véhicule chevauche ou auquel il est suspendu –, le monorail représente aux yeux de Bombardier une possibilité relativement économique aux systèmes de transport souterrains.

Curieusement, les ventes sont lentes à venir. Sept ans après avoir acquis la licence de Disney, Bombardier peut compter les clients du monorail sur les doigts de la main. Fort heureusement, le monorail gagne finalement en popularité, si bien qu'en 1997 on retrouve plus de 80 de ces « convoyeurs de personnes » en service un peu partout dans le monde. Il est présent dans une vingtaine d'aéroports, ainsi que dans plusieurs complexes de casino.

Adtranz est à cette époque le principal concurrent de Bombardier dans ce domaine. Mais Bombardier va bientôt acquérir Adtranz, devenant le plus grand fournisseur de monorail au monde. Matra, Mitsubishi et la firme d'ascenseurs Otis figurent parmi les acteurs les plus en vue du domaine. La plupart des fabricants de monorails visent une amélioration du produit et investissent donc énormément dans la recherche et le développement. Mickey Mouse aurait de quoi être fier.

L'ACQUISITION D'UTDC

Le métro automatisé représente une autre technologie intéressante pour Bombardier. Fonctionnant sans conducteur, comme pour le monorail, les rames de ce type sont contrôlées par caméra et ordinateur à partir d'un poste de commande central. Une poignée de techniciens suffit à faire fonctionner le système. Ici, le traditionnel agent posté à la billetterie est chose du passé : l'usager paie son passage aux guichets automatiques qui sont disséminés dans les stations du réseau. Les seuls employés visibles sur la ligne sont les contrôleurs qui vérifient, de façon sporadique, si les usagers détiennent un droit de passage valide.

Analyste en matière de transport, William Middleton pressent que « la prochaine évolution technologique des métros tendra sans doute vers une automatisation complète des opérations[10] ». L'Union internationale des transports publics (UITP), un organisme basé à Bruxelles qui représente les professionnels et les manufacturiers du secteur des transports, a déclaré dans une étude datant de 1997 que le métro automatisé coûte moins cher et procure un service plus fiable et ponctuel que le métro traditionnel. « Le métro automatisé est plus économique, tant sur le plan de l'entretien que par l'investissement initial qu'il représente, que les systèmes de métro avec conducteur, de conclure le rapport. Il offre par ailleurs un service de meilleure qualité[11]. »

Au moment où l'UITP écrit ces lignes, le Skytrain de Vancouver est le seul métro automatisé d'Amérique du Nord. Lorsqu'il est mis en service en 1986, le Skytrain a l'insigne honneur d'être un des premiers métros du genre au monde. Il comporte trois niveaux : dans le secteur du centre-ville, le réseau est souterrain ; en périphérie, les rames circulent au sol ou sur des voies surélevées. Le service est fiable et rapide : les rames passent toutes les deux minutes durant les heures de pointe et au moins toutes les cinq minutes le reste du temps. Londres, Singapour, Kuala Lumpur, de même que plusieurs villes françaises, japonaises, chinoises et américaines sont converties au métro automatisé.

Après avoir décroché un premier contrat de sous-traitance pour le Skytrain dans les années 1980, Bombardier s'impose comme le principal fournisseur des réseaux de Vancouver et de Kuala Lumpur. Son implication dans le monde du métro automatisé s'approfondit lorsqu'elle achète la Urban Transportation Development Corporation (UTDC), une entreprise que le gouvernement de l'Ontario a fondée en 1974 pour promouvoir le transport en commun à Toronto et qui a développé la technologie associée au Skytrain.

UTDC abrite à l'origine une petite équipe de 40 chercheurs dont le mandat est de développer un système de transport en commun plus économique que le métro et plus fiable que les réseaux mixtes combinant autobus et tramways. Moins de 12 ans après sa création, UTDC est devenue un fournisseur de renommée mondiale comptant deux usines, neuf filiales et plus de 1 800 employés. L'entreprise doit une partie de sa croissance aux commandes d'équipement provenant du Skytrain de Vancouver et, dans une moindre mesure, aux systèmes plus modestes qu'elle a implantés à Detroit et dans la banlieue torontoise de Scarborough. UTDC est également fournisseur d'équipements ferroviaires traditionnels, l'un de ses clients étant le réseau de trains de banlieue ontarien GO Transit, dans la région de Toronto.

En 1985, le gouvernement ontarien décide de privatiser UTDC, qui a dépensé à cette époque plus de 160 millions en fonds publics pour mettre au point une technologie, qui a du mal à s'imposer sur le marché. Le gouvernement ontarien a dû verser 519 millions de dollars en cautionnement et garanties pour sceller les contrats de Vancouver, Detroit et Scarborough, les trois clients se montrant hésitants à appuyer une technologie qui n'a pas encore été éprouvée. En dépit de ces assurances, le produit de UTDC ne trouve plus preneur. Le gouvernement n'entrevoit plus que deux possibilités : soit il continue d'injecter du capital dans UTDC, soit il procède à des mises à pied massives. Ni l'une ni l'autre de ces éventualités n'enchante les dirigeants ontariens, ce qui les mène à envisager une troisième possibilité : la privatisation.

Les états financiers de UTDC affichent des profits de 21 millions de dollars sur des revenus de 560 millions pour les quatre années précédentes ; toutefois, certains analystes estiment que ces chiffres sont comptabilisés de manière à surestimer la rentabilité de l'entreprise.

Dans le courant de 1985, Laurent Beaudoin est approché par la firme Wood Gundy. Le gouvernement ontarien souhaite discuter avec Bombardier de la possibilité de lui vendre UTDC. Des discussions intenses ont lieu durant des mois entre les parties afin de trouver une façon d'établir la valeur de l'entreprise et de structurer le montage financier d'une éventuelle transaction. La vérification diligente est complexe, car il s'agit d'un concurrent direct de Bombardier et l'information doit être filtrée. Par ailleurs, UTDC a plusieurs contrats en cours qu'il faut évaluer à leur juste valeur.

Finalement, le 19 décembre 1985, on en arrive à une offre qui satisfait toutes les parties et, en présence de leurs avocats respectifs, elles en viennent à une entente de principe dont la signature est prévue en janvier 1986, à l'ouverture de la nouvelle session parlementaire. Le premier ministre de l'Ontario, David Peterson, tend la main à Laurent Beaudoin. Le 20 décembre 1985, le *Globe and Mail* titre « Pourparlers sur UTDC avec Bombardier à un tournant, selon Peterson[12] », et rapporte les propos du premier ministre, qui affirme que Bombardier est le seul acheteur sérieux et qu'une offre de Bombardier serait imminente. « Toutes les offres ont été évaluées et, pour autant que je sache, aucune ne semble sérieuse et à-propos[13] », déclare Peterson. Le lendemain, le *Toronto Star* titre à son tour « L'accord avec Bombardier créera une firme nationale, selon Peterson[14] ».

Mais en janvier 1986, coup de théâtre. La firme d'ingénierie canadienne Lavalin veut entrer dans la course. Le gouvernement ontarien revient sur sa parole et rouvre les enchères. Bombardier se retire, considérant que le processus n'est pas équitable puisqu'elle a fait connaître au gouvernement les termes de sa proposition et que celui-ci les a acceptés. Dans un communiqué de presse émis en mars 1986, Laurent Beaudoin commente : « Après une évaluation exhaustive de UTDC, de ses installations, de ses engagements contractuels, de ses carnets de commandes, de son potentiel de développement, nous avons jugé, forts de l'expérience acquise dans le secteur des transports, qu'il n'était pas dans l'intérêt de Bombardier de faire une offre qui se rapproche des attentes du gouvernement de l'Ontario[15]. »

Lavalin achète 85 pour cent de UTDC pour 30 millions de dollars – l'Ontario conservant une participation de 15 pour cent.

UTDC est de nouveau mise aux enchères quelques années plus tard, ses profits s'étant volatilisés après que Lavalin a déclaré faillite en 1991. Soucieux de protéger le patrimoine technologique de la compagnie et de préserver les emplois de ses travailleurs, le gouvernement ontarien reprend le contrôle de UTDC et paie les salaires de ses employés pendant plusieurs mois, le temps de trouver un nouvel acheteur. Le prix, cette fois-ci, est nettement plus bas. Avant de se résigner à déposer son bilan, Lavalin a tenté de rester à flot en puisant dans la caisse et dans les actifs de UTDC ; non contente de soutirer 25 millions à cette dernière, Lavalin a laissé ses installations se détériorer.

Bombardier promet d'investir 30 millions dans la compagnie et de maintenir le niveau d'emploi actuel, ce qui lui permet de l'emporter sur la firme AEG Westinghouse Transportation Inc., de Pittsburgh en Pennsylvanie. Le gouvernement canadien s'engage à verser une subvention de 17 millions de dollars pour aider Bombardier à restaurer les installations négligées. Les analystes du milieu applaudissent la stratégie de Bombardier, le fait de s'être retirée de la course lors de la première vente de UTDC en 1986, pour revenir ensuite, six ans plus tard, conclure l'affaire dans des conditions bien meilleures.

Bombardier vient d'acheter une firme qui fait d'elle le fournisseur de prédilection des sociétés de transport de la région métropolitaine de Toronto, ce qui n'est pas peu dire puisqu'il s'agit du troisième plus gros marché de transport en commun en Amérique du Nord après New York et Chicago. L'acquisition permet en outre à Bombardier de neutraliser, en l'absorbant, un de ses rivaux sur la scène internationale, et de bénéficier du potentiel de croissance des nouvelles technologies qu'UTDC a développées au fil des années.

Si Bombardier prend un risque en misant ainsi sur des technologies nouvelles, son audace ne tarde pas à lui rapporter des dividendes : en 1994, elle forme avec d'autres entreprises un consortium qui remporte un contrat de 1 milliard de dollars pour construire un système de transport collectif automatisé à Kuala Lumpur. La part de Bombardier s'élève à 600 millions, somme pour laquelle elle livre 70 véhicules sur rail d'un design inspiré du Skytrain.

Une autre victoire suit en 1998, alors que Bombardier signe un autre contrat de 1 milliard pour fournir les voitures qui desserviront le nouveau prolongement de 21 km du Skytrain de Winnipeg. La ville de Vancouver se propose elle aussi d'étendre son réseau, mais semble vouloir favoriser la solution plus économique du tramway. Le premier ministre de la Colombie-Britannique, Glen Clark, intervient à la dernière minute pour se prononcer en faveur du prolongement du Skytrain proposé par Bombardier.

Le contrat ne vient toutefois pas sans condition : Bombardier doit accepter d'assembler les voitures du Skytrain en Colombie-Britannique, dans une usine qu'elle bâtira spécialement pour la cause et qui emploiera pas moins de 150 ouvriers à temps complet. Clark et Bombardier envisagent également de créer un centre de recherche, voué au développement des systèmes de métro automatisés et à leur commercialisation dans le monde entier.

Ainsi naît le Centre for Advanced Transit Systems, organisation par laquelle Bombardier et le gouvernement de la Colombie-Britannique entrent dans une forme de partenariat public-privé. L'entente est avantageuse pour Bombardier puisqu'elle lui permet d'acquérir, dans le cadre d'un projet d'infrastructure public, des compétences qui lui sont très utiles sur les marchés étrangers. La province trouve elle aussi son profit dans ce partenariat qui, en plus de fournir au Skytrain de Vancouver son prolongement, donne à la Colombie-Britannique l'occasion de promouvoir le métro automatisé sur la scène internationale. Tous sont convaincus qu'au fil des contrats, l'usine d'assemblage et le centre de recherche généreront des revenus et des emplois.

À LA CONQUÊTE DE L'EUROPE

Très tôt dans sa réflexion stratégique, Bombardier établit la nécessité de s'implanter en Europe pour assurer sa croissance dans le secteur du transport sur rail. La technologie dont elle a besoin est là, ainsi que le marché. Le fabricant canadien se voit ravir des contrats par les Européens qui viennent marauder sur le marché nord-américain. À la guerre comme à la guerre, il leur fera concurrence sur leur propre marché. Dès 1976, il conclut une entente de transfert de technologie avec la belge BN (La Brugeoise et Nivelles), qui deviendra son cheval de Troie pour pénétrer le marché.

Dans les années 1980, les représentants de la Communauté économique européenne (CEE) commencent à s'inquiéter de la compétitivité de leurs industries : les firmes japonaises et américaines sont, dans bien des cas, beaucoup plus efficaces que leurs homologues européens. Cet état de choses est dû en grande partie à la fragmentation des économies nationales en Europe. Les mesures commerciales protectionnistes et les politiques d'achat préférentielles au sein des pays membres de la CEE ont divisé les marchés et contraint la plupart des entreprises à opérer exclusivement dans les confins de leur économie nationale respective.

On assiste donc à une redondance des entreprises dans un même secteur – il y a par exemple 16 fabricants de locomotives en Europe et seulement deux aux États-Unis, alors que les deux marchés sont de taille égale. Prisonnières de cette conjoncture, les compagnies européennes n'ont pas accès aux mêmes économies d'échelle que leurs rivaux étrangers. D'un autre côté, elles opèrent sous un voile de protection nationaliste qui les a rendues indolentes et insensibles aux impératifs des marchés.

Les représentants des nations membres de la CEE se réunissent pour discuter du problème. Au terme de ces pourparlers, ils conviennent de créer un marché commun qui favoriserait la libre circulation des produits, des services, des gens et des capitaux en territoire européen, une initiative qui est mise en œuvre en 1992. Plusieurs secteurs d'industrie sont restructurés, notamment le secteur du transport : au sein du nouveau marché commun, les exploitants de chemins de fer étatiques n'ont plus à favoriser, comme c'était le cas auparavant, les entreprises locales dans leurs achats d'équipement ; ils sont désormais libres de faire affaire avec les fournisseurs de leur choix.

Le marché européen représente une formidable occasion commerciale pour Bombardier, d'une part parce que les réseaux ferroviaires du Vieux Continent sont vétustes et doivent être modernisés – au coût, estimé par Bombardier en 1990, de 4 milliards de dollars par année –, d'autre part parce que le transport ferroviaire y est plus prisé qu'en Amérique du Nord.

Les routes et les aéroports d'Europe, qui desservent une population beaucoup plus dense, sont accablés à cette époque de sérieux problèmes de congestion. En quête d'une solution qui rectifiera la chose tout en favorisant l'unification des marchés européens, les ministres du Transport des pays membres de la CEE formulent un plan de plus de 200 milliards de dollars, étalé sur 20 ans, qui prévoit la rénovation des lignes ferroviaires existantes et la construction d'un nouveau réseau de chemin de fer à grande vitesse s'étendant sur plus de 30 000 km entre l'Écosse et la péninsule ibérique. L'Europe mettra plus d'un quart de siècle à compléter son réseau TGV.

Laurent Beaudoin et Raymond Royer intensifient leur avancée sur l'échiquier européen avant que le marché commun ne soit constitué. Ils optent pour une stratégie d'acquisition menée en force. Bombardier va profiter du besoin de consolidation qui se manifeste dans un marché où il y a trop de petits acteurs solitaires.

Cantonnés dans des marchés fragmentés, les manufacturiers européens sont sous-exploités et peu performants. Mis ensemble, ils auraient une puissance redoutable. Ces acquisitions permettront aussi à Bombardier de tisser rapidement des liens avec la clientèle locale et, dans certains cas, de s'approprier des technologies de pointe dont elle ne dispose pas.

Lorsque la Société générale de Belgique exprime le souhait de vendre une part minoritaire de la belge BN Constructions Ferroviaires et Métalliques, Bombardier saute sur l'occasion : en mars 1986, elle achète, au coût de 13,5 millions de dollars, 40 pour cent de cette entreprise vieille de 135 ans. L'affaire s'avère profitable pour Bombardier, qui entretient depuis 10 ans déjà des liens étroits avec BN, ayant produit ses véhicules légers sur rail sous licence plusieurs années auparavant, et pour la firme belge, qui se dote ainsi d'un partenaire qui sait donner, à l'aube du marché commun, un second souffle à sa production de locomotives, de wagons de marchandises et de voitures-passagers. Bombardier a accès à un laboratoire de recherche de premier ordre et se trouve bien positionnée pour ses efforts de marketing sur le continent européen.

En 1989, Bombardier exerce une option d'achat qui porte à 90 pour cent sa participation dans la BN, une opération de 20 millions de dollars qui lui assure le contrôle des cinq usines européennes de la société wallonne.

Cette même année, Bombardier débourse aussi 23,5 millions pour acheter le deuxième plus important constructeur ferroviaire français, ANF Industrie (les Ateliers du Nord de la France), qui est au bord de la faillite après plus d'un siècle d'existence. Ce fabricant de trains turbo et de voitures-passagers à un ou deux niveaux est un partenaire de longue date du réseau TGV et de la société nationale des chemins de fer de France ; il est également le rival de la firme BN, dont Bombardier vient de se porter acquéreur, et l'un des leaders du consortium Francorail, concurrent de Bombardier sur les marchés nord-américains. En acquérant ANF, Bombardier vise à rationaliser le marché en contrôlant à la fois l'offre et la concurrence, et se dote du même coup de nouvelles compétences techniques et d'un plan de production d'envergure.

C'est la perspective d'une concurrence rendue de plus en plus féroce par l'ouverture des frontières de la CEE qui a poussé ANF dans les bras de Bombardier. L'entreprise française a besoin pour survivre de l'expertise marchande et manufacturière de cette dernière, mais aussi d'un capital qui lui manque pour moderniser ses installations ; 100 millions de dollars seront en fin de compte réservés à cette fin.

La reprise d'entreprise se poursuit en 1990 : Bombardier achète cette fois l'ensemble des actions du constructeur ferroviaire britannique Procor Engineering Limited. Rebaptisée Bombardier Prorail Limited, la filiale se spécialise dans la fabrication de wagons de marchandises et de voitures pour passagers destinées au marché du Royaume-Uni. Cette acquisition, somme toute modeste, porte à quatre le nombre de filiales européennes du florissant empire Bombardier, BN, ANF et Prorail venant s'ajouter à la compagnie de tramways autrichienne Lohnerwerke, que Bombardier a achetée à la fin de 1969. Ce quatuor confère à la firme québécoise une plus grande visibilité en territoire européen. Un observateur dira même que Bombardier est plus en vue en Europe qu'au Canada à ce moment-là, sans doute parce que la presse européenne fait grand cas de chacune de ses acquisitions, alors que les médias canadiens s'y intéressent très peu[16].

L'ODYSSÉE DU TUNNEL SOUS LA MANCHE

L'équipée européenne de Bombardier remporte sa première grande victoire durant l'été de 1989 en concluant une affaire majeure susceptible de lui ouvrir le marché européen tout comme l'a fait le contrat de New York pour l'Amérique du Nord. L'entreprise fait partie d'un consortium qui signe un contrat de 800 millions de dollars avec le consortium franco-britannique Eurotunnel SA, qui assurera la gestion du Tunnel sous la Manche à partir du 15 décembre 1993, date prévue de la fin des travaux.

L'idée n'est pas d'hier. En 1802, Albert Mathieu-Favier, un ingénieur minier français, a été le premier à dresser les plans d'un tunnel permettant aux voitures hippomobiles de circuler entre l'Angleterre et le continent; le projet se serait sans doute concrétisé, n'eût été les guerres napoléoniennes. En 1851, un ingénieur britannique a proposé de relier la France et l'Angleterre à l'aide d'un tube métallique géant déposé au fond de la Manche. Les Français et les Anglais commencent à creuser un tunnel de chaque côté du détroit dans les années 1880, mais les travaux ont été interrompus parce que chaque nation craignait que l'autre utilise le passage à des fins militaires. Un nouveau projet de tunnel a été mis en œuvre au début des années 1970, puis abandonné lui aussi dû à des considérations environnementales et à un climat économique défavorable.

En 1989, Bombardier se voit confier la conception et la construction de 252 navettes sur rail, à un ou deux niveaux, qui prendront les véhicules routiers en charge lors de la traversée du tunnel. La conception des navettes et la fabrication des caisses (parois extérieures et plafonds) s'effectuent à l'usine de La Pocatière, tandis que l'assemblage final est fait dans les usines de France et de Belgique.

L'expertise que Bombardier a acquise en construisant les rames en acier inoxydable du métro de New York est l'un des facteurs qui jouent en sa faveur, l'air salin et humide du Pas-de-Calais exigeant l'usage de matériaux à l'épreuve de la corrosion. Le fait que la ligne d'alimentation électrique du réseau passe par la Belgique garantit de toute manière à Bombardier, en tant que propriétaire majoritaire de la firme belge BN, une part de participation dans le mégaprojet. En effet, le marché commun de la CEE ne va devenir réalité que deux ans plus tard, si bien que les constructeurs locaux conservent dans l'intervalle leur statut de fournisseurs privilégiés. L'analyste financier Fred Schilling de la firme de courtage BMO Nesbitt Burns déclare que Bombardier est « idéalement positionnée[17] » pour boucler l'affaire.

Si au début tout semble aller comme sur des roulettes, le contrat devient vite un véritable bourbier. Le consortium qui s'est vu confier la construction du tunnel, TransManche Link (TML), apporte de nombreux changements au cahier des charges ; Bombardier se voit forcée de modifier ses plans des navettes, ce qui retarde sa production et lui cause de lourds dépassements de coûts. Plusieurs de ces changements ont pour objectif de rendre les navettes plus sécuritaires en cas d'incident grave – dans l'éventualité d'un attentat à la bombe mené par un groupe extrémiste, par exemple. Une modification relative à la taille des portes – TML exige qu'elles soient plus larges afin de permettre l'accès aux personnes en fauteuil roulant – occasionne à elle seule un retard de six mois.

Ce projet est une première à plusieurs égards par ses particularités techniques liées, notamment, aux dimensions des wagons, aux normes de sécurité applicables en tunnel, au conditionnement de l'air et de la ventilation qu'exige la présence de véhicules motorisés à bord. Il représente pour Bombardier un défi colossal, mais aussi l'occasion de se dépasser sur le plan technologique et de se faire connaître en Europe.

Le client de Bombardier, TML, affronte bientôt une explosion généralisée des coûts du projet et se retrouve en litige avec son propre client, la société Eurotunnel, coprésidée par Sir Alistair Morton. La complexité des véhicules exige de nombreuses modifications au fur et à mesure de la progression des travaux. Les modifications demandées par TMS entraînent des retards pour Bombardier, qui est déjà avancée dans l'ingénierie et la fabrication des composants. De plus, à chaque changement, elle doit soumettre les dessins au client pour que celui-ci les approuve. Mais, à bout de ressources financières, TransManche Link tarde à donner les autorisations à Bombardier, tout en continuant de demander des modifications et à exiger qu'on lui livre les véhicules.

L'équipe de Bombardier fait valoir qu'elle ne peut livrer les véhicules sans une approbation préalable des dessins modifiés, faute de quoi le client pourra alléguer ensuite que les travaux effectués ne sont pas conformes à ses demandes, et prendre ce prétexte pour refuser de payer. La mésentente s'installe entre les deux parties.

Les énormes wagons s'accumulent dans l'usine de BN en Belgique, tandis que La Pocatière continue de produire les sous-ensembles au Québec pour les acheminer par bateau, par train et par barge jusqu'à leur destination outre-Atlantique.

Au début de mars 1993, devant le refus de TML de fournir les approbations nécessaires qui permettraient à Bombardier de livrer les véhicules, Laurent Beaudoin joue le tout pour le tout et prend une décision risquée. Bombardier annonce par communiqué de presse qu'elle interrompt unilatéralement la fabrication de wagons destinés au tunnel sous la Manche à son usine BN de Bruges, en raison d'une congestion totale de la ligne de production.

L'aristocratique Sir Alistair Morton, coprésident d'Eurotunnel, est soufflé par l'audace du fabricant canadien. Il tente de lui tenir la dragée haute et multiplie les déclarations publiques pour tenter de faire porter à Bombardier l'odieux de la situation et du retard que subira l'ouverture du Tunnel. Imperturbable, Bombardier ajoute l'atteinte à la réputation aux dommages réclamés. Eurotunnel lui intente une poursuite et tente d'obtenir une injonction pour forcer la reprise de la production. Laurent ne bronche pas ; quand il a pris une décision, il s'y tient avec fermeté.

Le risque est pourtant grand pour Bombardier. Elle a garanti l'exécution du projet contre un bon de performance de 2 milliards. TML peut décider de tirer la corde et de se tourner vers un autre fabricant pour finir le contrat. Mais Laurent est prêt à soutenir le bluff. Il sait que le client a besoin de ces véhicules pour ouvrir le tunnel, qu'un autre fabricant ne peut reprendre le contrat sans retarder les travaux de deux ou trois ans. Il fait donc le pari qu'ils n'auront pas d'autre choix que de s'asseoir et de négocier une entente.

Le bras de fer dure trois mois. Finalement, le week-end avant de se présenter en cour, Laurent Beaudoin, assisté par l'ingénieur en chef Gaston Hébert qui connaît à fond le dossier technique, parvient à une entente négociée avec Sir Morton. Le 7 juin 1993, Bombardier annonce que les approbations souhaitées sur les wagons du tunnel ont été obtenues et que l'usine de Bruges reprend la production.

En dépit de ce dénouement, le litige financier avec TransManche Link au sujet du dépassement des coûts est maintenu. Il faudra encore beaucoup de négociations avant que, en décembre 1993, Bombardier annonce l'obtention d'un dédommagement de quelque 400 millions de dollars, composé d'une somme de 157 millions de dollars et de quelque 25 millions d'actions d'Eurotunnel, dont le cours en Bourse est alors d'environ 10 $. La compensation est très inférieure à sa réclamation de 746 millions de dollars, mais Bombardier indique que la différence provient essentiellement du retrait des dommages à la réputation inclus dans sa réclamation initiale. En fait, la réalisation du contrat sert bien sa réputation et constitue un apport technologique important.

Maintenant que l'affaire est réglée et la date d'ouverture du tunnel reportée au printemps de 1994, Bombardier peut livrer enfin les navettes déjà terminées. Bien que la compagnie soutienne toujours que sa réputation ait été lésée, ses représentants européens s'enorgueillissent du travail effectué lors du prestigieux contrat. « C'est toute une référence que de pouvoir dire à tout le monde que nous avons complété une technologie aussi sophistiquée[18] », déclarera Christian Dotte, directeur de la production chez ANF-Industrie.

Les navettes sont effectivement à la fine pointe de la technologie ; il y a dans chacune d'elles un ordinateur qui régit absolument toutes les fonctions, de la climatisation au système d'échappement en passant par le freinage. On a aussi innové au niveau de la sûreté – chaque voiture peut par exemple contenir un incendie pendant une demi-heure. L'usage de matériaux légers habituellement employés dans la construction d'avions permet d'intégrer les systèmes et technologies requis sans dépasser le poids précisé dans le cahier des charges. « Le niveau de technologie appliqué ici est sans précédent[19] », affirme un cadre supérieur de la compagnie.

Au dire d'un observateur, le fait que Bombardier a restructuré ses exploitations en Europe une fois le contrat terminé suggère qu'il y a eu possiblement un manque de planification et de coordination des quatre filiales européennes[20]. Au terme du projet, Bombardier réduit en effet ses effectifs administratifs en rassemblant ces sociétés autonomes sous le chapiteau d'une société de portefeuille qui portera le nom de « Bombardier Eurorail ». Un ex-cadre dirigeant de la firme de machinerie lourde Caterpillar Inc., Bernard Sorel, qui a ensuite été nommé président de BN, en devient le président. Sa mission consiste à créer une synergie entre les unités européennes, à leur donner une vision d'entreprise commune qui aura pour effet de les unifier.

Bombardier ne tire pas grand profit de ses actions d'Eurotunnel. Bien inférieur à ce que l'on avait escompté, l'achalandage initial du tunnel ne suffit pas à couvrir ses frais d'exploitation, ce qui entraîne les titres d'Eurotunnel dans une longue glissade. Déjà à la fin des années 1990, elles ne valent plus rien et Bombardier se délestera de ses actions d'Eurotunnel, récupérant ainsi 60 millions de dollars de cet actif dont la valeur originelle se chiffrait à 243 millions de dollars. Le coût financier aura été lourd, mais les retombées technologiques, le gain en crédibilité et la valeur de l'apprentissage seront inestimables.

UNE SALVE D'ACQUISITIONS : DE TALBOT À ADTRANZ

Les problèmes que Bombardier a connus au début de son expansion en Europe n'ont pas réussi à stopper son avancée. Au début de 1995, elle achète le constructeur allemand Waggonfabrik Talbot KG pour 130 millions de dollars, comptant. Cette entreprise familiale fondée en 1838 et gérée par cinq générations successives de Talbot est un chef de file mondial dans la conception et la fabrication de voitures ferroviaires à deux niveaux et de bogies. Les 1 250 employés de la Waggonfabrik viennent gonfler de 33 pour cent l'effectif de Bombardier Eurorail – la compagnie compte désormais 5 000 employés. Bombardier ne tarde pas à être récompensée de cette acquisition : l'année suivante, la société allemande des chemins de fer, la Deutsche Bahn AG, lui commande 120 voitures et locomotives diesel au prix de 340 millions de dollars.

Fin 1997, Bombardier fait mainmise sur Deutsche Waggonbau AG (DWA), qui a été le plus grand fabricant de véhicules ferroviaires au monde avant la chute de l'Allemagne de l'Est en 1990. Au plus fort de ses activités, la compagnie a compté 25 000 employés et 21 usines desservant des marchés de l'Union soviétique. Waggonbau a connu après l'effondrement des marchés communistes en 1989 une pénible période de restructuration. Elle a été acquise en 1996 par la société américaine d'investissement Advent International. DWA a fait l'objet d'investissements de près d'un milliard de dollars dans de nouveaux équipements et de nouvelles installations, ceci après avoir été délestée de plus des trois quarts de ses ouvriers. Bombardier voit cette acquisition comme un tremplin vers les pays de l'Est et leurs chemins de fer en mal de modernisation.

En achetant Deutsche Waggonbau, Bombardier accède à l'échelon supérieur de l'industrie de matériel ferroviaire européenne. Ses trois principaux adversaires sur ce marché sont Siemens, Adtranz et Alstom, cette dernière étant sans doute le plus redoutable des trois. Fondée dans les années 1980 sous le nom de GEC-Alsthom, Alstom est à l'origine une coentreprise créée pour conjuguer les ressources de deux grands industriels européens : la société britannique Marconi, connue auparavant sous le nom de General Electric PLC, spécialisée dans l'électronique et l'ingénierie et Alcatel Alsthom, géant français des télécommunications et de l'industrie ferroviaire. En 1998, les deux sociétés mères forment une entité indépendante qui vend un peu plus de la moitié de son capital sur les Bourses de Londres, de Paris et de New York. Rebaptisée Alstom, la nouvelle société se redéfinit peu à peu, absorbant d'autres compagnies et délaissant certains secteurs d'activité périphériques. En 2000, un peu moins de la moitié de ses 140 000 employés sont affectés à sa division d'équipement ferroviaire, qui produit des systèmes de transport intégrés incluant divers types de locomotives et de matériel roulant.

Siemens n'est pas un rival aussi redoutable qu'Alstom. Une commande de tramways passée en 1992 par la Ville de Cologne a fait de Bombardier la première compagnie étrangère à empiéter sur le territoire de Siemens ; Bombardier a raflé le contrat en soumettant une offre environ 25 pour cent moins chère que celle de son concurrent allemand, une disparité qui illustre la différence de structure de coûts des deux compagnies.

Cette première défaite au sein de la mère patrie persuade Siemens de la nécessité de rationaliser ses coûts en fonction des nouvelles réalités du marché, une démarche qu'elle amorce par une réduction radicale de sa masse salariale, congédiant 20 pour cent de ses 13 700 employés. Dans un deuxième temps, Siemens fait pression auprès de ses fournisseurs afin qu'ils baissent leurs prix. Une troisième mesure l'amène à changer son approche d'ingénierie, l'environnement protectionniste auquel elle est accoutumée l'ayant habituée à pécher du côté de la surconception pour récupérer ensuite les coûts excédentaires en gonflant les prix. Ayant procédé jusque-là à l'inverse, il était devenu impératif pour elle d'ajuster ses paramètres de conception en fonction des coûts.

Le troisième adversaire européen de Bombardier, Adtranz, est né en 1996 de la fusion des intérêts ferroviaires de Daimler-

Chrysler (qui s'appelait Daimler-Benz à l'époque) et du conglomérat industriel suédois ABB. Bénéficiant au départ d'une main-d'œuvre de 25 000 employés, la nouvelle société connaît plusieurs années déficitaires en raison d'une concurrence accrue et de problèmes internes de redondance. Le président d'Adtranz se permet néanmoins, dans une allocution prononcée à Toronto en 1999, de proclamer que sa compagnie surpassera bientôt Bombardier pour dominer le marché nord-américain[21]. Cette attaque vient après l'acquisition de Deutsche Waggonbau par Bombardier, acquisition qu'Adtranz considère comme une invasion de son territoire. Ce genre de braconnage se pratique dans les deux sens, insiste le président, aussi Adtranz entend développer sa présence en Amérique du Nord.

La concurrence est certes féroce. Il n'empêche que dès 1998, avec une douzaine d'usines disséminées sur le territoire européen, Bombardier peut se vanter d'avoir assuré sa place parmi les grands noms du secteur ferroviaire. Bien qu'elle soit l'un des constructeurs les plus efficaces sur ce marché, elle sait que ses opérations gagnent à être optimisées, qu'elle peut économiser des millions en fermant ses usines moins performantes et en transférant leur production à celles qui le sont davantage.

Le problème est que, dans le marché prétendument unifié de la Communauté économique européenne, ce sont encore les entreprises qui conservent une présence locale qui se voient accorder les contrats. Au sein de ce marché fragmenté, les opérations ferroviaires de Bombardier ont dû se contenter d'une maigre marge de profit de 5 pour cent pour l'année financière 2000, soit la moitié de ce que rapporte la division aéronautique.

Les dirigeants de l'entreprise décident de faire contre mauvaise fortune bon cœur. Le président de Bombardier Transport affirme que l'essentiel est de disposer « d'un certain nombre d'opérations qui se complémentent et qui sont de taille appropriée[22] ». En d'autres mots, il faut que les usines et leurs équipes de travail coordonnent leurs activités de façon à saisir les occasions qu'offre le marché.

Une occasion en or s'esquisse justement en Angleterre, où la tendance est à la déréglementation et à la privatisation des chemins de fer nationaux, que des décennies de gestion publique et de réglementation restrictive ont rendues inefficaces et déficitaires. Le gouvernement britannique procède au cours des années 1990 à un allégement de ses règles et entreprend de vendre ses réseaux ferroviaires au privé. Plus motivées par le profit que leurs homologues du secteur public, les entreprises privées mettent très certainement un frein au gaspillage et au désordre qui ankylosent le système.

Les compagnies qui achètent les franchises ne possèdent pas les installations et l'équipement nécessaires au maintien de leur matériel roulant. Un constructeur ferroviaire, en revanche, peut offrir ce genre de service aux nouveaux exploitants, et ce, à prix avantageux. Bombardier saute sur l'occasion : en 1998, la filiale de transport ferroviaire du groupe Virgin, Virgin Rail, lui accorde un contrat de 2 milliards de dollars ; plus de la moitié de cette somme est liée à une entente par laquelle Bombardier s'engage, pour les 15 années à venir, à assurer la maintenance et le bon fonctionnement d'équipements qu'elle a elle-même vendus à Virgin Rail.

Au printemps 2001, Bombardier porte un coup décisif à l'industrie ferroviaire européenne en achetant Adtranz, dont Daimler-Chrysler veut se débarrasser, d'une part parce qu'elle y perd de l'argent, d'autre part parce qu'elle veut se concentrer sur sa production d'automobiles. Bombardier a les moyens de réaliser une telle acquisition grâce au succès phénoménal qu'a connu sa division aéronautique tout au long des années 1990. En achetant Adtranz, Bombardier ajoute à son expertise la maîtrise de la propulsion et des systèmes électriques, ce qui fait désormais d'elle un constructeur pleinement intégré de la trempe d'Alstom. Avec Adtranz dans son giron, la division ferroviaire de Bombardier double son chiffre d'affaires : des revenus de 8 milliards de dollars par année font d'elle le plus grand fabricant de matériel roulant au monde.

Bombardier a connu un succès remarquable dans le domaine du transport sur rail, d'une part parce qu'elle a su engranger des contrats majeurs avec ses voitures de métro, d'autre part parce qu'elle a acquis au moment opportun des constructeurs qui détenaient les compétences et les technologies nécessaires à son avancée. L'entreprise aura mis 25 ans, tout au plus, à gravir les échelons de l'industrie : ayant débuté au bas de l'échelle au milieu des années 1970, elle s'impose aujourd'hui comme le chef de file mondial en la matière.

Plusieurs facteurs ont encouragé son ascension. Il y a d'abord le fait qu'elle n'a pas hésité à faire l'essai de nouvelles techniques manufacturières. Sa décision de faire passer les besoins du marché avant les considérations d'ordre technologique a indéniablement contribué à sa réussite, de même que sa capacité à obtenir des conditions de financement avantageuses pour ses clients et à former des partenariats public-privé. Mais l'élément le plus important, et qui est sans doute la clé de son succès, c'est la qualité de sa gestion, de sa culture d'entreprise et de ses gens.

TROISIÈME PARTIE

CHAPITRE 6

L'envol de l'aéronautique

UN PARI AUDACIEUX

Au milieu des années 1980, fort du succès de la diversification du transport-passagers sur rail, Laurent Beaudoin se sent prêt à ajouter une troisième corde à l'arc de Bombardier, un troisième champ d'activité qui viendra équilibrer de nouveau la trajectoire de croissance de l'entreprise.

La diversification de Bombardier dans le domaine de l'aéronautique a été rendue possible par le succès de sa division du transport en commun dans les années 1980. Les produits récréatifs continuent de faire bonne figure au sein du groupe, mais leur performance ne peut se comparer à celle de la division du transport en commun, qui génère de plus en plus de liquidités, ce qui fait monter le prix des actions, permettant ainsi à la compagnie d'émettre de nouveaux titres. Forte de cet influx de capital, Bombardier se lance dans une série d'acquisitions et d'investissements visant à développer encore davantage son groupe de transport en commun. Laurent Beaudoin sent qu'il est temps d'étendre les compétences de Bombardier, ainsi qu'il l'a fait au milieu des années 1980, vers de nouveaux champs d'activité venant contrebalancer les gammes de produits existantes.

Ce besoin de diversification que ressent Laurent était mû par son désir de créer une corporation durable qui survivra à la famille Bombardier et qui « donnera aux Canadiens français une place dont ils seront fiers dans le secteur manufacturier, voire sur le plan international[1] ». Contrairement à la plupart des hommes d'affaires québécois, il n'est pas intéressé à vendre son entreprise à des intérêts étrangers : il veut que Bombardier demeure une compagnie indépendante afin qu'elle puisse devenir un monument à la gloire de la famille fondatrice et des Canadiens français – une intention qui inclut éventuellement tous les Canadiens.

Un journaliste d'affaires fait remarquer que la diversification de Bombardier dans le domaine de l'aéronautique s'est effectuée d'une manière telle qu'elle défie la logique conventionnelle : « Rares sont les gourous de la finance qui suggèrent à une entreprise de se diversifier en achetant une série de compagnies qui sont au bord de la faillite, écrit-il. C'est pourtant ainsi que Laurent Beaudoin construit la division la plus prospère de son entreprise, celle de l'aéronautique[2]. » Impressionné par les qualités de négociateur et d'homme d'affaires du chef de la direction de Bombardier, un autre journaliste écrit : « Le livre de Donald Trump, *The Art of the Deal*, aurait pu être écrit par Laurent Beaudoin[3]. »

Professeur à la Harvard Business School et membre du conseil d'administration de Bombardier, Hugo Uyterhoeven attribue le succès de Laurent à sa manière à la fois combative et prudente de brasser des affaires et au fait qu'il est un « entrepreneur discipliné ». « Il a le cœur et l'âme d'un entrepreneur, dit Uyterhoeven, mais il est aussi comptable de formation. Bien que conflictuels en apparence, ces deux traits jouent à l'avantage de Bombardier. Beaudoin [...] allie l'approche prudente du comptable à celle, plus aventurière, de l'entrepreneur qui aime prendre des risques[4]. »

Laurent et son équipe ont tiré de l'expérience en transport des leçons capitales qui les aideront, bien des années plus tard, à échafauder la division aéronautique de son entreprise. Ils ont appris tout d'abord qu'il faut examiner une compagnie sous toutes ses coutures avant de l'acheter : par-delà les comptes et les états financiers, il faut procéder à une étude exhaustive de la situation, tout vérifier avec diligence et dans les moindres détails, identifier les forces en jeu, la réalité du marché et la concurrence. Il faut aussi s'assurer que la culture et les valeurs de l'entreprise candidate sont compatibles avec les valeurs et la culture d'entreprise de Bombardier, ou du moins qu'elles ne sont pas en opposition.

La direction a également appris à cibler les marchés de niche. En orientant son expansion vers des marchés auxquels ses principaux concurrents ne sont pas intéressés, Bombardier augmente ses chances de réussir une percée, voire d'imposer sa dominance. Au cœur des différents moyens que Laurent Beaudoin et son entreprise emploient pour devancer la concurrence, il y a la nécessité de constituer, à la suite de l'acquisition ou de l'investissement initial, une masse critique par l'acquisition d'autres entreprises appartenant au même créneau. La consolidation de plusieurs compagnies en une entité unique permet d'abaisser les coûts de production et de rationaliser l'offre sur le marché concerné.

Laurent ne se laisse pas rebuter si la compagnie convoitée comporte des lacunes : Bombardier y remédiera grâce à ses compétences de fabrication et à son expertise en matière de marketing. Il s'intéresse souvent à des compagnies qui affichent un certain potentiel de croissance et qui n'ont pas les moyens de commercialiser les technologies embryonnaires, mais prometteuses qu'elles ont développées. En achetant des compagnies en difficulté et en y injectant du capital, Bombardier parvient à concrétiser leur potentiel de croissance.

Cette stratégie permet par ailleurs à Bombardier de suivre les courants macroéconomiques : elle achète davantage d'entreprises durant la phase descendante du cycle économique, alors que les prix sont à la baisse ; en période de relance, plutôt que de payer le prix fort pour de nouvelles acquisitions, elle procède au redressement des entreprises qu'elle possède déjà.

Laurent est un fin négociateur qui n'hésite pas à abandonner une affaire quand les conditions ne lui plaisent pas. C'est sans doute là l'élément le plus crucial de son approche. « J'ai suivi tout au long de ma carrière un principe que tous les gens d'affaires devraient respecter, a-t-il dit un jour. Et ce principe, c'est qu'il ne faut jamais vouloir une chose à tout prix. Ménagez-vous toujours une porte de sortie, peu importe la transaction dans laquelle vous vous engagez[5]. »

Aux côtés de Laurent Beaudoin, un homme a joué un rôle-clé dans les grandes acquisitions responsables de la croissance de Bombardier entre la fin des années 1980 et la fin des années 1990. Bary Olivella, vice-président aux acquisitions, a fait preuve d'un flair, d'un esprit d'analyse et d'un art de la négociation qui ont valu à Bombardier parmi ses plus beaux coups de filet.

Si on doit comparer le style de Bombardier à quelque chose, on pourrait dire qu'elle est comme ces golfeurs professionnels qui se concentrent sur leur propre jeu et ne se laissent pas influencer par la performance d'un rival. Bombardier a toujours misé sur le coup le plus sûr et a toujours évité les risques inutiles : jouer à court et éviter l'obstacle plutôt que de tenter le tout pour le tout et se retrouver dans l'eau avec un coup de pénalité en prime.

En tant que négociateur, Laurent est d'une patience à toute épreuve ; il ne s'est jamais montré empressé de boucler une affaire. « Je considère les occasions d'affaires au fur et à mesure qu'elles se présentent, confie-t-il. Il est important d'avoir une vue d'ensemble, de bien connaître le marché et la concurrence, et d'avoir une bonne idée de ce qu'on veut accomplir. À partir de là, il suffit de rester à l'affût des bonnes affaires[6]. » Même lorsque ses concurrents font mine de sauter sur une occasion, Bombardier garde la tête froide. C'est l'une de ses grandes qualités.

Certains ont qualifié d'opportuniste la tactique de diversification de Bombardier. Lors d'une entrevue en 1995, Laurent déclare que « parfois, le meilleur plan, c'est de réagir aux occasions à court terme[7] ». Le chef de la direction de Bombardier donne souvent l'impression d'improviser sa stratégie de diversification, sans doute parce qu'il n'a jamais cherché à orienter l'entreprise vers un secteur en particulier. Chaque nouveau champ d'activité s'est pour ainsi dire imposé de lui-même, par une intervention égale de la chance et de la volonté.

LES TENTATIVES DE DIVERSIFICATION ANTÉRIEURES : LE SECTEUR DE L'AUTOMOBILE

Bombardier a considéré plusieurs avenues de diversification avant de prendre le tournant de l'aéronautique. Au milieu des années 1980, une commande de 2 800 camions pour les Forces armées canadiennes initie l'entreprise à la construction de véhicules militaires. Les véhicules en question sont fabriqués à Valcourt par une équipe dirigée par Yvon Lafortune, selon un modèle créé par American Motors General (AMG). L'armée canadienne commande peu après à Bombardier 1 900 jeeps militaires Iltis, qui seront fabriquées sous licence Volkswagen AG.

Un an plus tard, Bombardier tourne cette nouvelle expérience manufacturière en occasion d'exportation et remporte une commande du gouvernement belge pour 2 500 jeeps Iltis. Toutefois, pour supplanter les autres soumissionnaires, la firme québécoise a dû recourir à une entente compensatoire particulièrement agressive par laquelle le gouvernement canadien s'engage à acheter des marchandises belges pour une valeur équivalant à trois fois celle du contrat accordé à Bombardier. (La norme pour ce type d'entente en Belgique est d'environ une fois la valeur du contrat, alors qu'au Canada on ne demande habituellement que 60 pour cent en valeur compensatoire.)

À la fin de la décennie, Bombardier ne fabrique déjà plus de véhicules militaires en quantités significatives. Son incursion dans le secteur militaire ne connaît pas le succès retentissant de sa division du transport en commun. La chose s'explique ainsi: alors que, dans le domaine du transport en commun, le contrat d'infrastructure du métro de Montréal a permis à Bombardier d'acquérir des technologies et des compétences exportables, l'expérience dans le domaine du véhicule militaire ne se solde pas par une capacité viable d'exportation. L'expertise et les politiques d'achat préférentiel des gouvernements étrangers en matière de dépenses militaires sont autant d'obstacles que Bombardier ne peut surmonter. L'entreprise ne possède aucun atout qui puisse assurer son implantation dans ce créneau, et il devient évident qu'elle ne pourra jamais obtenir des contrats militaires importants à l'étranger sans qu'une compensation déraisonnable soit exigée du gouvernement canadien. Et surtout, elle ne peut pas compter sur le marché local: le gouvernement canadien, après le changement du parti au pouvoir en 1984, se retire du projet de centre d'excellence qu'il avait formé avec Bombardier. Le gouvernement conservateur choisit d'acheter ses camions militaires de Lavalin en 1988, ce qui coupe l'herbe sous les pieds de Bombardier.

Avant de s'engager dans l'aéronautique, Bombardier songe également à fabriquer une microvoiture adaptée au climat et au marché nord-américain. Abordant la chose comme une initiative majeure, la compagnie amorce une étude exploratoire d'envergure qui se penche sur la praticabilité et la viabilité d'un tel produit en Amérique du Nord. Une chose est certaine, c'est que la petite trois cylindres que Bombardier se propose de construire sera idéale pour négocier les artères congestionnées des grandes villes. Les étudiants et les familles en quête d'un second véhicule en sont la clientèle cible.

L'étude effectuée par Bombardier a pour objectif de quantifier la demande potentielle du produit, d'évaluer les coûts de production, d'analyser les exigences techniques du projet et de concevoir des prototypes. Le design des voitures ainsi que l'essentiel des composants proviennent du constructeur automobile japonais Daihatsu, partenaire de Bombardier dans l'affaire. Le fabricant nippon contribue à l'entreprise en offrant un soutien technique et financier, et Bombardier fournit les installations et équipements nécessaires à l'assemblage d'une microvoiture adaptée aux hivers canadiens. Bombardier s'attend en outre à recevoir une aide gouvernementale équivalant « à celle accordée aux autres projets d'assemblage automobile au Québec et en Ontario[8] ».

Baptisée « Projet Vénus », l'initiative doit être mise en branle en 1991, avec une production annuelle estimée à 200 000 unités. Mais Bombardier interrompt ses démarches en 1987 lorsque des études remettent en cause la taille du marché visé. Deux autres facteurs incitent Bombardier à stopper les machines : premièrement, le yen a pris de la valeur depuis les débuts des négociations avec Daihatsu, ce qui hausse considérablement le prix de revient des pièces et du groupe motopropulseur que Bombardier compte employer ; deuxièmement, la plupart des usines automobiles du monde ne fonctionnent qu'à environ 65 pour cent de leur capacité à ce moment-là, si bien que les grands constructeurs automobiles ont la latitude nécessaire pour faire concurrence à Bombardier si le créneau s'avère lucratif[9].

L'ACQUISITION DE CANADAIR (1986)

Bombardier en est à reconsidérer son projet de microvoiture lorsque Aaron Hollander et Michael Culver, fils de l'ex-PDG de la société Alcan, David Culver, font à Laurent Beaudoin une proposition inattendue : associés dans une firme d'investissement spécialisée dans l'aéronautique, Hollander et Culver suggèrent que Bombardier fasse l'acquisition de la compagnie aérienne Canadair, où Culver a travaillé auparavant. Les jeunes hommes donnent à Laurent un rapport à lire et lui conseillent de soumettre une offre. Connaissant les problèmes de Canadair, le président de Bombardier accueille la proposition avec scepticisme.

Il est vrai que Canadair a connu des jours meilleurs depuis sa fondation en 1911, alors qu'elle était une filiale de la firme britannique Vickers and Sons. Elle a fabriqué des hydravions à coque pour la Gendarmerie royale du Canada dans les années 1920, puis s'est concentrée sur la production d'avions militaires durant la Deuxième Guerre mondiale. L'entreprise de défense américaine General Dynamics Corp. a acheté la compagnie en 1947 et fait fonctionner son usine à plein régime tout au long des années 1950 en lui confiant la production d'avions de chasse F-86 Sabre. Deux avions ont assuré la prospérité de Canadair dans les années 1960 : le CL-41 Tutor, qui sert à l'entraînement des pilotes et qui est utilisé par plusieurs équipes de vol acrobatique et de précision, notamment par celle des Snowbirds, escadron de démonstration des Forces armées canadiennes ; et le CL-215, qui est un hydravion bombardier d'eau conçu pour lutter contre les feux de forêt.

Dans les années 1970, Canadair est très touchée par la récession, mais aussi par la fin de la guerre au Vietnam ; sa main-d'œuvre qui compte 9 200 employés en 1968 chute à 2 000 employés en 1975. Devant la décision de General Dynamics de fermer son usine, le gouvernement fédéral, qui ne veut pas voir périr un fragment historique de l'industrie aéronautique canadienne, se porte acquéreur de Canadair. Son intention est de redresser l'entreprise pour la revendre ensuite au secteur privé. Mais pour ce faire, il faut trouver du boulot aux 250 ingénieurs que l'entreprise compte conserver.

En novembre 1975, Fred Kearns rencontre l'agent de l'inventeur William Powell (Bill) Lear. Détenteur de 150 brevets, cet inventeur réputé a dessiné un concept d'avions d'affaires de 14 passagers, sous le nom de LearStar 600. En avril 1976, Canadair acquiert les droits universels exclusifs pour développer l'avion qui en est au stade d'ébauche préliminaire.

Le président de Canadair, Fred Kearns, met en œuvre, avec l'approbation de Jean Chrétien qui est alors ministre de l'Industrie, un projet qui va amener la compagnie à mettre au point et à construire un jet privé pour gens d'affaires. Cet aéronef, qui portera le nom de Challenger, sera à la fine pointe de la technologie et sera doté d'un fuselage large qui permettra aux passagers de se tenir debout et de se déplacer librement dans la cabine – une première dans l'industrie. Des matériaux de renforcement spéciaux seront employés pour augmenter la durabilité de l'appareil et le rendre susceptible d'être utilisé comme transporteur par des compagnies de messagerie comme FedEx.

Au printemps 1978, le Challenger est prêt à faire ses premiers vols d'essai et à se prêter au processus de certification. Lors de la cérémonie de dévoilement que Canadair organise à l'intention de dignitaires canadiens, l'invité d'honneur, le ministre Jean Chrétien, coiffé d'une casquette des Expos de Montréal, prend les commandes du tracteur auquel le Challenger est attaché avec l'intention de le remorquer lui-même à l'extérieur du hangar. Fred Kearns le persuade de laisser cette tâche aux experts.

L'enthousiasme initial qui entoure le Challenger est malheureusement de courte durée. La certification prend plus longtemps que prévu; la production est marquée par de nombreux retards et des dépassements de coûts. Dans son rapport annuel de 1981, la compagnie situe à 1,2 milliard de dollars le coût total du programme Challenger, presque le double de ce qui a été estimé au début. Les ventes, elles aussi, battent de l'aile: seulement 33 appareils ont été livrés alors que les projections étaient de 113 unités. Voilà ce que Canadair récolte pour avoir tenté d'introduire un nouvel avion sur le marché au plus fort d'une récession particulièrement virulente.

L'entreprise enregistre des pertes sérieuses. Ses revenus sont en chute libre. Pour tenter de colmater la brèche, elle emprunte aux banques à un rythme de plus en plus frénétique. Alarmé par la situation, le gouvernement constitue des comités de révision qui étudient la question.

En 1983, les problèmes financiers de Canadair sont étalés au grand jour dans une série de reportages réalisés par les journalistes d'enquête de *The Fifth Estate*, une émission de télévision du réseau CBC. L'année suivante, le Parti progressiste-conservateur remporte les élections fédérales, une victoire qu'il doit en grande partie à sa promesse de privatiser Canadair en même temps que les autres sociétés de la Couronne regroupées sous l'égide de la Corporation de développement des investissements du Canada.

Désireux de vendre Canadair au secteur privé, le gouvernement réorganise ses finances en transférant sa dette de 1,2 milliard à une société coquille de la Couronne. Au printemps 1986, absoute de ses dettes et affichant des profits pour la première fois depuis des années, la compagnie est mise aux enchères. L'une des priorités du gouvernement canadien est de trouver un acheteur qui veillera à l'expansion des programmes existants de Canadair, qui préservera, voire étendra, le bassin de ses technologies et de sa main-d'œuvre qualifiée.

Dans le mois qui suit la visite de Michael Culver et Aaron Hollander, Laurent Beaudoin réfléchit beaucoup. Il surmonte sa réticence initiale et décide de soumettre une offre sur Canadair. L'entreprise est criblée de dettes, ses déboires financiers font la manchette, néanmoins Laurent en est arrivé après mûre réflexion à la même conclusion que les consultants : Canadair est une compagnie prometteuse qui affiche un potentiel de croissance intéressant. L'affaire devient d'autant plus alléchante lorsque la dette de l'entreprise est rayée des livres.

Canadair représente pour Laurent l'occasion de pénétrer le marché du jet d'affaires, un créneau dominé par de petites firmes que Bombardier n'aura aucun mal à concurrencer. L'acquisition de Canadair répond par ailleurs parfaitement aux critères de diversification de Bombardier en ce sens qu'elle lui permettra d'appliquer ses compétences de fabrication au développement de produits aéronautiques qui viendront contrebalancer ses produits existants. « Construire un avion n'est pas bien différent que de construire un train, souligne un analyste. Dans un cas comme dans l'autre, vous installez des composantes électroniques dans une structure métallique[10]. »

La vente de Canadair attire six intéressés, y compris Bombardier. Quatre de ces acheteurs potentiels sont éliminés au terme d'une première ronde d'évaluation parce qu'ils n'ont pas le capital ni les compétences opérationnelles nécessaires pour répondre aux exigences que le gouvernement s'est fixées. Les deux firmes restantes, Bombardier et Canadian Aerospace Technologies, une entreprise dirigée par l'industriel ouest-allemand Justus Dornier et par son partenaire canadien, Howard Webster de Montréal, sont invitées à soumettre des propositions plus détaillées. Les deux offres sont soigneusement étudiées et, finalement, Canadair est vendue à Bombardier.

La victoire de Bombardier repose sur plusieurs éléments ; néanmoins, certains commentateurs prétendent que la nationalité des entreprises finalistes a été la considération première du gouvernement dans l'affaire. Il est vrai que le gouvernement canadien a soulevé la controverse quelques mois auparavant en vendant l'avionneur ontarien de Havilland Canada au géant aéronautique américain Boeing. L'opinion publique aurait vu d'un très mauvais œil la vente d'une deuxième firme aéronautique canadienne à des intérêts étrangers.

Bombardier paie en liquide les 120 millions qui feront d'elle la propriétaire de Canadair et s'engage en outre à verser au gouvernement une compensation pour la technologie du Challenger, soit en payant des redevances étalées sur 21 ans (la somme exacte serait proportionnelle aux ventes jusqu'à concurrence de 170 millions de dollars), soit en versant une somme forfaitaire de 20 millions dans les deux années suivant la vente. Deux ans plus tard, le gouvernement, toujours sceptique quant au succès du Challenger, choisira cette deuxième option.

Afin d'assurer que l'argent de Canadair est bel et bien dépensé dans le secteur aéronautique et non pas affecté à d'autres activités, Bombardier s'engage à émettre des actions qui sont confiées au gouvernement, puis restituées à l'entreprise au fur et à mesure que celle-ci injecte l'argent promis dans Canadair. Une autre classe d'actions est émise spécifiquement pour assurer que Bombardier honorera ses obligations d'investissement dans la recherche et le développement.

Selon certains observateurs, Bombardier fait une sacrée affaire en achetant Canadair à ce prix, considérant que la valeur comptable de la compagnie est estimée à 240 millions de dollars et que sa valeur de liquidation, c'est-à-dire la somme que rapporte la vente de ses actifs, approche les 300 millions. Ces chiffres ne font toutefois pas l'unanimité. Des rapports de la firme d'investissements Burns Fry et d'Industrie Canada rapportent que la valeur nette de Canadair se situe quelque part entre 70 et 85 millions de dollars. La firme comptable Peat Marwick Mitchell & Co. confère pour sa part à l'entreprise une valeur de liquidation négative : ses experts concluent dans leur rapport que la fermeture de Canadair coûterait de 250 à 350 millions de dollars aux contribuables en sommes dues aux entrepreneurs, en indemnités de cessation d'emploi, en paiements de retraite et autres coûts liés à la main-d'œuvre.

Si la vente de Canadair à Bombardier irrite quelques esprits grincheux, la réaction, dans l'ensemble, s'avère positive. Le milieu des affaires, les journalistes et même le syndicat de Canadair applaudissent la transaction. Dans l'arène politique, le néo-démocrate Steven Lang est l'un des seuls à s'insurger, proclamant que la famille Bombardier bénéficie à bon compte des milliards que l'État a engouffrés dans le développement du Challenger. La ministre d'État à la Privatisation Barbara McDougall réplique qu'aucune compagnie ne consentirait à éponger les sommes investies à ce jour ; le gouvernement doit considérer ces milliards comme des coûts irrécupérables et se résigner à estimer la valeur de la compagnie en fonction de sa rentabilité potentielle. D'autres partisans de la transaction disent que Canadair a été vendue en deçà de sa valeur comptable ou liquidative dans le but d'encourager Bombardier à préserver, ainsi qu'elle s'y est engagée, la technologie et la main-d'œuvre de l'entreprise.

Des clameurs d'indignation se substituent aux murmures d'approbation quand, peu après la vente, le gouvernement accorde à Canadair un contrat de 1,7 milliard sur 20 ans pour la maintenance des chasseurs CF-18 de l'armée canadienne. Lorsqu'ils apprennent que Canadair l'a emporté sur une filiale de la British Aerospace basée à Winnipeg, qui a soumis une offre apparemment plus avantageuse, les politiciens de l'Ouest canadien accusent le fédéral de favoriser le Québec au détriment des autres provinces. La colère que suscite cette décision entraîne un clivage au sein du Parti progressiste-conservateur qui mène à la formation du Parti réformiste, précurseur de l'Alliance canadienne, lequel délogera les conservateurs pour devenir le parti de l'opposition officielle tout au long des années 1990.

Contrairement aux politiciens de l'Ouest, les analystes des firmes de courtage ont de quoi se réjouir : dans les mois suivant la signature du contrat, les actions de Bombardier, portées par les investisseurs anxieux de spéculer sur les bénéfices potentiels de la transaction, connaissent une hausse spectaculaire. Leur intuition s'avère juste, l'acquisition de Canadair ne tardant pas à rapporter des dividendes. Dans les six mois qui suivent la vente à Bombardier, Canadair exécute ses commandes en souffrance à un rythme accéléré. En conséquence, les profits dépassent toute attente.

Et les perspectives à long terme semblent encore plus prometteuses que les gains immédiats. Bombardier a acheté Canadair juste au moment où la technologie du Challenger atteignait un bon niveau de fonctionnalité. Qui plus est, le jet d'affaires à 12 places et à fuselage large peut être allongé et transformé ainsi en un avion de courte portée de 50 places, parfait pour les transporteurs aériens régionaux.

La stratégie de Laurent Beaudoin, qui consiste à attendre le bon moment et les meilleures conditions d'achat, porte ses fruits encore une fois. Acquis à bon prix et avec un risque pondéré, Canadair représente pour Bombardier une occasion de croissance intéressante. L'entreprise a accepté de répondre aux exigences du gouvernement, mais en échange elle a exigé des conditions d'achat avantageuses. Si l'affaire ne lui avait pas plu, Laurent serait passé outre.

« Tous les hommes d'affaires se plaisent à croire qu'ils sont de grands stratèges, dit-il, mais dans notre cas c'est la chance qui nous a amenés à nous impliquer dans le transport sur rail [et l'aéronautique][11]. » À une autre occasion, il ajoute : « Je ne crois pas que nous serions allés dans le secteur aéronautique si le gouvernement n'avait pas décidé de privatiser Canadair[12]. » Un autre cadre supérieur, Yvan Allaire, dira que cette approche constitue « un risque calculé d'entrer dans de nouvelles industries, essentiellement au bon moment[13] ».

TIERCÉ GAGNANT : SHORTS, LEARJET, DE HAVILLAND

En 1987, Laurent Beaudoin ressent des malaises inquiétants. Il a à la poitrine une douleur qui l'oppresse et se fait plus forte de jour en jour. Il a l'air fatigué. Ses traits sont tirés, son visage est émacié.

Pour tout dire, la cadence de travail effrénée que Laurent a soutenue depuis tant d'années est venue à bout de son habituelle vigueur. Les années 1970 ont été pour lui un cauchemar. Il s'est battu pour la survie de son entreprise dans les bourrasques d'une économie tumultueuse. Des tensions ouvrières persistantes lui ont fait traverser trois grèves éprouvantes. Et si la diversification des années 1980 annonce de plus verts pâturages, chaque pas en avant est un combat. Chaque contrat se gagne à l'arraché, au terme d'un processus de soumission long et exigeant. Chaque victoire est fatalement accompagnée de virulentes batailles judiciaires entreprises par tel ou tel concurrent, de menaces de représailles proférées par tel ou tel gouvernement étranger.

Côté production, la pression ne dérougit pas : il faut livrer la marchandise à temps tout en respectant les critères de qualité, ce qui est chose facile lorsque l'on a affaire à une production standardisée, mais qui l'est beaucoup moins dans le cas d'un produit sur mesure comme ceux de Bombardier. L'acquisition de Canadair est un défi immense.

En 1988, à l'âge de 49 ans, Laurent Beaudoin subit un sextuple pontage coronarien. Raymond Royer assume ses fonctions durant son absence. Au terme de sa convalescence reposante, le chef de Bombardier se sent mieux et se montre même empressé de reprendre le collier. Toujours aussi blagueur, il avertit ses collègues qu'à son retour il sera encore moins patient qu'avant, vu que son sang coule maintenant plus vite dans ses veines.

Confronté pour la première fois à sa propre mortalité, Laurent accepte enfin de ralentir le rythme, chose que ses proches lui conseillent de faire depuis de nombreuses années. Il promet de s'accorder dorénavant une journée de congé par semaine – journée que, selon la saison, il passera à faire du Ski-Doo, du Sea-Doo ou de l'équitation aux alentours de sa maison de Lac-Brome, dans les Cantons-de-l'Est. Grand amateur de plein air, Laurent se montre aussi intense dans ses activités récréatives qu'en affaires. Il continuera d'étonner ses amis et ses collègues en conduisant son Ski-Doo en casse-cou, filant à toute allure sur la neige et la glace, ou en partant une journée entière en expédition sur la rivière Saguenay, son Sea-Doo fendant les flots à 100 km/h.

Si Laurent est un bourreau de travail impénitent qui choisit parfois de sauter cette journée de « repos » salutaire, il essaie tout de même de se faire plus attentif aux signaux que son corps lui transmet durant les heures de travail, comme cette pression qui lui tenaillait la poitrine avant son pontage. « Maintenant, je suis plus à l'écoute de mon corps, dit-il. J'essaie de me détendre dès que je ressens une pression à la poitrine[14]. » Dans une entrevue datant de 1990, il confirmera qu'il essaie effectivement d'être plus relax : « J'essaie d'être moins tendu qu'avant et de partager davantage mes problèmes avec les gens qui m'entourent[15]. »

Mais Laurent Beaudoin ne ralentit pas la cadence, loin de là. Bombardier fait l'acquisition de trois autres compagnies aéronautiques entre 1989 et 1992. Elle achète tout d'abord Short Brothers PLC, une firme aéronautique de Belfast, en Irlande du Nord. Fondée au début du XXe siècle, cette compagnie qui répond au diminutif de « Shorts » est l'une des rares pionnières de l'avionnerie toujours en existence. Spécialisée à l'origine dans la fabrication de montgolfières, elle s'est tournée vers le secteur aéronautique en 1908 à la suite d'une commande des frères Wright pour la construction de six biplans.

Shorts a fabriqué des hydravions à coque Empire de classe «C» dans les années 1930, puis des bombardiers lourds Stirling durant la Deuxième Guerre mondiale. Elle construit différents avions à la suite de sa nationalisation, en 1943, par le gouvernement britannique. Parmi ceux-ci, on retrouve l'hydravion à coque Solent, l'avion de ligne turbopropulsé SD-360 qui peut accueillir 36 passagers et l'appareil d'entraînement militaire Tucano, également à turbopropulsion. Plus récemment, la firme avait élargi sa gamme de produits en construisant des missiles sol-air pour l'armée britannique et en fabriquant en sous-traitance des pièces et des composants pour divers fabricants.

Sous la tutelle des bureaucrates, Short Brothers a toujours été déficitaire. Dans l'année qui précède la prise de contrôle par Bombardier, elle accuse des pertes de 267 millions de dollars sur un chiffre d'affaires de 500 millions. Les 7 500 travailleurs de l'entreprise sont reconnus pour leur militantisme ouvrier et la plupart d'entre eux, étant de religion protestante, sont impliqués d'une façon ou d'une autre dans le conflit opposant protestants et catholiques en Irlande du Nord. Dans les années 1980, Margaret Thatcher et le Parti conservateur se sont donné pour mandat de privatiser les sociétés gouvernementales du Royaume-Uni, à commencer par la turbulente et peu lucrative Short Brothers. Lorsque Thatcher met la compagnie en vente en 1989, Bombardier saute sur l'occasion.

Cet avionneur a un projet de développement de jet régional et Laurent a déjà mandaté une équipe pour tâter le terrain auprès de Shorts en vue de fusionner les deux programmes. Shorts a décliné la proposition. Il semble maintenant que les circonstances sont favorables.

Comme cela a été le cas avec Canadair, l'offre est assortie de conditions intéressantes: en achetant Shorts, Bombardier paie 60 millions pour une société qui vient d'être soulagée d'une dette de 800 millions. Elle arbore un carnet de commandes de 2 milliards de dollars, qui toutefois sont effectuées à perte. Par ailleurs, le gouvernement britannique s'engage à fournir à l'acheteur éventuel plus de 250 millions de dollars pour moderniser l'usine, former les employés et payer d'autres coûts, pourvu que Bombardier injecte la même somme. Le gouvernement s'engage aussi à un certain montant pour couvrir les pertes pouvant découler des contrats signés alors que la société appartenait à l'État, tandis que Bombardier assure les risques de pertes excédentaires. Elle a donc intérêt à vite ramener la compagnie à une exécution rentable de ses contrats. Bombardier s'engage enfin à conserver Shorts dans son intégralité, sans la morceler, pendant au moins quatre ans.

Bombardier a négocié d'autant plus librement avec Shorts que Boeing et Airbus n'étaient pas dans la course – les produits de Shorts, tout comme ceux de Canadair avant eux, ne s'insèrent pas dans un créneau susceptible d'intéresser les deux géants de l'aéronautique. Un seul autre soumissionnaire s'est manifesté : une coentreprise formée par General Electric PLC et la firme néerlandaise Fokker NV. Le groupe a failli remporter la mise, mais le gouvernement britannique a finalement rejeté leur offre qui proposait de démanteler Shorts pour la vendre en pièces détachées.

Le premier ministre Thatcher a d'abord refusé d'accéder aux exigences de Bombardier, demandant l'annulation de la dette d'entreprise ainsi que plusieurs centaines de millions de dollars en subventions transitoires, puis a fini par céder devant l'insistance du ministre John Major. Major, qui succède l'année suivante à Margaret Thatcher au poste de premier ministre, raconte la situation : « Nous avons discuté pendant deux heures, et ça s'est terminé en confrontation. J'étais bien décidé à démissionner si je n'avais pas gain de cause[16]. »

Bombardier n'achète pas Shorts pour rendre service au gouvernement britannique, mais bien parce que cette acquisition sert avant tout ses propres intérêts. Short Brothers est la porte d'entrée de Bombardier sur le marché commun de l'Union européenne. En achetant l'entreprise, Bombardier fait d'un concurrent un allié – Shorts projetait de se lancer sous peu dans la conception et la construction d'avions de transport régionaux – et elle hérite de son expertise en matière de matériaux légers, des centaines d'ingénieurs qualifiés qui travaillent en son sein, et des installations de fabrication nécessaires pour produire les quelque 200 jets régionaux inscrits au carnet de commandes.

British Airways commande 20 avions régionaux quelques jours à peine après la vente de l'entreprise. « La participation de Shorts a été un des points déterminants du projet, affirme Sir Colin Marshall, président de British Airways. Sa collaboration avec Bombardier dans la conception, le développement et la construction de ces avions contribue à la création d'emplois dans l'industrie aéronautique britannique, et particulièrement en Irlande du Nord[17]. »

Il faut tout de même du courage pour acheter une compagnie comme Short Brothers. Manufacturier d'armement et d'avions militaires pour l'armée britannique, la firme est une des cibles de prédilection de l'Armée républicaine irlandaise (IRA). Durant les trois premières années d'exploitation par Bombardier, l'usine est la proie de sept explosions terroristes qui causent près de 5 millions de dollars en dommages matériels, mais aucun mort. Selon la loi en vigueur, les dommages causés par des actes terroristes doivent être couverts par le gouvernement britannique ; les réparations sont donc défrayées en totalité par le contribuable anglais.

Les actifs de la firme Learjet de Wichita, au Kansas, sont la troisième des quatre acquisitions que Bombardier fait à cette époque dans le domaine de l'aéronautique. Fondée en 1963 par William Lear, un personnage doté d'un génie inventif et d'un esprit d'entreprise comparables à ceux de Joseph-Armand Bombardier, Learjet est une entreprise pionnière qui crée littéralement le marché de l'avion d'affaires lorsqu'elle introduit un premier jet à six passagers inspiré du chasseur-bombardier suisse P-16. Les coûts de développement de nouveaux modèles d'avions plongent la compagnie dans la gêne financière. Learjet est vendue en 1967 à la firme Gates Rubber qui parvient à restaurer sa rentabilité grâce à une rationalisation des exploitations et à l'injection régulière de capitaux. William Lear continuera de contribuer au développement de nouveaux modèles de jets d'affaires jusqu'à sa mort en 1978.

Learjet diversifie sa production dans les années 1980 en acceptant davantage de contrats en sous-traitance, la plupart étant issus des domaines de la défense, de l'aéronautique et de l'aviation commerciale. Des variantes du Learjet adaptées à l'usage militaire sont vendues dans plusieurs pays, dont le Brésil et la Thaïlande. Au milieu de la décennie, une récession s'esquisse et Learjet, dont le produit dominant demeure très sensible aux cycles économiques, se retrouve encore en difficultés financières. En 1987, un partenariat formé par des cadres supérieurs de Learjet et le groupe financier new-yorkais Integrated Resources achète à Gates Rubber une part majoritaire dans la compagnie.

Avec la reprise économique, la situation financière de Learjet s'améliore alors que celle de ses principaux investisseurs, paradoxalement, se détériore. Spécialisée jusque-là dans l'abri fiscal, Integrated Resources tente à cette époque de se réorienter vers l'assurance et les services d'investissements. Mais la transition assèche ses ressources : au début des années 1990, incapable d'honorer ses obligations financières, elle se place sous la protection de la loi sur la faillite, ce qui achève de la convaincre de céder les intérêts qu'elle détient dans Learjet.

En l'absence de soumissionnaire offrant un prix plus élevé, Bombardier achète pour 75 millions de dollars US, plus une responsabilité de 38 millions de dollars US sur la dette passive de l'entreprise, une compagnie qui compte à cette époque 2 750 employés et affiche des ventes annuelles de 250 millions de dollars US.

La stratégie de Laurent Beaudoin s'avère encore une fois très rentable : Learjet aurait coûté beaucoup plus cher à Bombardier si Laurent l'avait achetée trois ans plus tôt, lorsque Gates Rubber l'avait mise en vente. La patience du président de Bombardier a permis à l'entreprise d'acquérir à prix raisonnable des actifs appréciables qui comprennent la marque Lear, un réseau mondial de 30 points de service et d'entretien, des laboratoires d'essai, une liste de clients issus du secteur militaire, de même que plusieurs petits avions d'affaires qui viennent s'ajouter au Challenger, conférant ainsi à Bombardier la gamme de jets d'affaires la plus complète qui soit. La haute direction de Learjet s'estime elle aussi heureuse de la transaction – Bombardier lui apporte stabilité et capitaux.

La quatrième compagnie aéronautique dont Bombardier fait l'acquisition entre 1989 et 1992 est basée à Downsview, en banlieue de Toronto : fondée en 1928 par Geoffrey de Havilland, la firme de Havilland était à l'origine une filiale d'une entreprise britannique. Son usine se voue d'abord à l'assemblage de biplans Moth, puis, durant la Deuxième Guerre, à la fabrication d'un Moth adapté au combat aérien et d'un bombardier de haute altitude, le Mosquito. Voyant la demande pour bombardiers et avions de chasse se tarir après la guerre, de Havilland propose un avion d'entraînement militaire de sa propre conception, ainsi qu'une variété d'avions de brousse comme les légendaires Beaver et Twin Otter.

Dans les années 1970, de Havilland entreprend de développer le Dash 7, un avion de transport régional conçu pour atterrir sur les pistes courtes. L'initiative n'obtient pas l'aval de la société mère britannique, qui travaille justement à un produit similaire. Contrariée, elle menace de fermer sa filiale canadienne.

La perspective de perdre un des grands noms de l'industrie aéronautique locale n'enchante pas les autorités canadiennes. En 1974, le gouvernement intervient et achète l'usine de Havilland. Une version à 34 passagers du Dash 7, introduite sur le marché quelque temps plus tard, connaît un vif succès jusqu'en 1982, année où la récession ravage l'industrie du transport aérien régional.

De Havilland amorce dès lors une longue glissade marquée par d'importantes pertes financières. Au moment de sa privatisation en 1986, l'entreprise a coûté aux contribuables près de 1 milliard de dollars. Boeing s'en porte acquéreur et investit, au cours des cinq années suivantes, plus de 400 millions dans la restauration de ses installations vétustes et dans le développement de la série d'avions régionaux Dash 8. Tous ces efforts n'ont pas raison des problèmes financiers de l'entreprise : en 1992, de Havilland est toujours en difficulté, minée par le coût élevé de sa main-d'œuvre, par les pressions incessantes d'un syndicat militant et par l'envolée de son concurrent brésilien, Embraer, dont les ventes internationales sont soutenues par le programme Pro-ex, un plan gouvernemental de prêts à taux d'intérêt subventionnés favorisant l'exportation.

Durant la crise économique qui marque la fin des années 1980, les ventes de Dash 8 périclitent et de Havilland se voit forcée de sabrer sa masse salariale : de 6 000 employés, elle n'en compte plus que 3 700 en 1991. Prise avec une compagnie déficitaire et une main-d'œuvre démotivée sur les bras, Boeing lève le drapeau blanc et se résout à vendre.

D'entrée de jeu, le consortium européen ATR (Avions de transport régional) montre de l'intérêt à absorber son rival – surtout qu'il bénéficiera, s'il achète de Havilland, d'une aide de plusieurs centaines de millions de dollars, gracieuseté des autorités provinciales et fédérales canadiennes. Mais l'agence qui veille à l'application des lois antitrust de l'Union européenne met fin aux négociations en raison du fait qu'ATR, en achetant de Havilland, s'accaparerait d'une part démesurée (67 pour cent) du marché européen.

À la suite de cet écueil, les autorités canadiennes, et plus particulièrement le gouvernement néo-démocrate de l'Ontario, province où de Havilland mène l'essentiel de ses opérations, s'empressent de trouver un nouveau prétendant. Elles pressentent Bombardier, qui formule d'emblée toute une série de conditions. Jugeant ces exigences excessives, les instances gouvernementales partent à la recherche d'autres intéressés, mais, revenues bredouilles, consentent enfin à une entente avec Bombardier.

Bombardier fait mouche encore une fois grâce à cette faculté qu'elle a d'attendre le moment opportun et les meilleures conditions d'achat. Elle aurait pu tenter d'acheter de Havilland lors du processus de privatisation de 1986 ou, plus récemment, en soumissionnant contre ATR, avec qui elle avait préalablement tenté de former un partenariat, sans succès. Elle a préféré patienter dans les coulisses tandis que ses rivaux surenchérissaient. L'examen détaillé qu'elle a fait lui démontre que le prix qu'ATR est prête à payer est trop élevé, qu'elle surévalue de Havilland par rapport à son potentiel réel. Sagement, Bombardier se replie jusqu'à ce que ses concurrents abandonnent la partie et que le vendeur consente à des conditions favorables.

Au bout du compte, Bombardier prend le contrôle de De Havilland en fournissant 51 pour cent d'une injection de capitaux de 100 millions de dollars US. Le gouvernement ontarien assume le reste. Il offre aussi à Bombardier une option d'achat sur ses parts sous certaines conditions – lesquelles vont être remplies par Bombardier qui, par la suite, deviendra ainsi seule propriétaire de l'entreprise.

L'entente précise également que le gouvernement de l'Ontario et le gouvernement fédéral mettront sur pied un fonds de réserve de 370 millions qui servira à la restructuration de De Havilland. À cela s'ajoutent 120 millions de dollars, sous forme de prêts sans intérêt provenant du programme DIPP pour la recherche et le développement.

Bombardier juge avantageux d'acheter de Havilland parce qu'elle estime que la série Dash 8, dont les avions à 36 et à 50 passagers sont équipés de moteurs construits à Longueuil, au Québec, par Pratt & Whitney Canada, viendra compléter le jet régional qu'elle s'apprête à lancer sur le marché. Les produits se chevauchent sous certains aspects, mais, dans l'ensemble, les avions de Havilland s'adressent à un créneau distinct, le jet turbopropulsé Dash 8 étant parfaitement adapté aux trajets de 500 km ou moins alors que le jet régional de Bombardier est un avion de plus long courrier. En acquérant de Havilland, Bombardier se dote d'une équipe de vente expérimentée qui connaît les besoins des transporteurs régionaux, et elle hérite de l'usine de peinture d'avions de Downsview, laquelle est à la fine pointe de la technologie.

La division aéronautique de Bombardier naît donc de l'acquisition de quatre compagnies en difficulté. Certains réduiront cet exploit à une simple série d'achats providentiels, d'occasions fortuites que Bombardier saisit au vol, mais il y a aussi dans tout cela une stratégie indéniable, soutenue par une grande perspicacité et un sens des affaires quasi infaillible. Tout au long des années 1990, Bombardier remet ses quatre nouveaux rejetons sur pied et, profitant de la reprise économique, leur fait atteindre des seuils de ventes et de rentabilité qu'elles n'ont jamais connus jusque-là. Le groupe aéronautique Bombardier développe et met en marché une flotte d'avions commerciaux qui fait l'envie de ses concurrents étrangers, et particulièrement le jet régional Canadair, qui révolutionne le transport régional aérien partout dans le monde et s'impose comme l'une des plus grandes réussites de l'aviation canadienne.

COMMENT DONNER DES AILES À DES CANARDS BOITEUX

Bombardier diffère des autres entreprises dans sa façon de rescaper les compagnies en difficulté dont elle fait l'acquisition. Sa politique de redressement n'a vraiment rien de conventionnel. Loin d'elle l'idée d'appliquer les mesures-chocs – mises à pied massives, restructuration radicale, etc. – en usage dans le milieu des affaires, de se buter aux syndicats ou d'éradiquer une culture d'entreprise solidement implantée. Bombardier préfère généralement laisser en place les équipes de gestion existantes et leur propose même des primes et des avantages qui favorisent l'initiative et l'esprit d'entreprise. Elle offre également aux entreprises qu'elle acquiert un apport financier, technique et administratif à appliquer à la restauration et à la modernisation de leurs installations, ou au développement de nouveaux produits. C'est une approche somme toute très « canadienne ». La manière douce, celle du « bon gars », pourrait-on dire.

La méthode fonctionne : le piteux quatuor d'éclopés de l'aéronautique dont Bombardier s'est portée acquéreur génère, pour l'année financière se terminant le 31 janvier 1994, des profits de 135 millions de dollars sur un chiffre d'affaires de 2,2 milliards ; et cette performance ira en augmentant jusqu'à la fin de la décennie. Comment

Bombardier a-t-elle pu accomplir pareil prodige ? Qu'est-ce qui fait le succès de cette méthode de redressement tout en douceur ?

On peut dire que, dans le cas de Bombardier, le processus de redressement débute avant l'acquisition elle-même. Elle a par exemple demandé un délai de trois mois pour étudier la situation avant de soumettre une offre pour l'achat de Short Brothers. Bombardier refuse de se faire bousculer et prend le temps qu'il faut pour mener à bien sa vérification préalable, même au risque que l'entreprise convoitée lui file entre les doigts. En prenant le temps d'étudier l'affaire et de négocier la meilleure entente possible, elle augmente les chances de redressement de Short Brothers.

Contrairement à bien d'autres entreprises, Bombardier n'hésite jamais à se retirer lorsque les conditions de succès ne lui semblent pas réunies. C'est ce qu'elle fait en 1996, après avoir considéré l'acquisition de la firme néerlandaise Fokker NV, fabricant d'avions régionaux turbopropulsés et du réacté F-70 / 100. Filiale de Daimler-Benz, Fokker a été abandonnée par sa société mère, parce que déficitaire, puis prise en tutelle par le gouvernement néerlandais pour lui trouver un acheteur. Bombardier est l'un des principaux candidats considérés, mais, après sa vérification diligente, elle juge impossible de présenter une proposition d'achat : la compagnie est trop mal en point. D'autres firmes tentent d'acheter Fokker, mais la compagnie est dans un si piètre état qu'elle doit déposer son bilan en 1997.

Une prise de contrôle par Bombardier s'avère invariablement réparatrice pour l'entreprise concernée. Avant même que Bombardier ne fasse quoi que ce soit pour redresser la compagnie en difficulté, la confiance de la clientèle en ses produits se trouve renouvelée ; les commandes recommencent à entrer alors qu'auparavant les clients hésitaient à acheter un produit d'une firme insolvable qui ne peut assurer le service après-vente ou honorer ses garanties. L'appui financier et managérial de Bombardier a pour effet de rassurer la clientèle sur ce point, si bien que les ventes s'en trouvent instantanément ravivées. Le PDG de Learjet, Brian Barents, a accueilli favorablement la prise de contrôle de Bombardier en 1990 parce que, dit-il, « nos concurrents ont énormément profité du fait que notre société mère était en faillite[18] ».

Le redressement de Canadair a lui aussi été mené de main de maître. Presque toute l'équipe de gestion originale a abandonné le navire après que les médias eurent fait le récit de ses déboires, laissant l'entreprise aux mains d'une administration intérimaire qui en assure la privatisation. Aussitôt après avoir acheté la compagnie, Bombardier a nommé Donald C. Lowe à sa présidence. Grand, grisonnant et charismatique, Lowe est l'archétype même du PDG, mais ses compétences vont bien au-delà des apparences : il a démontré son extraordinaire capacité à redresser une entreprise du temps où il était président de Pratt & Whitney Canada, et par la suite à la tête de la firme Kidd Creek Mines, qui appartenait à la CDC (Canadian Development Corporation), où Laurent Beaudoin était membre du conseil d'administration et avait fait sa connaissance. C'est un personnage bien connu dans le secteur aéronautique, aussi était-il très respecté par la haute direction de Canadair. Les rapports entre Bombardier et Canadair ne seraient sans doute pas partis de si bon pied si un autre que Lowe avait tenu les rênes.

Lowe et Laurent Beaudoin étudient la situation de Canadair pendant plusieurs mois avant d'amorcer le processus de redressement. Ils ont observé, entre autres choses, que l'entreprise croule sous le poids d'une bureaucratie hypertrophiée, aux strates administratives trop nombreuses, ce qui rend le processus décisionnel long et fastidieux et occasionne une sérieuse dissolution des responsabilités. Chaque cadre, chaque employé travaille sous l'autorité de trois ou quatre services différents, si bien que personne ne sait qui est responsable de quoi. Cette chaîne d'imputabilité incroyablement floue crée un environnement peu dynamique dans lequel les travailleurs ne songent qu'à préserver leur emploi.

Lowe et Laurent Beaudoin rectifient la situation en implantant une structure organisationnelle dans laquelle chaque gamme de produits – des avions d'affaires aux bombardiers d'eau en passant par les systèmes de défense et les produits fabriqués en sous-traitance –, est regroupée au sein d'une division qui correspond à un centre de profit distinct. Les chefs de division jouissent d'une indépendance considérable et se voient accorder toute la latitude dont ils ont besoin pour atteindre leurs objectifs. Alors qu'auparavant leur seule responsabilité résidait dans l'administration de leur unité, ils ont dorénavant à gérer leur propre marketing, leur propre service à la clientèle, leur propre développement de produits ainsi que leur propre structure de coûts. Cette autonomie supplémentaire leur donne la liberté de mouvement nécessaire pour prendre des décisions plus rapidement. Les salaires des dirigeants sont liés à la performance, telle qu'exprimée par les marges bénéficiaires et selon le système de rémunération propre à Bombardier (primes reliées au retour sur actifs).

Le redressement de Canadair passe également par la diversification de ses activités et de sa production – un principe que Bombardier applique à toutes ses autres acquisitions. Cette stratégie étale les frais généraux de la compagnie sur une base plus large, mais surtout elle entraîne de nouvelles sources de revenus, ce qui confère croissance et stabilité à l'entreprise. Le contrat de maintenance des CF-18 des Forces armées canadiennes est un premier pas dans cette direction. Plusieurs autres contrats lucratifs découlent de cet effort de diversification, notamment le contrat de sous-traitance d'une valeur de 1,7 milliard de dollars du consortium Airbus (dont la firme française Aérospatiale et la British Aerospace font partie) pour la fabrication de pièces pour ses A330 et A340. Ces initiatives viennent appuyer les projets internes de Canadair qui compte créer, entre autres choses, de nouvelles versions de ses propres avions, particulièrement du bombardier d'eau CL-125 et du CRJ (Canadair Regional Jet).

Cette stratégie de redressement est bien différente de celle que Boeing a employée avec de Havilland. En fait, Boeing est allée exactement dans la direction opposée, réduisant sa gamme de produits au lieu de l'élargir ainsi que l'a fait Bombardier. Boeing a contraint de Havilland à abandonner la production de ses produits plus anciens, comme le populaire Twin Otter, pour l'amener à se concentrer sur le Dash 8. Boeing comptait augmenter la productivité de sa nouvelle filiale en normalisant ses procédés et en allongeant la chaîne de production du Dash 8. Une fois que de Havilland aurait commencé à générer des profits, Boeing aurait réintégré les modèles délaissés à sa gamme de produits. Cette stratégie rend la trajectoire de croissance de De Havilland plus lente à démarrer, plus vulnérable aux fluctuations du marché, et occasionne un coût par unité plus élevé. Bref, ce plan n'a été efficace ni pour la filiale, ni pour sa société mère.

L'approche de Boeing a aussi eu le désavantage de soumettre les procédés de production à des changements trop brusques, trop draconiens – de grands pans d'activité ont été retranchés et le reste, radicalement restructuré. Ces transformations ont énormément affecté le moral des employés. Déjà passablement agressifs au départ, les syndicats en place se sont irrités des stratégies du nouveau propriétaire ; au lieu de s'assouplir pour aider la compagnie à accroître sa rentabilité, la main-d'œuvre s'est hérissée.

Cette réaction est diamétralement opposée à celle que suscite Bombardier lorsqu'elle achète une compagnie : sa propension à stimuler son acquisition en l'enrichissant de nouveaux produits et de nouvelles occasions d'affaires a toujours un impact positif sur le moral des effectifs. Dans ce climat de croissance, les possibilités d'emploi et d'avancement sont beaucoup plus nombreuses.

Short Brothers bénéficie grandement de la politique d'ingérence minimale de Bombardier, qui laisse en place l'équipe de gestion de l'entreprise de même que son directeur général, Roy McNulty. Bombardier donne à McNulty et à ses gens le capital, le soutien et la liberté d'action dont ils ont besoin pour gérer la compagnie comme ils l'entendent, tout en étant pleinement conscients que leur performance est évaluée à la lumière des résultats financiers. La présence de Bombardier au sein de Short Brothers est minimale : la société mère est représentée aux réunions du conseil d'administration, mais outre cela, elle n'a posté sur place qu'un homme clé aux opérations, Vince Ambrico, et une poignée de cadres intermédiaires qui ont pour fonction d'aider Shorts à s'adapter aux systèmes et aux procédés comptables mis en place par Bombardier.

McNulty se souvient d'un détail qui illustre bien l'amélioration radicale du processus décisionnel sous Bombardier. Shorts songeait depuis un moment à acheter un édifice industriel désaffecté pour y installer son usine de matériaux composites, du genre qui sont utilisés dans la fabrication des fuselages d'avions. McNulty raconte que, lors d'un conseil de direction, les représentants de Bombardier ont mis moins de deux heures à approuver la proposition alors que, du temps où l'entreprise appartenait à l'État britannique, le gouvernement avait délibéré pendant trois ans sur la question sans jamais en arriver à une décision.

L'arrivée de Bombardier a également mené à une bonification des équipements et des installations physiques de la Short Brothers. Shorts est l'exemple typique d'une société d'État sous-financée. Les gouvernements ont tendance à regrouper les dépenses en immobilisations et les dépenses courantes au sein d'un même budget, ce qui explique pourquoi ils sont généralement peu enclins à investir des sommes importantes dans la réfection de leurs installations ; les gouvernements qui procèdent à des dépenses de ce genre se font bien souvent accuser de dilapider le bien public.

Bombardier, en revanche, ne voit aucun inconvénient à investir plusieurs centaines de millions de dollars (dont une bonne part provient de subventions de transition gouvernementales) pour actualiser les installations de sa nouvelle acquisition: des machines vétustes datant des années 1950 sont remplacées par des équipements plus modernes; les techniques de conception et de production archaïques font place au design par ordinateur et à la robotisation des processus de fabrication. Il va sans dire que ces améliorations entraînent une hausse marquée de la productivité.

Bombardier ne se contente pas d'examiner les comptes et états financiers de la Short Brothers avant d'en faire l'acquisition: elle procède, ainsi qu'elle l'a fait avec toutes les compagnies qu'elle songe à acheter, à une évaluation très poussée de son système de valeurs et de sa culture d'entreprise. Une série d'entrevue avec les cadres et les leaders syndicaux de Shorts permettent aux représentants de Bombardier de dresser un portrait de l'entreprise vue de l'intérieur, en posant des questions comme: quelle est votre appréciation personnelle de la compagnie? Quel rôle jouez-vous, et quel rôle souhaitez-vous jouer dans l'organisation? «Avant d'acheter une compagnie, nous vérifions toujours si nous partageons les mêmes valeurs, disait Raymond Royer à l'époque où il était président de Bombardier. La compagnie doit être sensible à nos objectifs, et nous devons être sensibles aux siens[19].»

Bombardier est prête à accepter et à respecter les différences liées à la culture de l'entreprise, cependant elle juge essentiel qu'il y ait communauté dans les valeurs de base. Si ce n'est pas le cas, elle retire son offre d'achat. Une telle rigidité de principe peut sembler excessive de prime abord, mais en réalité elle est tout à fait logique: Bombardier refuse de s'impliquer dans des compagnies qui ne partagent pas ses valeurs fondamentales parce qu'elle sait qu'il est très difficile d'en arriver à une fusion ou à une absorption productive et harmonieuse avec une autre société quand il y a disparité sur ce point.

Bombardier ne fait l'acquisition de Short Brothers qu'après avoir établi que ses valeurs s'apparentent aux siennes: Shorts est une firme qui, tout comme Bombardier, épouse une philosophie favorisant la croissance de l'entreprise et le respect des travailleurs; une firme qui croit que la qualité d'une entreprise découle directement de la qualité de ses gens.

Animés par des valeurs communes, Bombardier et Shorts n'ont aucun mal à s'entendre sur les changements à appliquer. Il est décidé par exemple que Shorts fermera la salle à manger réservée à la haute direction et utilisera les fonds ainsi économisés pour restaurer et embellir la cafétéria des employés, qui est en piteux état. Un programme sophistiqué de formation et de perfectionnement des cadres est mis sur pied et une politique de promotion interne est instaurée, comme cela a été le cas chez Canadair. Cadres et travailleurs concluent un pacte de croissance mutuelle, les premiers s'engageant à créer un environnement de travail positif, les seconds à donner à la compagnie ce dont elle a besoin pour maintenir un tel environnement en place.

Bombardier apporte également des changements substantiels aux relations industrielles de sa nouvelle acquisition. Une de ses conditions d'achat exige de Shorts qu'elle regroupe ses sept unités de négociation distinctes en une entité syndicale unique qui négociera pour tout le monde. Une autre condition stipule que les contrats à échéance d'un an seront étalés sur plusieurs années. L'implantation de ces changements a pour effet de stabiliser la structure opérationnelle de l'entreprise et de réduire considérablement la quantité de ressources requise par son service des relations industrielles. Bien que les syndicats aient habituellement tendance à rejeter les mesures de ce genre, ceux de Shorts se sont inclinés parce qu'ils savaient que, sans la participation de Bombardier, la compagnie risquait d'être démantelée ou mise en faillite.

La restructuration de Learjet s'est effectuée d'une manière similaire. Après avoir acheté la compagnie, Bombardier a permis à son président, Brian Barents, de conserver son poste afin qu'il puisse veiller à la mise en œuvre du plan de redressement. Criblée de dettes et affiliée à une société mère au bord de la faillite, Learjet a urgemment besoin de fonds pour mettre à jour ses produits et sa technologie. Dans les deux années suivant l'acquisition de Learjet, Bombardier alloue plus de 100 millions de dollars au développement de deux avions dérivés de modèles existants.

L'UNION FAIT LA FORCE : LA SYNERGIE DES OPÉRATIONS

À l'époque où Bombardier achète de Havilland, un nouvel élément, celui de l'intégration horizontale, vient dynamiser ses politiques de redressement. Mue par l'intensification de la demande liée aux avions d'affaires et régionaux, Bombardier révise ses procédés dans le but d'utiliser au maximum les compétences et les capacités de production des quatre firmes en son sein : à partir de ce moment, le travail sera attribué en fonction des spécialités et des disponibilités de chaque filiale. Cette nouvelle stratégie de répartition des tâches permet à Bombardier de réaliser des économies d'échelle fort intéressantes.

Chaque filiale a sa place et sa fonction au sein de cette entité intégrée qu'est Bombardier Aéronautique. Le fraisage des grands composants en aluminium et l'assemblage des jets régionaux s'effectuent sur le site de Canadair. L'usine Shorts fournit les fuselages et les matériaux composites spéciaux destinés aux avions d'affaires ou régionaux. L'assemblage des avions turbopropulsés et des jets d'affaires Global Express a lieu à l'usine de Havilland, où sont également fabriquées les ailes du Learjet 45 ; la plupart des aéronefs de Bombardier ont droit à des retouches finales aux installations de Havilland de Downsview, en Ontario, qui sont les plus perfectionnées en matière de peinture d'avions. Learjet assure l'assemblage des avions d'affaires de plus petite taille et fait profiter le groupe Bombardier de son réseau étendu de centres de service. Les avions nouvellement développés effectuent leurs premiers vols d'essai sur le site Learjet de Wichita, dans le Kansas, endroit où les jours de beau temps sont 33 pour cent plus fréquents qu'à Montréal.

À l'opposé de Boeing, qui a tenté de créer de toutes pièces des liens synergiques avec de Havilland, Bombardier capte et orchestre les synergies déjà présentes dans la dynamique des entreprises qu'elle contrôle. Elle les applique à la production, mais aussi au marketing, créant par exemple une famille de jets d'affaires allant du Learjet six places au volumineux Global Express, en passant par le Challenger afin de permettre à sa clientèle d'échanger un avion qu'elle possède déjà contre un modèle plus haut de gamme ou plus modeste, ou d'étoffer une flotte en y ajoutant un appareil différent.

En contraste, la relation Boeing-de Havilland a produit très peu de croisements entre les grands avions de ligne du premier et les avions régionaux du second. L'erreur de Boeing a été de maintenir une trop grande disparité entre ces deux gammes de produits.

En favorisant l'intégration horizontale et la diversification de la production de ses filiales, Bombardier assure leur croissance et les aide à mieux se protéger contre les récessions et les ralentissements économiques. La stratégie de répartition des risques que Bombardier applique chez Short Brothers illustre bien les avantages de ce genre de pratique : en 1995, Shorts fabrique des fuselages pour Bombardier, en plus de poursuivre la fabrication des ailes pour les avions régionaux de Fokker, des moules pour les réacteurs des avions de ligne Airbus, des nacelles pour Boeing, des missiles antichar, ainsi que des équipements pour les hélicoptères militaires Apache. Dix ans plus tôt, la survie de la compagnie reposait presque entièrement sur les épaules du très élémentaire avion à hélices Short 360.

L'intégration horizontale est aussi pour Bombardier un moyen d'éloigner ses nouvelles filiales de leur propension naturelle à l'intégration verticale. Les puissants syndicats qui règnent sur les usines ont tendance à faire pression pour que les avions soient entièrement construits à l'interne. Toute tentative de céder une portion de la production à des tiers a entraîné des conflits de travail, voire des grèves chez Bombardier – les ouvriers de De Havilland, qui ont résisté aux efforts de remaniement de Boeing en multipliant les griefs (ils en ont déposé plus de 1 000 par année !), sont farouchement opposés aux manœuvres de ce genre. L'intégration horizontale permet à Bombardier d'offrir à ses filiales des tâches compensatoires qui viennent remplacer le travail cédé aux sous-traitants. La quantité de travail que Bombardier prend en sous-traitance devient finalement plus importante que ce qu'elle confie à des fournisseurs externes. L'équilibre entre ce qui est fait à l'interne et ce qui est donné en impartition est dès lors établi.

Ces ajustements ne se seraient pas effectués sans heurts si Bombardier n'était pas une organisation respectueuse, sensible aux besoins de ses filiales et de son personnel. Le président de Learjet, Brian Barents, se dit impressionné de la qualité de ses rapports avec les gens de Bombardier : « Plutôt que de faire irruption chez nous en nous posant des tas de questions, dit-il, ils ont commencé par nous dire qui ils étaient et pourquoi ils s'intéressaient à nous[20]. »

Un cadre de Bombardier Aéronautique se souvient de la fermeture, en 1992, des ateliers où les sièges et les garnitures intérieures des avions de Havilland étaient fabriqués, et de la manière dont Bombardier aborde les opérations délicates de ce genre. « Avant de faire quoi que ce soit, dit-il, nous faisons part de nos intentions aux employés, procédons à une étude et élaborons une stratégie de mise en œuvre. Cette approche très exhaustive nous aide à entretenir de bonnes relations avec le personnel[21]. »

Cette façon qu'a Bombardier d'ouvrir les voies de la communication avec ses travailleurs et de les impliquer dans les changements et les décisions majeurs n'est pas monnaie courante dans le milieu des grandes entreprises. L'approche est en fait si rafraîchissante que le président du syndicat des Travailleurs canadiens de l'automobile, Buzz Hargrove, en vient à dire que Bombardier bénéficie d'un management éclairé. « C'est une bonne compagnie pour qui travailler[22] », précise-t-il.

Cette volonté de rallier les employés à la mission de la compagnie est manifeste lors de l'acquisition de Short Brothers. Soucieuse d'apaiser les angoisses de sa future filiale et de sa main-d'œuvre, Bombardier invite des représentants syndicaux de Shorts à visiter les installations canadiennes de Canadair et à rencontrer ses employés. Qui plus est, Bombardier fait en sorte que les visiteurs soient accueillis par leurs homologues du syndicat de Canadair, afin que les représentants syndicaux des deux compagnies puissent se parler directement, sans passer par un intermédiaire.

Le transfert du Système Manufacturier Bombardier (SMB) et d'autres systèmes et techniques de production empruntés aux divisions du transport en commun de Bombardier est sans doute un des facteurs les plus importants qui profite aux avionneurs valétudinaires dont Bombardier s'est portée acquéreur. Dans le cas de Canadair, ce transfert s'exprime d'abord par l'entremise d'un plan d'expansion de 250 millions de dollars étalé sur cinq ans. Baptisée « Building Our Future », l'initiative inclut l'ajout d'un nouvel édifice administratif et la mise en place d'une stratégie d'aménagement qui conduit à une meilleure circulation de l'information et des matériaux à l'intérieur de l'usine. De nouvelles méthodes de contrôle de l'inventaire (JIT) et de la qualité sont également introduites.

Avant d'être prise sous l'aile de Bombardier, Canadair ne fonctionnait pas différemment des autres compagnies aéronautiques. Dans ce secteur de l'industrie, l'ingénieur-concepteur est roi. Le développement d'un nouvel avion est pour ces créateurs un processus chargé d'émotion, au point où il n'est pas rare qu'ils fondent en larmes en voyant un aéronef de leur cru prendre son envol pour la première fois. Lorsqu'il se penche sur sa planche à dessin, l'ingénieur-concepteur n'a qu'une idée en tête: créer l'avion le plus performant et le plus techniquement avancé de sa catégorie. Une fois son travail terminé, il remet ses plans aux ingénieurs et spécialistes des services techniques de la fabrication sans se soucier des détails ou des coûts liés à la production.

Le SMB amène les ingénieurs de fabrication et les ingénieurs-concepteurs à travailler ensemble, ce qui rend ces derniers plus conscients des coûts de production associés à leurs designs. En 1996, lorsque Bombardier donne le feu vert au développement d'un jet régional Canadair (CRJ) de 70 places, 400 ingénieurs-concepteurs et 150 ingénieurs de fabrication se réunissent pour discuter ensemble de la meilleure façon de construire un avion qui répondrait aux critères de performance, de coût et de qualité de Bombardier. Le premier point à l'ordre du jour concerne l'édification d'un modèle, non pas d'un modèle réduit du CRJ qui est à construire, mais d'un modèle d'entreprise qui tiendrait compte de la rentabilité.

« Nous ne sommes pas dans les affaires pour construire des avions, affirme un cadre de Bombardier, nous sommes dans les affaires pour assurer un bon rendement aux actionnaires. L'avion est le support qui nous permet d'accomplir cet objectif[23]. »

Pivot du SMB, le service des méthodes travaille en étroite collaboration avec les différents membres de l'équipe et agit en tant que coordonnateur. Il peut par exemple établir un échéancier de fabrication avec le service d'ingénierie pour, l'instant d'après, planifier la chaîne de production et discuter des outils et des équipements nécessaires avec le département de l'approvisionnement. Tous les employés de Bombardier savent que leur mission consiste à créer un avion qui soit rentable pour l'entreprise. Vice-président directeur à l'ingénierie et au développement des produits pour Bombardier Aéronautique, John Holding déclare un jour: « Nous ne sommes pas ici pour construire des avions d'exception. Le Concorde est un avion d'exception, mais il n'est pas rentable. Bombardier est là pour faire de l'argent[24]. »

CHAPITRE 7

Une révolution dans le ciel : les avions régionaux

NOUVELLES PLATEFORMES DE CORRESPONDANCE

« Que signifie "optimiser le certificat de type"[1] ? » demande Laurent Beaudoin à un de ses conseillers à l'époque où il songe à acheter Canadair. On lui répond qu'un certificat de type est le document que le gouvernement remet au fabricant d'un avion de modèle nouveau une fois que l'appareil a passé le processus de certification. En l'occurrence, le certificat de type auquel Laurent fait référence est celui de l'avion Challenger, et l'optimisation du certificat permet d'allonger le jet d'affaires de 12 places pour le transformer en un avion commercial d'une capacité de 50 passagers.

On attribue à Eric McConachie l'idée de faire passer le Challenger « de cheval de course à cheval de trait[2] ». D'aucuns considèrent même que McConachie mérite le titre de père du CRJ (Canadair Regional Jet). La gamme CRJ, qui inclura éventuellement des modèles à 70 et à 90 places, est un prodigieux moteur de croissance pour Bombardier dans les années 1990 et s'impose, dans l'esprit de bien des gens, comme le plus grand accomplissement du Canada à ce jour dans le domaine aéronautique.

Eric McConachie est un ingénieur de l'aéronautique natif d'Edmonton. Ce grand gaillard de 2 m a travaillé chez Canadair avant de fonder sa propre société-conseil en aviation. Même s'il aime bien faire cavalier seul, McConachie est un type sociable, intelligent et plein d'esprit, qui ne manque jamais d'amuser la galerie avec son langage truculent et ses anecdotes hautes en couleur.

En 1953, après avoir complété une maîtrise ès sciences au prestigieux MIT (Massachusetts Institute of Technology) et un doctorat à l'Université Stanford, McConachie décroche un emploi chez CP Air, où sa principale fonction est d'évaluer les appareils. En 1958, Boeing lui offre un poste qu'il refuse sous prétexte, dit-il, qu'il « a une feuille d'érable tatouée au derrière[3] ».

Pour la même raison, sans doute, il accepte le poste de cadre de direction que lui offre Canadair, et pour lequel il est appelé à développer les techniques de vente et de marketing de la compagnie, mais aussi à imaginer de nouveaux modèles d'aéronefs – le légendaire bombardier d'eau CL-215 fut l'un des projets lancés par McConachie.

En 1967, jugeant que les choses ne bougent pas assez vite dans les sphères du développement et du marketing aéronautiques, McConachie, qui, de son propre aveu, « en a marre[4] », se tire de chez Canadair pour fonder sa propre firme-conseil : Aviation Planning Services Ltd., précurseur de AvPlan Inc. L'homme se retrouve enfin dans son élément : au cours des 20 années suivantes, il effectue plus de 400 études pour une centaine de clients un peu partout dans le monde.

McConachie observe durant les années 1980 l'émergence d'une tendance intéressante dans l'industrie aérienne américaine : l'entrée en vigueur, en 1978, de la Loi de déréglementation des lignes aériennes mène à l'apparition du réseau en étoile, un nouveau système de gestion des transports aériens dans lequel un aéroport central sert de « plaque tournante » ou de « plateforme de correspondance » aux différents transporteurs.

Cette loi qui marque le démantèlement du conseil civil d'aéronautique américain déréglemente l'assignation des corridors aériens ainsi que le contrôle des tarifs, ce qui donne lieu à une prolifération de nouvelles compagnies aériennes et à une guerre des prix d'une férocité inouïe. À un certain moment, on peut retrouver jusqu'à 40 compagnies se faisant concurrence sur une même ligne, à des prix qui se trouvent bien souvent en deçà du prix coûtant. People Express, un chef de file dans le domaine du transport aérien à rabais, va jusqu'à offrir l'aller simple pour traverser les États-Unis d'un océan à l'autre à seulement 99 dollars US.

Les compagnies aériennes voient leurs profits se volatiliser durant cette période. Cumulant les pertes, elles luttent pour leur propre survie. Des frais d'exploitation élevés et une main-d'œuvre syndiquée ne leur laissent qu'une très faible marge de manœuvre. Du temps où l'industrie était réglementée, les compagnies aériennes utilisaient des flottes de grands avions à réaction de 110 à 500 places, ce qui demeurait une proposition économiquement viable même quand les avions n'étaient pas remplis à pleine capacité puisque, à cette époque, la rentabilité était basée sur les frais d'exploitation. Ces gros appareils ne sont plus rentables dans le libre marché de la déréglementation, la profitabilité étant soudain devenue tributaire du nombre de places vendues; or, la concurrence est devenue si féroce et les nouvelles compagnies si nombreuses que de plus en plus d'avions s'envolent avec une quantité effarante de sièges vides.

Développé en réponse à cette nouvelle réalité, le réseau en étoile a permis aux grandes compagnies aériennes de regagner le terrain perdu. Le nouveau système demande aux transporteurs d'abandonner un grand nombre de liaisons point à point pour concentrer leur flotte dans un grand aéroport qui devient le point central, la « plaque tournante » où convergent les correspondances et à partir de laquelle s'effectuent tous les départs vers les destinations principales.

Le système a été élaboré à l'époque de la réglementation, mais il n'a pu être appliqué à grande échelle du fait que la loi empêchait les transporteurs de modifier librement leurs liaisons aériennes. Aujourd'hui, tous les grands aéroports agissent comme plaque tournante pour une compagnie aérienne majeure. Aux États-Unis, par exemple, l'aéroport d'Atlanta est la plaque tournante de Delta Airlines; l'aéroport de Chicago est celle de la United Airlines; et celui de Dallas est la plateforme des correspondances d'American Airlines.

Ce type de réseau est avantageux en ce sens qu'il permet aux grands transporteurs aériens de réaliser des économies d'échelle et d'envergure. Économies d'échelle du fait de la concentration en un seul endroit de la main-d'œuvre (agents de piste, bagagistes, équipes de maintenance, etc.) et de l'équipement au sol, ce qui permet d'étaler leurs coûts sur un plus grand nombre de départs et d'arrivées. Économies d'envergure parce qu'il permet aux transporteurs de desservir un plus grand nombre de villes avec moins d'appareils et d'équipages – une plaque tournante desservant 20 villes à l'est et 20 autres à l'ouest peut assurer quotidiennement jusqu'à 440 liaisons avec seulement 40 avions, alors qu'il faut plusieurs centaines d'appareils pour relier ces 40 villes en vols directs.

Les compagnies aériennes régionales jouent un rôle primordial au sein de ce système puisque ce sont elles qui se chargent des vols de courte distance et qui acheminent les passagers de la périphérie à l'aéroport central. Elles aident ainsi les grands transporteurs qui sont basés aux plateformes de correspondance à remplir leurs avions au maximum. Considérant désormais les transporteurs régionaux comme indispensables, les grandes compagnies négocieront avec eux des ententes de « partage de code », ce qui signifie entre autres choses qu'ils partagent leurs revenus et leurs systèmes de réservation avec eux.

Ces facteurs favorables redonnent vie à l'industrie du transport aérien régional aux États-Unis, mais également en Europe, où on assiste là aussi à une déréglementation de l'industrie. Les compagnies aériennes régionales se multiplient et héritent des liaisons que les grands transporteurs ont abandonnées. En conséquence, la demande pour les avions régionaux de 20 à 110 places monte en flèche. À cette époque, la plupart des fournisseurs de ce type d'avion sont des fabricants européens qui se spécialisent dans les avions à hélices.

DU CHALLENGER AU CRJ

Sensible aux dynamiques en jeu dans l'industrie aérienne, McConachie voit ces tendances poindre à l'horizon et pressent que le réseau en étoile, pour avantageux qu'il soit pour les grandes compagnies aériennes, occasionne des désagréments aux consommateurs. Il y a tout d'abord le fait que de nombreuses communautés se retrouvent tout à coup dépourvues de service aérien local ; pour celles qui ont la chance de conserver leur service, les vols directs, de même que les destinations, se font plus rares.

Dans la majorité des cas, les voyageurs doivent transiter par un aéroport faisant office de plaque tournante et prendre un second avion vers leur destination finale. Les liaisons qui prenaient une heure ou deux en vol direct monopolisent désormais le plus clair de la journée du voyageur – et c'est sans compter les délais imprévus et les correspondances manquées. McConachie en vient à conclure que le problème ne réside pas dans le réseau en étoile, mais dans la technologie des avions eux-mêmes : dans un environnement de libre marché, les avions de ligne colossaux des grandes compagnies aériennes sont impossibles à rentabiliser sur les liaisons point à point ; les appareils des transporteurs régionaux, quant à eux, sont petits, lents, bruyants, et souffrent d'une autonomie de vol très limitée.

Affichant une autonomie de vol et une vitesse de croisière 50 pour cent supérieures à celles de l'avion à hélices moyen, le Challenger est, selon McConachie, le seul appareil capable de renverser la vapeur en rendant le transport aérien régional plus agréable et avantageux pour le consommateur. Tant que nous y sommes, se dit McConachie, ne pouvons-nous pas allonger cet avion de 12 places afin de porter sa capacité à 50 passagers ? La chose est réalisable d'un point de vue technique puisque, contrairement aux autres jets d'affaires de l'époque, le Challenger est doté d'un fuselage large et renforcé, capable d'accueillir des rangées de quatre sièges groupés par deux.

Un Challenger allongé améliorera le service aérien régional de plusieurs façons. Il permettra aux compagnies aériennes régionales de transporter leurs passagers plus rapidement à destination et d'offrir des liaisons de plus longue distance tout en minimisant le nombre d'escales. Contrairement aux autres avions régionaux, le Challenger peut voler dans l'espace aérien des grands aéroports, et il permettra aux grandes compagnies aériennes d'augmenter le nombre de vols à faible et à forte capacité durant les heures creuses. Bref, McConachie sent que le petit bijou de Canadair peut remplir un créneau intéressant sur le marché : grâce au Challenger, des communautés entières auront accès à l'espace aérien. L'occasion commerciale est là. Reste à l'exploiter.

McConachie commence donc à « planifier son coup[5] ». Il proposa à Canadair, à plusieurs reprises et de façon non sollicitée, de faire une étude de marché afin d'évaluer la demande pour le « Challenger Regional Jet », ainsi qu'il le nomme. (Le nom a été changé par la suite pour « Canadair Regional Jet ».) La réception aux propositions de McConachie est plutôt tiède. Les employés de Canadair qui travaillent au perfectionnement et à la mise en marché du Challenger ne sont pas intéressés à ce genre d'étude.

McConachie trouve enfin une oreille réceptive en la personne de Dick Richmond, vice-président à la direction et directeur d'exploitation de Canadair. Reconnu pour sa capacité à résoudre les problèmes, Richmond a été recruté par la firme en 1980 pour remettre le projet Challenger sur la bonne voie. Certains l'ont décrit comme un « gestionnaire très strict [...] direct et d'allure sévère. Il règne avec une poigne de fe [...] et [...] s'attaque souvent à un problème avec toute la force de sa personnalité[6] ».

McConachie reconnaît que le jet régional Canadair n'aurait probablement jamais vu le jour sans l'appui de Dick Richmond. C'est ce dernier qui autorise les études de marché que propose McConachie, et qui sont lancées à la fin de 1984. Une de ces études, complétée juste avant la prise de contrôle par Bombardier, démontre que l'avion régional Canadair sera plus économique à opérer que ses concurrents : les coûts opérationnels sur un trajet de 640 km s'élèvent à 1 000 dollars US l'heure pour le CRJ, alors que les Fokker F-28 et F-4000, très populaires à l'époque, coûtent 1 300 dollars de l'heure. La différence réside principalement dans la consommation de carburant nettement inférieure du CRJ.

Lorsque Michael Culver et Aaron Hollander proposent à Bombardier d'acheter Canadair, ils prennent soin de mentionner le potentiel énorme du jet régional. McConachie et eux organisent une rencontre avec les gens de Bombardier, chose facile puisque tout ce beau monde a ses bureaux dans le même édifice du centre-ville de Montréal. La présentation des consultants et de McConachie capte l'intérêt de Laurent Beaudoin. En entrepreneur avisé qu'il est, Laurent flaire tout de suite la bonne occasion. La belle occasion de croissance que représente le CRJ fait assurément pencher la balance en faveur d'une acquisition.

La veille du jour où Bombardier va officiellement prendre la barre de Canadair, McConachie, après avoir consulté Donald Lowe, que Bombardier a nommé président de Canadair, rédige une lettre qu'il envoie à Richmond et dans laquelle il énumère ce qui doit être fait avant que l'administration de Canadair décide de procéder ou non au développement du CRJ. La liste des tâches est exhaustive : entre autres choses, il faut faire une évaluation préliminaire des coûts et des exigences techniques ; consulter des compagnies aériennes pour savoir ce qu'elles pensent de cette idée de jet régional ; et créer une brochure de présentation pour le CRJ. À la fin de sa lettre, McConachie avance la proposition suivante : « Par souci de ne pas solliciter davantage votre personnel, je suggère qu'Aviation Planning

Services, en collaboration avec nos conseillers associés, entreprenne l'essentiel de ces tâches […].[7] »

Le 31 octobre 1986, ayant obtenu le feu vert de Canadair, McConachie informe Lowe de ce qu'il a accompli jusque-là. La lettre qu'il lui envoie précise qu'il a assisté au congrès de la Regional Airliner Association, qui a eu lieu du 20 au 22 octobre à Las Vegas, pour avoir une idée de l'intérêt que peut susciter le CRJ dans l'industrie. N'ayant pas préparé de présentation officielle, McConachie et son assistant ont approché les clients potentiels à l'heure de la pause et des repas, une stratégie quelque peu cavalière qui leur a permis de solliciter pas moins de 17 transporteurs régionaux.

Tous ces gens ont la brochure du CRJ entre les mains, et un suivi est prévu. McConachie s'est également entretenu avec plusieurs journalistes et il a réussi à obtenir une couverture dans quelques publications du domaine de l'aviation. Dans sa lettre à Lowe, il se dit très enthousiaste de la réaction de l'industrie. « Je voudrais discuter de nouveau avec vous une fois que vous aurez analysé ce qui précède, écrit-il. Tout semble indiquer que cet avion peut faire un tabac[8] ! »

Dans un rapport datant du 8 décembre 1986, McConachie soumet des résultats préliminaires intéressants : 81 pour cent des 78 transporteurs régionaux contactés dans le cadre de son étude de marché (qui, de fait, prend de l'ampleur de jour en jour) se disent intéressés au concept d'un jet régional. Les compagnies aériennes sollicitées ont toutefois manifesté quelques inquiétudes, l'une d'entre elles étant que les compartiments à bagages et l'espacement longitudinal des sièges ne sont pas suffisamment grands. McConachie communique ces préoccupations à l'équipe de design qu'il a mise sur pied spécialement pour le projet, laquelle conclut que les deux problèmes peuvent être réglés en allongeant légèrement le fuselage.

McConachie et ses collaborateurs mettent 10 mois à effectuer leur étude de marché. Celle-ci inclut une analyse en aval où le CRJ est comparé aux avions régionaux alors en service – des appareils turbopropulsés tels le Fokker 50, le Saab 340, le Dash 8 et l'ATR-42 –, ainsi qu'un sondage en amont réalisé auprès de quelque 130 compagnies aériennes, régionales et autres, qui a permis d'évaluer leur intérêt pour le produit. L'étude de McConachie prévoit des ventes de 900 unités pour le CRJ dans la prochaine décennie. Si un avion concurrent est introduit sur le marché d'ici la fin des années 1990, les ventes seraient d'environ 430 unités.

Les résultats de l'étude de marché sont présentés au conseil d'administration de Bombardier en septembre 1987. Un mois plus tard, celui-ci donne le feu vert à la phase de conception préliminaire en précisant toutefois qu'il n'autorisera le plein développement du projet qu'une fois que Bombardier aura obtenu des lettres d'intention d'au moins cinq compagnies aériennes pour une commande totale de 50 jets régionaux. Au début de 1988, Lowe accueille McConachie dans les rangs de Canadair en lui confiant le poste de vice-président du marketing. La première mission de McConachie est d'obtenir les lettres d'intention qu'exige le conseil d'administration.

Le nouveau vice-président marketing de Canadair n'a pas l'occasion de se réjouir bien longtemps : peu après son embauche, il apprend que Short Brothers et l'avionneur brésilien Embraer travaillent à la réalisation d'un jet régional de leur cru. L'arrivée de deux concurrents dans ce segment du marché complique sensiblement les choses pour McConachie et son équipe ; il aura maintenant à jouer des coudes pour ramasser ces 50 lettres d'intention.

Au printemps de 1988, soucieux de tenir la concurrence au minimum, Lowe et McConachie se rendent aux bureaux de Short Brothers en Irlande du Nord et tentent de la convaincre de s'associer à Bombardier dans l'aventure du jet régional. Shorts refuse, mais ce n'est que partie remise puisque Bombardier en fera l'acquisition en 1989. Par ailleurs, en février 1989, le transporteur régional allemand Lufthansa CityLine passe à Bombardier une commande de six unités avec option d'achat sur six avions supplémentaires. Ce premier client achève de convaincre ceux qui se disent intéressés, mais qui hésitent encore : moins d'un mois plus tard, Bombardier détient 56 lettres d'intention. Le développement du CRJ ira de l'avant. Le 31 mars 1989, le feu vert est donné à la production de prototypes.

Tout au long du processus de sollicitation, McConachie et son équipe de marketing ont continué de se renseigner sur les besoins de leurs clients potentiels, information dont les ingénieurs-concepteurs se serviront pour mieux définir les spécifications de l'appareil et resserrer leur évaluation des coûts. Le prix du CRJ a été fixé à 15 millions de dollars US, soit environ 5 millions de plus qu'un avion turbopropulsé de taille équivalente. Cela dit, le CRJ s'acquitte d'un vol de 500 km en moins d'une heure, réduisant sa durée de moitié. Et avec une autonomie de vol de 1 800 km (portée par la suite à 3 200 km), il peut parcourir sans ravitaillement des distances beaucoup plus grandes que ses concurrents.

Pour porter sa capacité à 50 passagers, le Challenger va devoir être allongé, ce que les ingénieurs de Canadair accomplissent à l'aide d'une rallonge de 3,25 m dans le fuselage, juste à l'avant de l'aile, ainsi que par une extension de 3 m à l'arrière. Les moteurs General Electric CF34 sont conservés, quoique légèrement modifiés, si bien que le poids au décollage n'est augmenté que de 10 pour cent. Les ailes sont allongées de 91 cm, un ajustement proportionnel à la longueur de l'avion. D'autres changements préparent le Challenger à un usage commercial, notamment: le caisson de voilure sera solidifié; un revêtement d'aile plus épais est utilisé; le train d'atterrissage est renforcé et équipé de pneus plus volumineux.

Affranchi du bruit et des vibrations propres aux avions turbopropulsés, le jet régional Challenger offre un vol plus doux et plus confortable à ses passagers. L'étude de McConachie révèle que la clientèle est prête à payer le prix fort pour ces commodités. Le voyageur aime également de ne pas se retrouver à l'étroit: arborant une hauteur libre de 185 cm au-dessus des sièges, un dégagement de 78 cm pour les jambes et des rangées de quatre sièges seulement, le CRJ n'est pas moins spacieux que la classe économique des grandes compagnies aériennes.

L'appareil souffre cependant d'un déplorable défaut de conception: ses hublots sont placés trop bas. Seuls les plus petits passagers n'auront pas à pencher la tête pour regarder dehors. Pour de longs vols, les gens de grande taille y verront un inconvénient. Encore aujourd'hui, McConachie ne peut s'empêcher de rigoler lorsqu'il raconte qu'à l'époque où les dimensions du CRJ ont été fixées, les deux plus hauts dirigeants de Canadair ont jugé la hauteur des hublots tout à fait adéquate. Le hic, c'était que le premier était de très petite taille et que l'autre était confiné à un fauteuil roulant. «Ils ont dû dire: "Ne changez rien, c'est parfait comme ça", de lancer McConachie d'un ton goguenard. Le genre de décision qui cause des emmerdes aux autres des années plus tard[9].» Cette lacune, tolérée sur les premiers modèles, a été rectifiée par la suite sur les versions à plus grande capacité du CRJ.

L'assurance d'une aide gouvernementale est un autre facteur qui a décidé Bombardier à amorcer la production du jet régional: le gouvernement canadien et le gouvernement québécois approuvent les demandes que la compagnie a soumises à cet effet et s'engagent à allouer 86 millions de dollars au développement du nouvel aéronef. Le fédéral couvre la moitié de la contribution par l'entremise du Programme de productivité de l'industrie du matériel de défense, précurseur de Partenariat technologique Canada ; le provincial octroie l'autre moitié sous la forme d'un prêt émis par la Société de développement industriel du Québec.

Malgré l'appui gouvernemental, la décision de Bombardier de développer le jet régional est « une initiative audacieuse[10] », selon McConachie, où la compagnie joue le tout pour le tout. Il serait aisé de croire que Bombardier peut se lancer sans crainte dans la production de son jet régional, mais elle doit investir 250 millions de ses poches, ce qui représente la moitié de sa capitalisation boursière, sur un nouveau produit pour lequel il n'y a pas encore de marché établi. De fait, la vaste majorité de l'industrie demeure sceptique quant à la viabilité d'un jet commercial produit à petite échelle.

McConachie se souvient que plusieurs des grands transporteurs aériens « pensaient qu'on était complètement fêlés[11] ». Et puis, la conversion d'un avion d'affaires en jet régional n'a rien d'une évolution naturelle.

Il s'agit, financièrement parlant, de deux marchés bien différents : la clientèle de l'avion d'affaires paie généralement d'une traite un produit qui est disponible immédiatement ; plus coûteux et plus longs à produire, les avions régionaux doivent être commandés à l'avance et nécessitent un financement spécial. Acheter un jet régional, c'était un peu comme acheter « un plan financier volant[12] ». Et comme les compagnies aériennes sont susceptibles de commander ce type d'avion à la douzaine, il faut recourir à un consortium de prêteurs plutôt qu'à une seule banque. Les montants en jeu sont si importants que le client a tendance à baser son choix sur les conditions de financement – taux d'intérêt, échéances de paiement, etc. – plutôt que sur les caractéristiques de l'appareil lui-même.

L'avion régional diffère aussi de l'avion d'affaires au plan structurel et par ses exigences de maintenance. Un avion d'affaires ne passe chaque année que de 400 à 500 heures dans les airs, alors qu'un avion régional peut cumuler annuellement de 2 500 à 3 000 heures de vol. Eu égard à cette forte fréquence d'utilisation et au besoin, plus pressant ici que dans le cas de l'avion d'affaires, de respecter la ponctualité des vols, le jet régional nécessite des composants plus durables ainsi qu'un entretien courant plus poussé.

« Mais nous avons toujours été une société en croissance, dit Laurent Beaudoin. Alors, quand nous avons vu que Canadair projetait de développer un jet commercial de 50 places, nous avons formé une équipe pour étudier la chose. Lorsque ses conclusions se sont avérées positives, nous avons rassemblé les meilleurs ingénieurs de Canadair, nous les avons installés dans un bâtiment distinct et nous leur avons demandé de développer un jet régional[13]. »

L'entreprise connaît un succès retentissant : une décennie plus tard, les usines de Canadair produisent 12,5 jets régionaux par mois.

NOUVEAU PILOTE AU GROUPE AÉRONAUTIQUE

Concevoir une idée originale est une chose, la mettre en œuvre en est une autre. En allant de l'avant avec le projet du jet régional Canadair, Bombardier se retrouve confrontée à une tâche logistique herculéenne : il lui faut mettre sur pied et gérer des ressources en constante expansion qui incluent un contingent de plusieurs milliers de techniciens et de travailleurs qualifiés, une quantité incalculable d'équipements sophistiqués et des installations à la fine pointe de la technologie. Et Bombardier doit accomplir cela sans interrompre sa production d'avions d'affaires Challenger, tout en continuant d'administrer ses diverses acquisitions, de développer de nouvelles générations de produits et de concevoir des stratégies pour lutter contre la concurrence. Le pilote que Bombardier engage pour négocier ces cieux turbulents des années 1990 se nomme Robert Brown.

Brown succède à Donald Lowe à la présidence de Canadair en février 1990, après que ce dernier eut été nommé vice-président du conseil d'administration de Bombardier. Deux ans plus tard, Brown devient président du Groupe Aéronautique Bombardier en Amérique du Nord, puis président et directeur de l'exploitation de Bombardier Aéronautique en 1996. Une autre promotion l'attend en 1999, alors qu'il accède aux postes de président et de PDG de Bombardier.

Robert Brown est né en 1945 d'un père canadien, qui, à cette époque, est soldat et posté en Angleterre, et d'une mère britannique. À la fin de la guerre, ses parents quittent la terre de Shakespeare pour s'installer dans la capitale canadienne d'Ottawa. Bon élève et athlète de talent, le jeune Robert fréquente l'école secondaire de Nepean, puis le Collège militaire royal de Kingston, institution dont la mission première consiste à former de futurs officiers pour les Forces canadiennes. Brown ne rejette pas l'idée d'une carrière militaire, mais il est surtout intéressé à ce que l'armée lui paie son éducation universitaire. Le grand gaillard de 1,80 m devient le capitaine des Redmen, l'équipe de basketball du collège dont il est aussi le meilleur marqueur. Il obtient son baccalauréat en sciences en 1967. Un de ses confrères de classe le décrit comme un type « intellectuel et peu bavard [...] qu'on sentait destiné à faire de grandes choses[14] », alors que dans l'album des finissants on le qualifie de « sérieux et réservé[15] ».

À sa sortie du collège militaire, Robert Brown rallie les Forces armées canadiennes et est posté en Allemagne durant uelques années. Il revient à Ottawa en 1971 à la faveur d'un poste de fonctionnaire au fédéral. Trois ans plus tard, il devient l'adjoint de direction du sous-secrétaire du Conseil du Trésor, Gordon Osbaldeston. Parallèlement à ses responsabilités professionnelles, il suit en 1983 le programme de management avancé de la Harvard Business School. Brown gravit rapidement les échelons de la fonction publique, devenant à 40 ans sous-ministre adjoint au ministère de l'Expansion économique régionale (MEER), lequel bénéficie d'un budget de plus de 1 milliard de dollars pour soutenir financièrement les industries canadiennes. Brown est responsable d'une branche qui englobe plusieurs secteurs à prédominance de capital, dont l'aéronautique, les télécommunications, le secteur pétrochimique, ainsi que des sociétés de la Couronne comme Canadair.

Le MEER prospère peu sous les auspices du Parti progressiste-conservateur, ce qui incite Brown à tenter sa chance ailleurs. Il y a longtemps qu'il songe à faire le grand saut de la fonction publique au monde des affaires. Le moment lui semble propice. Un ancien ministre du Cabinet libéral pour qui Brown a travaillé, Ed Lumley, parle de Brown à Laurent Beaudoin, qui communique avec lui. Les deux hommes se rencontrent pour la première fois quelques semaines à peine après que Bombardier a acheté Canadair – Brown n'a pas participé aux négociations, qui ont été menées par une agence gouvernementale dirigée par la ministre d'État à la Privatisation,

Barbara McDougall. « J'ai tout de suite senti que nos personnalités étaient compatibles, se souvient Laurent. La chimie opérait[16]. »

En février 1987, Robert Brown se joint aux rangs de Bombardier à titre de vice-président du développement corporatif ; il sera nommé vice-président senior du développement de l'entreprise et de la planification stratégique deux ans plus tard. Laurent est particulièrement fier de ce nouveau collaborateur qui bénéficie de nombreuses relations au sein du gouvernement fédéral, où il a passé les 10 dernières années, et qui est de surcroît un grand spécialiste des stratégies industrielles. « Il a travaillé aux plus hauts échelons du fédéral, donc il en connaît le fonctionnement, explique l'analyste en courtage Benoît Chotard. Les compagnies qui brassent des affaires à l'échelle planétaire ont besoin de gens qui ont ce genre de compétences[17]. »

Laurent découvre en Robert Brown un adversaire de choix pour les parties de gin-rami qu'il aime disputer pour passer le temps lorsqu'il est en avion, mais aussi un négociateur efficace à qui l'on peut confier des affaires importantes. Également admiratif de Brown, Ed Lumley dit qu'il est « le secret le mieux gardé au Canada[18] » et souligne le rôle important qu'il a joué au début des années 1980 lors de négociations avec des compagnies automobiles américaines – au terme des pourparlers, les constructeurs américains ont consenti à investir plusieurs milliards de dollars en sol canadien.

Bombardier va mettre à profit l'expérience de Brown dans plusieurs dossiers, dont celui relatif à l'acquisition de Short Brothers. « C'est là que j'ai vu les talents de négociateur de Bob, confie Laurent Beaudoin. Il a cette capacité d'amener les gens à accepter ses idées[19]. »

Avant de se lancer dans des négociations, Brown prend toujours soin de circonscrire la situation dans son esprit et d'identifier les valeurs en jeu. La première chose que l'on doit faire, dit-il, est de se demander qui l'on est et ce que l'on veut accomplir. Dans le cas de Bombardier, l'intention est de : 1) procurer un rendement supérieur aux actionnaires ; 2) contrôler la destinée de la compagnie ; et 3) cultiver l'esprit d'entreprise. Ce sont ces valeurs qui dictent le style de négociation que Brown entreprend pour Bombardier. Une fois que ce contexte a été mis en place, il faut « essayer de comprendre ce que la partie adverse cherche à accomplir[20] ». L'optimisation du rendement n'est pas nécessairement la préoccupation première de l'autre camp, surtout lorsqu'il s'agit d'acheter une société d'État, ainsi que Bombardier le fait si souvent. Brown sait, par ses années d'expérience dans le secteur public, que dans ce type de scénario les enjeux sont aussi variés que les acteurs impliqués.

Plutôt que de proposer, ainsi que l'ont fait les autres enchérisseurs lors de la vente de Short Brothers en 1989, une solution qui suggère le démantèlement de la compagnie, Bombardier a soumis au gouvernement anglais une offre dans laquelle elle indique clairement ce dont elle a besoin pour promouvoir les intérêts des diverses parties prenantes : en échange d'une aide gouvernementale adéquate et de la consolidation des sept syndicats présents chez Shorts en une seule entité, Bombardier s'engage à constituer un plan d'investissement et de sous-traitance complet pour soutenir le développement du jet régional.

Les deux dernières journées de négociation s'avèrent cruciales. Robert Brown, Laurent Beaudoin et Barry Olivella, vice-président des acquisitions chez Bombardier, ont soumis une offre finale qui ne semble pas assez élevée pour le gouvernement anglais. Les deux parties conviennent de suspendre les négociations jusqu'au lendemain, histoire de voir si la nuit leur porte conseil. À défaut de trouver un terrain d'entente d'ici là, elles laisseront tout tomber.

L'équipe de Bombardier travaille jusqu'aux petites heures, épluchant bilans et états financiers dans l'espoir de trouver un détail, un nouvel angle d'attaque qui lui permette de réchapper ce qui semble être une cause perdue. Puis la partie adverse communique avec elle tôt le matin pour la convier de nouveau à la table des négociations. L'autre camp a révisé ses positions durant la nuit pour en arriver à des conditions qu'il juge satisfaisantes pour les deux parties. L'entente est enfin conclue.

« Il faut avoir le courage de s'arrêter et d'attendre la réponse de la partie opposée, d'expliquer Brown. Dans ce cas particulier, le mieux était d'attendre qu'ils nous reviennent avec une contre-proposition. Dans la vie comme en affaires, il faut parfois laisser les choses suivre leur cours. L'autre partie revient tôt ou tard si votre offre se tient. Mais pour maîtriser cette approche, il faut apprendre à se la fermer [...]. Quand les pourparlers atteignent un point critique, il faut avoir la discipline d'attendre que l'autre s'exprime. Ce n'est pas toujours facile, ajoute-t-il en rigolant. Il m'arrive de jouer à ça avec les enfants : nous nous asseyons autour d'une table et restons silencieux le plus longtemps possible, le but du jeu étant de voir combien de temps nous pouvons tenir sans parler[21]. »

Au début des années 1990, Robert Brown se voit confier la présidence de Canadair. À ce titre, il doit assurer le transfert vers l'aéronautique du système manufacturier SMB que Bombardier a créé à l'intention de sa division du transport sur rail. Un des architectes du système, Roland Gagnon, est le fer de lance de cette entreprise de longue haleine.

Un autre projet pluriannuel dont Brown a la charge vise l'augmentation de la productivité des ingénieurs de la compagnie. Un contrat de sous-traitance de 1,7 milliard de dollars que le consortium Airbus a accordé à Canadair pour fabriquer des composants de fuselage et assembler des ailes lance l'initiative de belle façon et permet aux ingénieurs de Canadair d'avoir accès aux techniques, aux procédés et aux outils informatiques de la société française Aérospatiale.

Bombardier réalise finalement des gains de rendement considérables, notamment par l'application d'un nouveau plan d'aménagement de l'outillage et d'une modularisation des composants, modifications qui permettent, entre autres choses, de réduire de 30 pour cent le temps d'assemblage final du bombardier d'eau CL-415. Ces nouvelles techniques sont le fruit d'une collaboration plus étroite entre les ingénieurs-concepteurs et les ingénieurs de fabrication, et de nouvelles technologies assurant une plus grande précision dans la coupe et le raccord des pièces. Les économies réalisées en temps et en espace permettent à la compagnie d'assembler le CL-415, le Challenger et le jet régional CRJ sous un même toit: à l'aéroport de Dorval, sur le site de l'usine Canadair, Bombardier parvient à faire fonctionner trois chaînes de production dans un bâtiment conçu pour n'en abriter qu'une seule. Cette utilisation optimale de l'espace lui évite d'avoir à louer d'autres espaces, ce qui est une économie de plus.

En novembre 1989, Canadair s'attaque aux premières pièces du CRJ. Une division spéciale, réservée au jet régional, a été créée au sein de la compagnie juste avant la nomination de Robert Brown. Le président de cette division, Bob Wohl, a été vice-président directeur du projet durant la phase de développement du CRJ (à laquelle Eric McConachie a participé). Avocat de profession, Wohl a acquis au fil des ans, chez Canadair et auprès d'autres employeurs, une expérience considérable dans les domaines de la gestion de projet et de l'ingénierie de mise au point. Vétéran de Canadair, Wohl connaît tous les employés et est donc un lien précieux entre le personnel de Canadair et les dirigeants de Bombardier.

Quelques mois après son arrivée chez Canadair, Brown se voit confier la gamme d'avions d'affaires Learjet, laquelle vient compléter chez Bombardier la famille des produits appartenant à ce créneau. Bombardier laisse carte blanche aux cadres de Learjet qui continuent de gérer leurs exploitations comme auparavant, à cette différence qu'ils doivent désormais rendre compte de leurs progrès à Brown.

Deux ans plus tard, Brown assume la responsabilité d'une autre série de produits avec l'arrivée, dans le giron de Bombardier, des avions régionaux turbopropulsés de De Havilland. Les défis que Brown a à relever en ce cas-ci concerneront l'intégration des exploitations de production et des services de marketing de la nouvelle acquisition.

Le jet régional Canadair demeure l'élément charnière de cet univers tumultueux. Rodée au quart de tour, la production ne tarde pas à atteindre sa vitesse de croisière. Un premier prototype émerge de l'usine pour réaliser un vol d'essai initial en mai 1991. Le budget et l'échéancier de production ont tous deux été respectés. La compagnie aérienne Lufthansa prend livraison du tout premier CRJ à la fin de 1992. Bien qu'elle se soit montrée très exigeante durant la phase de développement de l'appareil, Lufthansa se dit très satisfaite du nouvel avion et déclare publiquement qu'il ne présente pratiquement aucun de ces problèmes mécaniques ou autres, si fréquents quand un nouveau modèle fait son entrée sur le marché.

LE GRAND DÉCOLLAGE

Canadair est le seul avionneur à offrir un jet régional à ce moment-là. Les deux autres prétendants, Shorts et Embraer, ne sont plus dans la course. Bombardier a neutralisé le premier en en faisant l'acquisition. Embraer, qui est toujours la propriété du gouvernement brésilien, n'a pas tenu sa promesse de lancer un jet régional de son cru en même temps que Bombardier, principalement parce qu'elle s'est avérée incapable de fixer des réacteurs à la structure existante de son 45 places turbopropulsé.

Cette absence de concurrence n'assure pas pour autant le succès du CRJ, dont les ventes s'étiolent à partir de 1989 après une bouffée d'intérêt initial. Le tarissement des commandes coïncide avec l'apparition d'une nouvelle récession, avec l'intensification de la guerre du Golfe et avec la flambée des prix de l'énergie. Durant la première année de Brown à la barre de Canadair, le jet régional n'a pas suscité l'enthousiasme du marché. De la centaine de clients potentiels qui ont fourni une lettre d'intention à Bombardier, seulement une douzaine ont consenti à faire le dépôt de 150 000 dollars qui assure leur place dans le carnet de commandes. Un client, Ansett Worldwide Aviation, a même annulé une commande de 10 appareils.

À cette époque, le vice-président des acquisitions de Bombardier, Barry Olivella, s'insurge contre la politique monétaire de la Banque du Canada qui s'acharne à faire monter les taux d'intérêt et le cours du dollar canadien, deux mesures qui rendent la production canadienne non concurrentielle sur les marchés internationaux. « Ce n'est plus rentable d'investir au Canada ou d'exporter à partir du Canada[22] », commente Olivella.

En 1991, l'équipe de marketing que dirige Bob Wohl est en plein remaniement. Occupé à mener une étude de marché pour un jet de 70 places, McConachie quitte bientôt Bombardier pour retourner à ses activités de conseiller autonome. Tom Appleton, un spécialiste du marketing qui travaille chez de Havilland, est nommé directeur général adjoint au marketing de la division Jet régional. Appleton préconise une nouvelle stratégie de mise en marché qui, plutôt que de jouer sur la rivalité entre avions à hélices et avions à réaction, présente le jet régional comme un avion de plus long courrier pouvant se substituer avantageusement aux gros-porteurs sur les destinations éloignées à plus faible achalandage.

À l'automne de 1991, une soudaine bourrasque de commandes totalisant près de 1 milliard de dollars souffle pendant 29 jours sans discontinuer. Comair Inc., une compagnie subsidiaire de Delta Air Lines à Atlanta, devient le premier client du jet régional en Amérique du Nord avec une commande de 20 appareils et une option pour 20 autres. Les représentants gouvernementaux présents à l'annonce de la nouvelle mentionnent que Exportation et développement Canada (EDC) garantit, par l'entremise d'un consortium bancaire international, 90 pour cent du financement de 395 millions accordé à Comair.

Le gouvernement français passe, lui, commande de 12 de ces bombardiers d'eau que Canadair vient de revamper. Bombardier signe par ailleurs une entente avec le ministère canadien de la Défense nationale visant la formation de nouveaux pilotes.

Après cet intervalle mouvementé, c'est le calme plat : il n'y a aucune nouvelle commande pour l'essentiel de 1992 et les trois quarts de 1993. L'absence totale de demande durant cette période de 20 mois est très inquiétante pour le personnel de Bombardier. La compagnie a misé la moitié de sa capitalisation boursière sur le jet régional, or, le pari s'avère plus risqué qu'il ne l'a semblé au début. Bombardier songe pendant un moment à réduire certains éléments du projet. Le manque d'intérêt pour le jet régional, conjugué aux problèmes contractuels associés au projet du tunnel sous la Manche, entraîne une chute momentanée des actions de Bombardier.

En plein cœur de cette période angoissante, Brown livre devant des membres de la Chambre de commerce une allocution dans laquelle il demande aux responsables des programmes aéronautiques gouvernementaux de procéder à une distribution plus efficace des subventions destinées aux firmes d'aéronautique. « Les politiques gouvernementales qui exigent que tout contrat majeur entraîne des retombées économiques régionales occasionnent des problèmes de surcapacité et affaiblissent les centres d'excellence », déclare-t-il, ajoutant que les subventions offertes aux firmes étrangères pour qu'elles s'installent au Canada produisent le même effet pernicieux. Les centres d'excellence du secteur aéronautique canadien, à Montréal, Winnipeg, Vancouver, Calgary, Edmonton et Halifax, ont besoin de politiques d'achat qui leur permettent d'intensifier la recherche et le développement et leur donnent la capacité d'être concurrentiels à l'échelle mondiale. « Pour pouvoir profiter de la mondialisation, conclut Brown, nous devons créer, ainsi que l'ont fait les Européens, un partenariat à long terme entre l'industrie et le gouvernement[23]. »

En août 1993, deux mégacontrats viennent chasser le spectre qui plane sur le jet régional Canadair : SkyWest Airlines, une compagnie subsidiaire de Delta Air Lines basée dans l'Utah, achète 10 CRJ avec une option pour 10 autres ; le second client, Air Canada, signe une lettre d'intention pour 24 appareils avec 24 autres en option. La commande d'Air Canada est financée en partie par Bombardier et par EDC, dont le mandat a récemment été élargi pour qu'elle puisse accorder des prêts à des clients canadiens si la vente fait la promotion d'une manière ou d'une autre de l'exportation. Dans le cas présent, EDC a jugé que la transaction aide Bombardier à s'imposer en tant qu'exportateur et qu'elle permet à Air Canada de développer sa clientèle sur les liaisons point à point vers des villes américaines une fois que l'accord « ciel ouvert » entre le Canada et les États-Unis entrera en vigueur.

Le 30 août 1993, Bob Wohl quitte Bombardier. Son poste, converti à celui de « président de Bombardier Aéronautique, division Avions régionaux » après l'acquisition de De Havilland, est confié à Pierre Lortie. Ambitieux et dynamique, Lortie est détenteur de diplômes universitaires en génie, en économie et en études commerciales, et il est l'auteur d'un ouvrage primé intitulé *Economic Integration and the Law of GATT*[24]. Il a occupé, au fil de sa carrière, plusieurs postes de direction : il a été président et chef de la direction de la Bourse de Montréal de 1981 à 1985 ; président et chef de la direction de la chaîne alimentaire Provigo de 1985 à 1989 ; et président de la Commission royale sur la réforme électorale et le financement des partis de 1989 à 1992. Il s'est joint au groupe Bombardier en 1990 à titre de président de Bombardier Capital.

Lortie reste quatre ans aux rênes de la division des avions régionaux avant de passer au Groupe international Bombardier, puis à Bombardier Transport. La division prend véritablement son envol sous son intendance, qui coïncide fortuitement avec l'amorce de la reprise économique. La demande pour les jets régionaux bondit tout à coup, de même que les ventes de la série Dash 8 de De Havilland. Le carnet de commandes de Bombardier se garnit, tant et si bien qu'il faut augmenter à plusieurs reprises la cadence de production. À l'automne de 1995, on passe de quatre à cinq jets régionaux par mois, et de trois à quatre Dash 8 par mois, mais ce n'est là qu'une étape dans une courbe de production en pleine expansion. Dès 1996, Bombardier s'impose comme acteur de premier plan dans l'univers du jet régional : sa part du marché mondial passe cette année-là à 42 pour cent, alors qu'elle n'était que de 10 pour cent en 1992.

Plusieurs nouveaux avions sont lancés durant le règne de Pierre Lortie. Le Dash 8 Q400 est équipé d'un système de suppression du bruit et des vibrations qui fait de lui le turbopropulsé le plus confortable et le plus silencieux de sa catégorie – il est sur ces points quasiment l'égal du jet régional. Au cœur de ce système très sophistiqué que Bombardier a mis plusieurs années à développer, on retrouve 72 microphones disposés le long du fuselage pour capter les bruits et vibrations que les hélices transmettent à l'appareil. Cette information est relayée à un ordinateur qui contrôle 40 plaques métalliques insérées dans le corps de l'appareil ; ces plaques vibrent de manière déphasée par rapport au fuselage, annulant ainsi les trépidations causées par les hélices.

Un autre appareil intéressant est lancé vers la fin du mandat de Lortie, en 1997 : le jet régional Canadair à 70 places, ou CRJ-700, a coûté 645 millions de dollars à développer et affiche un prix de vente de 23 millions. La principale lacune du jet régional à 50 places a été rectifiée : la position des sièges a été abaissée et les hublots ont été placés plus haut, si bien que les passagers peuvent désormais regarder dehors sans avoir à pencher inconfortablement la tête. Les analystes de l'industrie soulignent que le CRJ-700 arrive juste à temps pour combler le vide que Fokker, le plus grand fabricant d'avions turbopropulsés au monde, a laissé dans le marché des appareils à 70 places lorsqu'il a déclaré faillite en 1996.

Mais surtout, le CRJ-700 va permettre à Bombardier de tenir à distance durant quelques années celui qui va s'avérer son plus redoutable concurrent : le brésilien Embraer, avec lequel s'engage une lutte acharnée…

LE CIEL SE COUVRE

À l'automne 1995, peu après sa nomination à la tête de la direction d'Embraer, Maurico Botelho accroche une photo du turbopropulsé CBA-123 dans le hall du siège social de la compagnie à São Jose dos Campos, une localité bucolique située à 80 km de São Paulo. S'il n'est pas inhabituel pour un constructeur aéronautique d'exposer des photos de ses propres aéronefs sur ses murs, dans ce cas-ci, le geste a une signification bien particulière : le CBA-123 est l'un des plus gros échecs qu'ait connus Embraer.

Pourquoi exhiber ainsi, à la vue de tous, un bide aussi embarrassant ? « Cette photo est là pour nous rappeler nos erreurs passées, explique Botelho. Le CBA-123 a été conçu dans les années 1990 de façon à satisfaire toutes les exigences que pouvait avoir un pilote. Il était rapide, silencieux, son niveau de vibration était très faible […] bref, c'était un avion extraordinaire. Son seul défaut était qu'il coûtait 50 pour cent plus cher que ce que le marché est prêt à payer pour un tel appareil. Nous n'en avons pas vendu un seul[25]. »

Après avoir essuyé ce revers, Embraer a résolu de se montrer plus sensible aux impératifs du marché. Suit une reprise impressionnante qui débute en 1996 avec l'entrée de la compagnie sur le marché du jet régional. Embraer accuse trois ans de retard sur Bombardier, mais elle rattrape vite le temps perdu et bénéficie dès l'an 2000 d'une hausse météorique de ses ventes, en raison des prix à tout casser qu'elle peut offrir. Elle devient l'une des plus grandes exportatrices du Brésil, ainsi qu'un véritable symbole national.

Au milieu de 1996, Bombardier accuse un solide coup lorsqu'elle perd sa place de seul fournisseur de jets régionaux au monde: son concurrent brésilien, Embraer, annonce qu'il vient de décrocher une première commande de 25 unités de son nouveau jet à 50 places, le ERJ-145, au transporteur régional Continental Express de Houston, au Texas. Le CRJ affiche une plus grande durabilité, une montée plus rapide, une autonomie de vol supérieure et des turboréacteurs plus efficaces, mais à 18 millions de dollars US, il est 3 millions de dollars plus cher que son équivalent brésilien. Et beaucoup plus cher, si l'on tient compte d'un autre facteur.

Le contrat de la Continental a été accordé au terme d'une bataille opiniâtre entre Embraer et Bombardier. La firme québécoise a accusé le gouvernement brésilien de donner à Embraer des subsides illégaux, selon les règles de l'Organisation mondiale du commerce (OMC), qui font passer le prix de son jet de 15 millions à 12,5 millions de dollars US l'unité. En plus de l'avantage conféré par les subventions du gouvernement, le transporteur Continental se voit offrir également une autre prime. « Avant d'accorder le contrat à Embraer, Continental n'avait aucun droit de trafic au Brésil, souligne amèrement Robert Brown. Après la signature du contrat, le gouvernement brésilien a accordé ces droits à Continental. Un peu étrange, vous ne trouvez pas[26] ? »

En juin 1997, Brown reçoit un coup de fil du président d'American Eagle, un transporteur régional affilié à American Airlines. L'homme en question considère l'achat d'une quarantaine de jets régionaux à 50 places, si Bombardier les lui vend au même prix que le jet d'Embraer. Après mûre considération, Brown conclut qu'il lui est impossible d'égaler les prix de son concurrent, puisque Embraer peut faire bénéficier ses clients d'un financement qui abaisse davantage le prix dû. Il se bat bec et ongles jusqu'à la fin, mais rien n'y fait: au bout du compte, il doit concéder à Embraer ce contrat d'une valeur de près de 1 milliard de dollars. American Eagle commande finalement 25 des nouveaux jets à 70 places de Bombardier (Embraer ne propose aucun modèle dans cette catégorie), néanmoins le mal est fait : Embraer a réussi une percée majeure en obtenant ainsi la faveur du plus grand réseau aérien régional au monde.

De 1996 à 2001, soit jusqu'à ce que le gouvernement canadien décide enfin de riposter au gouvernement brésilien en lui faisant goûter sa propre médecine, Embraer va avoir les coudées franches pour gruger le marché de Bombardier. Les deux parties ne combattant pas à armes égales, Bombardier ne pourra freiner l'ascension de son concurrent, car il aura fallu beaucoup de temps à l'OMC pour réagir contre ces pratiques commerciales déloyales. Embraer aura tout le loisir de s'approprier une bonne part du marché.

De plus, au début de 1998, les géants de l'aéronautique commencent aussi à faire des remous. Boeing annonce qu'elle haussera sa production de Boeing 717, un nouvel avion de ligne à 100 places positionné à l'extrême limite du marché régional. Airbus lui emboîte le pas peu après en annonçant qu'elle réduit la taille de son A319 pour offrir un modèle semblable au Boeing 717. L'envergure de ces deux firmes et les ressources dont elles disposent font d'elles des rivales redoutables dans les sphères du transport aérien régional.

D'autres nouveaux modèles font leur entrée à l'autre extrémité de la gamme de prix, notamment une version à 37 places du jet régional d'Embraer, qui vient menacer les turbopropulsés Dash 8 de Bombardier. Ce nouveau développement pousse Bombardier à dénoncer plus ardemment encore les politiques de subvention à l'exportation du gouvernement brésilien ; il devient urgent que les tribunaux du commerce international interviennent. « Les subventions dont bénéficie Embraer lui ont permis de nous arracher une part du marché, déclare Robert Brown. Les produits aéronautiques devraient être jugés selon leur performance, leur coût d'exploitation et leur fiabilité – le financement ne devrait pas être un facteur[27]. » Ou, plus précisément, des taux d'intérêt inférieurs à ceux du marché ne devraient pas être un facteur de considération.

Cette concurrence n'empêche pas Bombardier de faire de bonnes affaires. Jusqu'au début du XXIe siècle, la demande pour les jets régionaux monte en flèche, beaucoup plus rapidement que l'accroissement de l'offre. Au printemps 2000, Bombardier décroche le plus gros contrat de son histoire, une commande de 94 jets régionaux d'une valeur de 3 milliards de dollars. Les deux clients, Comair et Atlantic Southeast Airlines, deux compagnies subsidiaires de Delta Airlines, ont déjà 125 avions à réaction Bombardier en service. La commande comprend une option pour 406 appareils supplémentaires sur une période de 10 ans au prix de 9 milliards de dollars.

La meilleure arme de Bombardier est sa capacité d'innover rapidement. Bombardier est ainsi la première à offrir des jets régionaux à 70 et à 90 places. Les premiers 70 places sont livrés au début de 2001 ; le 90 places en 2003 ; le 100 places en 2010. Les trois avions ont au moins une année d'avance sur leurs plus proches concurrents.

Il est très important pour Bombardier d'être première sur le marché, et ce, pour une raison bien simple : une fois qu'une compagnie aérienne commence à faire affaire avec un avionneur, il n'est pas très tentant pour elle de se tourner vers une autre marque, sachant que cela lui occasionnera des frais considérables ; la transition vers un autre constructeur oblige en effet le transporteur à former ses pilotes aux nouveaux appareils et à réorganiser son service de maintenance. En étant première à introduire tel ou tel type d'avion sur le marché, Bombardier bloque donc ses concurrents.

Cette longueur d'avance est capitale si l'on tient pour acquis que le marché du jet régional atteindra tôt ou tard sa phase de maturité, tout comme le marché de la motoneige dans les années 1970 ou celui de la motomarine dans les années 1990. L'augmentation trop rapide de l'offre, la stabilisation de la demande ou une combinaison des deux peut mener à un engorgement du marché. Bon nombre de firmes aéronautiques, en voyant leurs profits s'étioler, quittent l'industrie ou vont se réfugier sous le parapluie d'une société mère plus fortunée.

En 1999, Embraer manifeste elle aussi son intention de développer sa famille de jets régionaux en ajoutant à ses avions de 37 et de 50 places des nouveaux modèles accueillant respectivement 70, 98 et 108 passagers. Pour ce faire, elle doit développer une nouvelle plateforme, puisque le ERJ-145 ne peut être allongé. Cela donne un avantage concurrentiel à Bombardier, qui gagne plusieurs années en optimisant la plateforme de son jet régional.

En 2000, l'avionneur brésilien a par ailleurs décidé de percer le marché du jet d'affaires avec un modèle baptisé « Legacy », dérivé de son jet régional. La production n'a pas encore débuté que déjà 50 unités sont vendues, à un prix, en moyenne, 15 pour cent moins cher que les modèles comparables que l'on retrouve sur le marché.

Mais ce n'est pas tout : désireuse d'intensifier sa présence dans le secteur militaire, Embraer s'emploie à revigorer son avion d'entraînement Tucano ainsi qu'un avion de chasse qui s'est avéré très populaire, parce que relativement économique, dans les pays du tiers-monde durant les années 1970 et 1980. Les dirigeants d'Embraer voient en ces avions militaires un produit à très fort potentiel de croissance susceptible de surpasser le rendement pourtant excellent de leurs jets régionaux.

À la Belgique, à la Grèce, au Mexique et au Venezuela, qui faisaient tous partie de leur clientèle militaire, s'ajoutent les nombreuses nations tiers-mondistes qui vont bientôt devoir remplacer leurs flottes vieillissantes de F-5, de MIG-21 et de Mirage 3. Embraer s'attend même à faire des affaires d'or sur son propre territoire puisque l'armée de l'air brésilienne a entamé un programme de modernisation étalé sur de nombreuses années, prévoyant l'achat ou la restauration d'une centaine d'avions de chasse ou de fret.

Profitant du fait qu'elle a le vent dans les voiles, Embraer a formé une alliance avec quatre firmes françaises d'aéronautique, soit Dassault Aviation, Aérospatiale-Matra, Thales (anciennement Thompson-CSF) et Snecma. Le groupe des avionneurs français a acheté une participation de 20 pour cent dans Embraer, et transférera à la firme brésilienne, par l'entremise d'accords de licence, des technologies de pointe associées aux avions de chasse français de la série Mirage.

En décembre 2003, Air Canada commande 45 appareils Embraer 190, à 93 passagers, aux yeux et à la barbe de Bombardier. Cette commande est perçue par Bombardier comme un véritable coup de poignard dans le dos, alors même qu'elle et le gouvernement canadien sont engagés dans un bras de fer contre Embraer et le gouvernement brésilien pour dénoncer leurs pratiques déloyales. L'affaire prend des proportions colossales au fil des ans. Il faut vraiment y mettre un terme, et seule l'OMC peut le faire.

LES DESSOUS DE LA SAGA PRO-EX

L'histoire d'Embraer a commencé au temps de la Deuxième Guerre mondiale, époque où chaque nation reconnaissait l'incidence de la puissance aérienne sur la sécurité nationale. À la fin des années 1940, São Jose dos Campos est devenu le site d'un complexe militaire comprenant plusieurs instituts de recherche et de formation en ingénierie aéronautique. Ce sont des diplômés de ces écoles que l'armée de l'air brésilienne a embauchés lorsqu'elle a fondé Embraer en 1969. Au cours des deux décennies suivantes, la compagnie a élaboré et construit des avions militaires d'entraînement, de reconnaissance et de chasse, dont le chasseur AMX, développé en collaboration avec des firmes aéronautiques d'Italie, qui a été utilisé par les forces aériennes brésiliennes et italiennes durant la guerre du Kosovo.

Conçu à l'origine comme transporteur pour l'armée de l'air brésilienne, l'avion à hélices Bandeirante est devenu l'un des appareils les plus utilisés au monde pour le transport régional ; l'aéronef de 19 places était reconnu internationalement pour son faible niveau de bruit et sa vitesse de croisière plus que satisfaisante. Est venu ensuite l'EMB-120 Brasilia, un turbopropulsé commercial de plus long courrier capable d'accueillir 30 passagers, vendu à plus de 350 exemplaires dans une douzaine de pays. Embraer a conjugué éventuellement le design du EMB-120 et la technologie acquise lors du développement du chasseur AMX pour créer ses premiers avions à réaction civils : les jets régionaux ERJ-135 et ERJ-145, utilisés en Europe et dans les Amériques.

Le passage de l'avion turbopropulsé au jet régional ne s'est pas effectué sans heurts.

Au début des années 1990, Embraer éprouve de sérieuses difficultés financières, ayant accumulé des pertes de 1 milliard de dollars US et une dette équivalant à 400 pour cent de ses actifs nets. La demande pour les avions militaires a chuté avec l'érosion de la Guerre froide, privant le constructeur brésilien de sa principale source de revenus. Une tentative de diversification vers l'avionnerie commerciale s'avère plus compliquée que prévu en raison de son style de gestion hautement bureaucratisé, typique d'une société d'État. La culture d'entreprise pose elle aussi problème : habituée à répondre aux exigences du secteur militaire, qui réclame toujours la meilleure technologie à n'importe quel prix, Embraer se préoccupe peu des coûts engagés dans la production d'un avion. Cette insouciance est à l'origine de plusieurs fiascos économiques, dont celui du CAB-123.

En 1992, aux prises avec une récession, la dépréciation de leur monnaie et le rétablissement de la démocratie et du pouvoir civil dans leur pays, les autorités brésiliennes se décident enfin à dénationaliser Embraer. Mais le processus de privatisation s'éternise, ce qui retarde d'autant le refinancement du développement des jets régionaux. Soucieux de rendre la compagnie plus séduisante aux yeux des acheteurs éventuels, le gouvernement brésilien aurait assumé environ 700 millions de dollars US sur la dette d'Embraer et investi un autre 350 millions de dollars US dans l'entreprise. Au terme de l'encan final, en décembre 1994, la banque d'affaires brésilienne Bozano Simonsen se porte acquéreur de 85 pour cent de la compagnie au prix de 125 millions de dollars US; deux fonds de pension brésiliens se partagent le reste. Les actions d'Embraer sont inscrites à la Bourse du Brésil, et par la suite à celle de New York.

Procédant à une restructuration complète de la compagnie, les nouveaux propriétaires réduisent les coûts opérationnels, coupant de moitié une main-d'œuvre forte de 6 000 travailleurs, et instaurent un plan de capitalisation de plus de 500 millions de dollars US. Cadres et administrateurs sont remplacés et Botelho, qui est alors au début de la cinquantaine, est nommé chef de la direction. Ingénieur-mécanicien de formation, le nouveau dirigeant d'Embraer n'a aucune expérience dans le domaine de l'aviation, mais on le dit plus fin stratège que le gestionnaire brésilien moyen. Dans sa politique de réorganisation de l'entreprise, Botelho favorise une forme de partenariat entre la direction, les employés et les actionnaires. Pressentant le potentiel du jet régional, il concentre les ressources de l'entreprise au développement de nouveaux produits destinés à ce marché.

La Banque nationale de développement économique et social (BNDES) contribue largement au rétablissement d'Embraer. Le développement du jet régional ERJ-145 est rendu possible par un prêt de 120 millions de dollars US provenant de la BNDES. Une fois mis en production, l'ERJ-145 et l'ERJ-135 bénéficient du programme de financement à l'exportation Pro-Ex, une initiative de la BNDES visant à subventionner les taux d'intérêt sur le financement accordé aux clients étrangers d'entreprises brésiliennes. Un autre programme de la BNDES, Finamex, consent des lignes de crédit à un taux d'intérêt inférieur au taux créditeur brésilien. L'impact de ces programmes de la BNDES est renforcé en 1999 par une dévaluation de 39 pour cent du réal, l'unité monétaire du Brésil. Cette baisse radicale de la monnaie nationale avantage Embraer, qui perçoit l'essentiel de ses revenus en dollars américains.

Le programme Pro-Ex va devenir le point de mire d'une longue et virulente bataille commerciale entre le Brésil et le Canada. Officiellement, l'initiative a pour but de compenser le facteur de « risque pays », ou risque souverain, auprès des clients étrangers d'Embraer. Prisonniers d'un parcours économique marqué par l'hyperinflation et la dévaluation monétaire, le gouvernement et les banques brésiliennes se voient imposer des taux d'intérêt de 4 à 6 points de pourcentage plus élevés que leurs homologues européens et nord-américains. Cette prime de risque force les compagnies brésiliennes à imposer un taux de financement peu avantageux à leurs clients, ce qui est loin de favoriser les ventes à l'exportation.

Consciente de cet état de choses, l'Organisation mondiale du commerce (OMC) a mis en place des mesures autorisant les pays en développement comme le Brésil à accorder une subvention d'intérêts qui vient occulter la surcharge due au risque souverain. Dans les faits, cela signifie que si le taux d'intérêt sur emprunt du Brésil est fixé à 6 points de pourcentage au-dessus du taux de rendement des bons du Trésor américains et que les compagnies aériennes étrangères ont accès à un taux de financement 2,5 points de pourcentage au-dessus du taux des bons du Trésor, le gouvernement brésilien est autorisé, selon les règles de l'OMC, à fournir à Embraer une aide en intérêts de 3,5 points de pourcentage qui lui permet d'offrir à ses clients étrangers un taux de financement concurrentiel.

Le problème, c'est que les Brésiliens n'appliquent pas de cette manière le mécanisme d'aide proposé par l'OMC : au lieu de subventionner le taux d'intérêt auprès du prêteur (Embraer, en l'occurrence), Pro-Ex offre la réduction d'intérêts directement aux clients de l'entreprise, ce qui permet à l'acheteur d'emprunter à un taux inférieur au taux des bons du Trésor. Appliquée pour la première fois en 1996 à l'occasion de la transaction évoquée plus haut avec Continental Express, la méthode permet au transporteur américain de bénéficier d'une subvention de 3,8 points de pourcentage sur son emprunt, ce qui porte son taux d'intérêt à 1,5 point de pourcentage au-dessous du taux de rendement des bons du Trésor.

Le second client, American Airlines, jouit l'année suivante d'une réduction de 2,5 pour cent sur son taux d'intérêt. Échelonnée sur les 15 ans du prêt, cette réduction équivaut à des millions de dollars pour le client, tout en contournant les règles de l'OMC.

Bombardier proteste vigoureusement de sorte que, au début de 1997, le premier ministre du Canada, Jean Chrétien, et le président du Brésil, Fernando Henrique Cardoso, désignent des médiateurs indépendants pour tenter de résoudre à l'amiable leur différend commercial. Dans le rapport qu'ils soumettent cinq mois plus tard, les conciliateurs soutiennent que Pro-Ex est un programme légitime en soi, mais recommandent l'instauration de mesures pour prévenir toute forme d'abus dans son application. Les médiateurs se prononcent aussi contre toute forme de partenariat entre Bombardier et le gouvernement du Canada. Le rapport enjoint par ailleurs les deux parties à respecter les règles de l'OMC et de l'Organisation de coopération et de développement économiques (OCDE).

Le Canada est prêt à céder sur la question de partenariat (qu'il interprète comme un dispositif de cofinancement mis en place précisément pour la vente d'avions régionaux à Air Canada) et est même prêt à signer l'accord bilatéral proposé à condition que le Brésil modifie le programme Pro-Ex pour le rendre conforme aux règles de l'OMC et de l'OCDE et qu'il accepte qu'un mécanisme de contrôle indépendant soit mis en place.

Les autorités brésiliennes rejettent ces modalités, prétextant que le Brésil doit être exempté des contraintes imposées aux subventions à l'exportation en vertu de l'article 27 de l'Accord sur les subventions et les mesures compensatoires, lequel stipule que les pays en développement ont jusqu'en 2002 pour se conformer aux exigences de l'OMC.

Une autre affaire envenime le débat. À la fin de 1997, l'OTAN a confié la formation de ses pilotes à Bombardier. Au lieu d'employer les Tucanos d'Embraer comme avions d'entraînement comme prévu, Bombardier préfère plutôt un autre fabricant, car elle estime que ce dernier est plus apte à respecter l'échéancier très serré fixé par l'OTAN. Mais Embraer voit les choses autrement. « Cette décision-là nous a fait mal, rapporte un porte-parole de la compagnie. Ce fut une grosse perte et [...] un irritant majeur dans notre relation avec Bombardier. L'affaire était dans le sac, puis le contrat a été annulé pour des raisons politiques[28]. »

Pour sa part, Bombardier se sent justifiée de rendre à Embraer la monnaie de sa pièce et de faire perdre un contrat au concurrent qui lui arrache ses clients par des pratiques déloyales.

UNE AFFAIRE D'ÉTAT

En juillet 1998, la guerre larvée entre les deux compagnies fait la manchette lorsque chaque pays dépose une plainte officielle contre l'autre auprès de l'OMC. Évoquant le prêt de sauvetage de 41 milliards de dollars US que le Fonds monétaire international (FMI) lui a consenti avec d'autres organismes, le Brésil tente d'avoir gain de cause en jouant la carte du pays en voie de développement. Le comité d'arbitrage de l'OMC décrète finalement que le gouvernement brésilien a enfreint les conditions de l'article 27 en haussant ses subventions à l'exportation postérieurement à la rédaction de l'article en question, et en s'engageant à fournir une assistance financière par-delà la date limite de 2002. Le Canada n'est pas épargné lui non plus puisque l'OMC se prononce contre le programme Partenariat technologique Canada, qu'elle juge illégal. Après plusieurs appels, le Brésil doit finalement restreindre à 2,5 points de pourcentage les subventions de Pro-Ex sur les taux d'intérêt ; de son côté, le Canada modifie son programme de partenariat technologique.

Le Canada s'adresse de nouveau à l'Organisation mondiale du commerce à la fin de 1999 pour exiger que des sanctions commerciales soient imposées au Brésil pour défaut de se conformer aux décisions précédentes de l'OMC. Les deux principaux points en litige en ce cas-ci sont, premièrement, que la diminution de 2,5 pour cent des taux d'intérêt concédée par le Brésil maintiennent encore les taux d'intérêt sous le seuil autorisé par l'OMC et, deuxièmement, que le gouvernement brésilien refuse de se plier aux exigences de l'OMC en annulant les subventions illégales de plus de 3 milliards de dollars US rattachées à des commandes dont Embraer n'a pas encore assuré la livraison.

L'OMC admet que le pourcentage de subvention consenti à Pro-Ex est trop élevé et qu'il doit être ajusté au niveau du taux d'intérêt commercial de référence (TICR). Dans un jugement parallèle, l'OMC déclare que Partenariat technologique Canada est désormais conforme aux normes de l'Organisation, mais qu'elle a des doutes quant à la régularité du Compte du Canada, cet obscur organe de financement géré par Exportation et développement Canada (EDC). Pour trancher la question, l'OMC a besoin de consulter les procès-verbaux des réunions du Conseil des ministres, ce que refuse le gouvernement canadien, arguant qu'ils ne sont pas pertinents à la présente affaire. En effet, le Compte du Canada n'a été utilisé qu'une seule fois durant la période précisée pour une transaction liée à l'aéronautique, soit lors de la vente d'avions turbopropulsés à un transporteur régional sud-africain – un marché qui a été conclu, souligne-t-on, après la fin de l'apartheid.

Malgré tout, le Brésil refuse catégoriquement d'annuler les subventions promises aux clients d'Embraer sous prétexte qu'il est tenu de respecter ses ententes contractuelles. À partir de là, le gouvernement canadien a deux options : il peut soit négocier directement avec le Brésil pour exiger de lui une compensation, soit poursuivre le dossier avec l'OMC pour que des taxes soient imposées aux exportations brésiliennes. Le Canada choisit dans un premier temps la voie de la négociation. À un certain moment, le gouvernement brésilien se dit prêt à compenser l'économie canadienne pour les pertes qu'il lui a infligées, à rendre le programme Pro-Ex conforme aux normes internationales et à envisager la mise en place d'un mécanisme de contrôle bilatéral. On annonce la possibilité d'une entente pour l'été 2000, mais, quelques heures plus tard, les deux camps se butent à une nouvelle impasse, si bien que les pourparlers sont définitivement rompus. Exerçant sa seconde option, le Canada s'en remet à l'OMC et obtiendra à la fin de cette année-là l'autorisation d'imposer des tarifs douaniers compensatoires de l'ordre de 1,4 milliard de dollars sur les exportations brésiliennes.

Ces mesures de rétorsion ne seront jamais appliquées. En réalité, le volume des exportations brésiliennes au Canada est peu élevé et il n'est pas dans l'intérêt du gouvernement canadien ni de Bombardier de pénaliser par ricochet les fabricants canadiens qui importent du Brésil. Le gouvernement canadien choisira donc une autre approche : au printemps 2001, il consent, par l'entremise du Compte du Canada, un prêt de 1,7 milliard assorti de conditions spéciales à la compagnie aérienne Air Wisconsin pour l'achat de 75 avions régionaux fabriqués par Bombardier. Le Canada dit que cette mesure a été prise pour contrebalancer les conditions de crédit avantageuses que le Brésil accorde à ses clients.

En 1986, Laurent Beaudoin signe avec Barbara McDougall (ministre d'État au gouvernement fédéral, responsable de la Privatisation) le contrat d'achat par Bombardier de l'avionneur Canadair. Cette acquisition permet à la compagnie de se diversifier dans un nouveau secteur d'activité, celui de l'aéronautique, où Bombardier deviendra le troisième fabricant au monde avec l'acquisition ultérieure de Shorts (1989), Learjet (1990) et de Havilland (1992).

Ci-dessus, la famille diversifiée des produits Bombardier, après l'entrée de l'entreprise dans l'aéronautique.

L'avion d'affaires Challenger 601 est le produit vedette de Canadair lors de l'achat de la compagnie par Bombardier en 1986. Cet avion, livré en grande partie à une clientèle d'affaires américaine, possède la plus large cabine de tous les biréacteurs d'affaires. Il servira de plateforme au développement du Regional Jet (CRJ). Bombardier développera par la suite les avions d'affaires Challenger 300, 605 et 850.

Le bombardier d'eau amphibie CL-415 est l'avion de lutte contre les incendies de forêt le plus sophistiqué au monde.

Le Regional Jet est dévoilé le 6 mai 1991 à l'usine de Dorval, au Québec. Créé pour permettre aux compagnies aériennes de desservir un marché plus grand et d'offrir un service de biréacteurs sur les longues routes à faible achalandage, le RJ à 50 places peut franchir une distance de 1 477 miles marins (2 700 km) à 460 nœuds (850 km/h). Depuis son entrée en service, la série CRJ est devenue le programme d'avions régionaux le plus fructueux que l'industrie ait connu. Sur la première photo, de gauche à droite : Robert Whol, Robert E. Brown, Brian Mulroney (premier ministre du Canada), Laurent Beaudoin et Robert Bourassa (premier ministre du Québec).

Lancé en 1993, le Global Express a marqué le début d'une nouvelle ère dans l'aviation d'affaires. Ce biréacteur ultrarapide est le premier avion d'affaires à réaction au monde, conçu expressément pour les longs trajets. Sa distance franchissable est de 12 038 km, ce qui permet de parcourir sans escale à Mach 0,80 (850 km/h) des itinéraires comme New York – Tokyo, Taipei – Chicago et Sydney – Los Angeles en 14 heures environ. Onze partenaires de six pays différents ont fait équipe pour concevoir et produire cet appareil, le premier à avoir été entièrement dessiné à l'ordinateur.

En 1999, Laurent Beaudoin (à gauche) cède la présidence de Bombardier à Robert E. Brown, qui a piloté l'essor de Bombardier dans l'aéronautique depuis

Les trains à grande vitesse conçus et construits sous la direction de Bombardier pour Amtrak sont les plus rapides en Amérique du Nord. Les trains Acela Express de huit voitures circulent à une vitesse pouvant atteindre 240 km/h (150 mi/h) sur le corridor nord-est reliant Washington, D.C., New York et Boston.

L'autorail Grande Capacité (AGC) constitue une nouvelle génération de trains régionaux qui répond aux besoins actuels de développement du transport ferroviaire urbain et interurbain. Fabriqué à Crespin en France, le premier AGC a été mis en service en 2004.

La motomarine Sea-Doo est relancée en 1988 et remporte un succès fulgurant. À partir de 1992, elle affiche des couleurs toniques et audacieuses. En 2001, Bombardier étend sa gamme de produits aquatiques en achetant la division des moteurs hors-bord de la firme Outboard Marine Corporation, qui inclut les marques Johnson et Evinrude.

En 1998, Bombardier se lance dans la fabrication de véhicules tout-terrain avec le Traxter. En 2002, Bombardier étend sa gamme de VTT avec quatre nouveaux modèles : les Outlander 330 H.O 4x4 et 2x4, le Outlander 400 H.O 2x4 et le Outlander 400 H.O XT.

Avec l'achat de la compagnie berlinoise Daimler-Chrysler Rail Systems GmbH (Adtranz) en 2001, Bombardier devient le chef de file dans la fabrication de matériel de transport sur rail. En acquérant son savoir-faire en matière de propulsion, de locomotives électriques, de systèmes de communication et de contrôle ferroviaire, Bombardier possède désormais toutes les technologies permettant de concevoir, de fabriquer et d'intégrer des solutions complètes dans ce secteur de transport.

Bombardier est le leader mondial en matière de systèmes de transport sans conducteur. Le monorail de Las Vegas est un système entièrement automatisé de 6,4 kilomètres qui relie huit grands hôtels au Centre des congrès. Il est entré en service en 2004.

Lancée en 2008, la gamme d'avions commerciaux CSeries de Bombardier représente une étape majeure dans le développement de Bombardier dans l'aéronautique, marquant l'entrée de la compagnie dans le secteur des avions de 100 à 149 places.

En 2008, Laurent Beaudoin cède à son fils Pierre son poste de président et chef de la direction de Bombardier. Petit-fils de Joseph-Armand Bombardier, Pierre Beaudoin a fait son entrée dans la compagnie au sein de la division des produits marins en 1985, devient président et chef de l'exploitation du Groupe Produits de consommation motorisés en 1996, puis président de Bombardier Aéronautique en 2001.

L'explication n'a pas l'heur de plaire au gouvernement brésilien qui enregistre aussitôt auprès de l'OMC une plainte visant le Compte du Canada. Le Canada riposte par une plainte de son cru dans laquelle il soutient que Pro-Ex fixe ses conditions de financement sans tenir compte de la solvabilité du client. Le conflit s'envenime encore davantage lorsque les autorités canadiennes décident de lancer un embargo sur les importations de bœuf brésilien en Amérique du Nord, prétendument pour éviter la propagation de l'ESB (maladie de la vache folle). Le gouvernement brésilien proteste, suggérant qu'il s'agit là d'une mesure de rétorsion de la part du Canada. L'interdit est levé quelques semaines plus tard, après inspection de la viande bovine brésilienne.

Après un autre litige autour d'une transaction avec Northwest, le Canada et le Brésil en viennent à établir une entente autour d'une ligne commune. Puis, en 2007, le Brésil accepte de signer un accord sectoriel sur les crédits-export aéronautiques de l'OCDE, ce qui met fin à leur différend.

Mais la controverse sur le soutien public affecte également les géants Airbus et Boeing, dans une autre catégorie d'avions. En 2011, les principaux exportateurs aéronautiques signent à Paris un nouvel accord sectoriel sur le mécanisme de soutien aux ventes d'avions commerciaux civils, dit « crédits à l'exportation d'aéronefs civils (ASU) ». Le Brésil, le Canada, les États-Unis, le Japon, l'Allemagne, la France, l'Italie et le Royaume-Uni s'entendent pour appliquer des règles du jeu équitables et transparentes pour l'ensemble du secteur mondial de la construction aéronautique.

L'APPUI DES GOUVERNEMENTS

En 1989, le journaliste d'affaires bien connu Peter C. Newman écrit que Bombardier est « le prototype même du genre de compagnie dont le Canada a besoin au XXIe siècle[29] ». Il salue ses succès sur les marchés internationaux – le contrat de la Ville de New York de 1982, l'expansion dans le secteur ferroviaire européen, l'acquisition de Short Brothers en Irlande du Nord. Déjà en 1990, Bombardier réalise plus de 75 pour cent de ses ventes sur les marchés d'exportation. Newman vante également les mérites de Laurent Beaudoin, et plus particulièrement la formule qui lui a permis de propulser Bombardier à l'échelle mondiale et qu'il décrit lui-même comme une stratégie reposant sur le ciblage des marchés de créneau et l'élaboration d'une structure fortement décentralisée qui augmente le niveau de motivation du personnel.

Les partisans de Bombardier sont prompts à souligner le rôle de l'entreprise dans l'épanouissement de l'industrie aéronautique au Canada. Les gouvernements canadiens ont cherché à développer ce secteur depuis la Deuxième Guerre mondiale, époque durant laquelle le Canada est devenu le pays où les Alliés entraînent leurs pilotes et fabriquent leurs avions. À la fin de la guerre, des prêts et des subsides gouvernementaux ont tenté de persuader les avionneurs étrangers de rester au Canada. L'initiative a connu plus ou moins de succès, l'une des plus grandes déceptions étant l'annulation par l'avionneur Hawker Siddeley du projet de développement de l'avion de chasse Avro Arrow.

Dans les années 1970, l'apaisement du conflit au Vietnam incite les firmes aéronautiques étrangères à abandonner leurs filiales canadiennes. Soucieux de préserver les technologies et compétences présentes chez Canadair et de Havilland, le gouvernement fédéral les achète toutes deux avec l'intention de rediriger leur production vers l'avionnerie civile. Les deux compagnies survivent de peine et de misère sous la gouvernance de l'État, puis elles sont mises en vente durant la vague de privatisation du milieu des années 1980. C'est pour Bombardier l'occasion rêvée de se lancer dans le domaine de l'avionnerie.

Dans les années 1990, alors que cette industrie est en difficulté dans la plupart des pays, Bombardier parvient, à elle seule et de façon spectaculaire, à redresser le secteur aéronautique au Canada. Grâce au succès phénoménal de ses avions, Bombardier est en mesure de rembourser la presque totalité des prêts et des subventions reçus par l'entremise des programmes de développement technologique canadiens ; mieux encore, les profits qu'elle génère se traduisent en contributions fiscales de plus en plus importantes. L'aide gouvernementale dont elle bénéficie génère donc d'excellents dividendes pour le contribuable canadien, au plan fiscal, mais aussi en matière de création d'emplois et de contribution au revenu national et à l'unité nationale. De 1990 à 1997, Bombardier embauche plus de 9 000 nouveaux travailleurs au Canada, soit plus que toute autre compagnie au pays.

Bombardier Aéronautique est l'exemple type d'un partenariat public-privé réussi. La conjugaison d'une entreprise en quête d'expansion et d'une aide publique assurant des conditions de concurrence équitables a donné lieu à une formule gagnante. De cette expérience, le gouvernement canadien apprend qu'il est moins profitable de renflouer des entreprises déficitaires ou de financer des secteurs choisis par les bureaucrates que de fournir aux compagnies canadiennes les moyens de concurrencer ses rivaux soutenus par leurs États sur les marchés étrangers. Certains ne voient pas d'un bon œil que le gouvernement accorde de l'aide à des grandes entreprises rentables, mais, d'un autre côté, les fonds publics ont plus de chances de générer des bénéfices nets de cette manière.

La question demeure: Bombardier est-elle réellement le genre d'entreprise dont le Canada a besoin au XXIe siècle? Bien des gens ne sont pas de cet avis. La compagnie a suscité la controverse au fil des ans du fait qu'elle est l'une des bénéficiaires les plus visibles des programmes d'appui gouvernementaux; chaque nouvelle largesse du fédéral à son endroit soulève une nouvelle vague de protestation de la part du public. Les récriminations ont commencé en 1982 avec la subvention du taux d'intérêt accordée à la Ville de New York, puis se sont poursuivies avec la signature du contrat de maintenance des CF-18 de l'armée canadienne. Le financement que la province de Québec et le gouvernement fédéral ont fourni à Bombardier pour soutenir le développement du jet régional à 50 places a fait, lui aussi, plus d'un mécontent.

À l'automne de 1996, la rogne publique atteint de nouveaux sommets à l'annonce d'un prêt sans intérêts de 86 millions consenti à Bombardier par Partenariat technologique Canada pour le développement du jet régional Canadair à 70 places. Le premier ministre albertain Ralph Klein exprime son désaccord en ces termes: «Je suis très fâché et contrarié que le fédéral ait donné [cet argent à] Bombardier, qui est une des compagnies aéronautiques les plus prospères au monde[30].» Bombardier a enregistré durant l'exercice financier précédent des bénéfices nets de 158 millions sur des revenus de 7,1 milliards, aussi est-on en droit de se demander si elle a réellement besoin de l'aide du gouvernement – d'autant plus que le dollar canadien ne vaut que 0,74 dollars US à ce moment-là. «La dévaluation du dollar [...] est très avantageuse pour les exportateurs canadiens, souligne un journaliste. Ils ne doivent pas nécessiter de soutien financier additionnel[31].» Un membre du Parti réformiste (qui deviendra par la suite l'Alliance canadienne) du nom de Bill Gilmour déclare que Bombardier aurait pu lever elle-même les fonds dont elle a besoin en s'adressant aux banques ou aux marchés de capitaux, et que si elle ne parvient pas à obtenir de financement public, elle doit prendre cela comme un signe que le jet à 70 places n'est pas économiquement viable. Pourquoi le gouvernement investit-il dans ce projet si le secteur privé estime que son rendement ne suffit pas à couvrir le coût du capital ? En agissant ainsi, le gouvernement engage sciemment l'argent du contribuable dans une entreprise déficitaire, de raisonner Gilmour. Le critique réformiste soutient que le prêt a été accordé strictement pour des raisons politiques puisqu'il vient à la veille d'un sommet économique au Québec, province où le taux de chômage est de 13 pour cent. « Il y a là-dedans une intention cachée des fédéralistes, affirme Gilmour. Ils inondent le Québec d'argent pour que les Québécois voient combien le Canada est généreux et que cela leur donne envie de rester dans la fédération[32]. »

Enfin, les conditions de remboursement confèrent au prêt les apparences d'une subvention plutôt que d'un prêt sans intérêt. Bombardier bénéficie en fait d'un « prêt à redevances », par lequel les sommes commencent à être remboursées sous forme de redevances à partir du moment où les ventes dépassent un seuil préétabli. Dans le cas du jet à 70 places, Bombardier ne commence à payer des redevances qu'après avoir livré 200 aéronefs ; des ventes de 400 unités produiraient des redevances équivalant au montant total du prêt.

Bombardier s'attire de nouveau les foudres de l'opinion publique en 1998 lorsque le gouvernement fédéral lui accorde un contrat de 2,85 milliards de dollars visant l'entraînement des pilotes de l'OTAN au Canada. Selon les termes de cette entente qui s'étend sur 20 ans, le gouvernement paie annuellement 80 pour cent des coûts d'entraînement ; Bombardier doit couvrir les 20 pour cent restants, mais elle a l'occasion de brasser des affaires avec les autres pays membres de l'OTAN – une perspective alléchante et potentiellement fort lucrative. Un autre détail vient alimenter la grogne générale : ce sera Bombardier qui fera l'acquisition des nombreux avions achetés dans le cadre du programme, de telle sorte que leur prix d'achat de 600 millions ne figure pas dans les livres comptables du gouvernement. L'achat est financé par des obligations garanties par le gouvernement, mais émises par une société nominale, dont Bombardier et le gouvernement fédéral sont propriétaires.

Cela dit, c'est « l'exemption spéciale aux procédures de notification et d'adjudication[33] » que le Cabinet a accordée à Bombardier qui met vraiment le feu aux poudres. « Il n'y a pas d'appel d'offres, déplore Art Hanger du Parti réformiste. Cette façon de faire est tout simplement honteuse. J'appelle ça "la grande magouille Ski-Doo[34]". » Le ministre de la Défense Art Eggleton réplique que le Cabinet ne voit pas quelle autre entreprise canadienne peut remplir ce contrat, et qu'il faut agir vite pour respecter la date limite de soumission imposée par l'OTAN. Ces explications ne réussissent pas à convaincre les détracteurs. Soupçonnant une forme de népotisme, certains évoquent la présence, au sein du conseil d'administration de Bombardier, d'André Desmarais, cadre supérieur de Power Corporation et gendre du premier ministre du Canada Jean Chrétien.

La rivalité opposant Embraer à Bombardier fait périodiquement la manchette et alimente le débat. Devant la perspective d'une guerre aux subventions, certains journalistes en viennent à conclure qu'il vaut mieux laisser des compagnies telles que Bombardier se débrouiller par elles-mêmes. Un chroniqueur ose poser la question qui était sur toutes les lèvres : « Quel prix les Canadiens sont-ils prêts à payer pour le nationalisme d'entreprise[35] ? »

Bombardier n'est pas du genre à encaisser les coups sans réagir. En réponse aux attaques dont l'entreprise fait l'objet, Yvan Allaire précise que les taux d'intérêt des prêts accordés à Air Wisconsin et à Northwest Airlines n'ont pas été financés à même les fonds publics puisque le Compte du Canada obtient ses fonds aux taux du gouvernement du Canada[36], qui se situent à environ 1 point de pourcentage au-dessus du taux du Trésor américain. Il ne s'agit donc pas d'un taux subventionné. Il est vrai que le contribuable peut être appelé à contribuer lorsqu'un débiteur du Compte du Canada manque à ses engagements, mais, dans le cas présent, les compagnies aériennes avec qui Bombardier fait affaire endossent une partie du risque ; ces entreprises doivent obtenir 25 pour cent de l'argent dont elles ont besoin par l'entremise d'autres prêteurs commerciaux avant d'être admissibles à un prêt du Compte du Canada. Cette stratégie diminue considérablement le niveau de risque : engagé de la sorte auprès d'autres créanciers, le client n'est pas aussi prompt à déclarer faillite. Advenant qu'un des clients de Bombardier décide tout de même de déposer son bilan, la valeur résiduelle des jets régionaux permet de recouvrer la majeure partie des sommes impayées.

Laurent Beaudoin répond aux autres objections des critiques de Bombardier dans un discours en 1996. Il dit ne pas comprendre pourquoi les médias ont véhiculé l'idée que l'entreprise doit son succès aux largesses du gouvernement. Il souligne que les jets régionaux ont été les seuls produits à bénéficier d'une aide gouvernementale, or, ils ne génèrent que 25 pour cent des revenus annuels de la compagnie (ce qui est vrai à l'époque). Les 75 pour cent restants sont générés par les produits récréatifs, les jets d'affaires et le matériel ferroviaire. Bombardier n'a bénéficié d'aucun appui gouvernemental dans ces secteurs pourtant concurrentiels. Elle est parvenue malgré tout à occuper une position dominante dans chacun d'eux.

Bombardier a également reçu des appuis de Partenariat technologique Canada et d'autres programmes gouvernementaux, mais dans tous les cas, les montants obtenus sont plutôt modestes comparativement à ce que bien des entreprises étrangères reçoivent de leurs gouvernements. « Les avionneurs commerciaux des autres pays sont presque tous financés par des programmes militaires, déclare Laurent. Aux États-Unis, les compagnies aéronautiques reçoivent 12 milliards de dollars US par année du gouvernement fédéral pour la recherche et le développement ; le gros de cet argent provient de contrats militaires. Les programmes aéronautiques militaires sont également étroitement liés au secteur de l'aéronautique commerciale en France, en Grande-Bretagne, en Italie, au Brésil, et même dans des plus petits pays comme les Pays-Bas et la Suède[37]. »

En plus d'être pour elles une source de revenus stable, le financement militaire permet aux compagnies étrangères de développer de nouvelles technologies qu'elles peuvent commercialiser par la suite. Plus précisément, les gouvernements des autres pays financent les avionneurs commerciaux pour qu'ils développent d'abord ces technologies à des fins militaires. Une fois que les exigences du gouvernement sont remplies, le fournisseur aéronautique est libre de commercialiser la nouvelle technologie à d'autres clients, sous des formes différentes.

Avec seulement 4 pour cent de ses revenus provenant du secteur militaire, Bombardier est nettement désavantagée comparativement à des rivaux tels Aérospatiale, dont 27 pour cent des revenus sont issus de dépenses militaires, Boeing (40 pour cent) et British

Aerospace (71 pour cent). La proportion est de moins de 5 pour cent chez Embraer, mais une hausse prochaine de la contribution militaire portera ce chiffre à plus de 20 pour cent.

D'autres concurrents majeurs en France et en Italie, en plus de bénéficier de contrats militaires importants, appartiennent en totalité ou en partie à l'État, ce qui leur ouvre de plus vastes avenues d'assistance gouvernementale. Dans ce type d'environnement, le soutien qu'accordent les gouvernements étrangers pour le développement de produits aéronautiques couvre typiquement de 60 à 90 pour cent des coûts. Les contributions de Partenariat technologique Canada sont plutôt modestes en comparaison, et elles sont assorties de conditions très strictes. Au Canada, le bénéficiaire d'une subvention doit investir au moins 3 dollars de son propre capital pour chaque dollar que fournit le gouvernement canadien; qui plus est, ce dollar n'est pas un don, mais un investissement que le bénéficiaire doit rembourser à coups de redevances.

« Si on élimine l'aide gouvernementale d'un coup avant que les gouvernements de nos concurrents fassent la même chose, la croissance de notre industrie sera freinée au Canada et cela nous obligera à acheminer nos investissements aéronautiques vers d'autres pays, explique Laurent Beaudoin. Le Canada ne doit pas prendre position sur cette question en supposant naïvement que les autres pays vont arrêter de soutenir leur industrie aéronautique du jour au lendemain juste parce que le Canada a choisi de le faire[38]. » Au lieu de couper subitement toute aide gouvernementale, il est plus logique d'amener les pays actifs dans le secteur aéronautique à travailler ensemble pour réduire, et finalement éliminer les subsides accordés à cette industrie. Certaines mesures visant à empêcher les gouvernements d'interférer avec les forces du marché sont déjà envisagées, et elles ont l'approbation de Bombardier.

Ainsi que le disait Laurent dans son discours: « Le Canada, avec l'appui de Bombardier et des autres membres du secteur aéronautique, est activement impliqué dans des dialogues bilatéraux et multilatéraux avec l'OMC et l'OCDE pour réduire le soutien financier qu'accordent les autres gouvernements. Nous soutenons pleinement ces initiatives, car nous croyons que, sur une base strictement commerciale, Bombardier et le reste de l'industrie aéronautique canadienne sauront faire leur marque sur la scène internationale. Comparativement à ses concurrents étrangers, le Canada détient plusieurs atouts de taille dans le secteur aéronautique. Nous avons au Québec, en Ontario et même en Colombie-Britannique une masse critique d'excellentes compagnies qui comptent de nombreuses années d'expérience et qui jouissent d'une très grande crédibilité à l'échelle mondiale[39]. »

En juin 1998, Bombardier publie un communiqué en réponse à des allégations du Parti réformiste selon lesquelles elle a reçu 1,2 milliard de dollars en subventions entre 1981 et 1996. Notons ici que Bombardier n'est entrée dans l'aéronautique qu'en 1986 ! Bombardier soutient que ce chiffre découle « d'une mauvaise interprétation des données ou d'une mauvaise compréhension des pratiques commerciales[40] ». En effet, près de la moitié de cette somme, soit 536 millions, n'est pas issue de subventions gouvernementales, mais de prêts et de contrats que EDC a accordés, aux taux du marché, à des clients de Bombardier, et qu'en tant que tels ils font l'objet de conditions strictes de remboursement. En d'autres mots, EDC a agi en tant qu'intermédiaire financier et a fourni du crédit dans le but de faire des profits sur les intérêts et le principal. Un autre montant de 180 millions de dollars est attribué à Bombardier alors qu'il s'agit d'argent qu'elle n'a jamais reçu ou qui a été donné à Canadair et à de Havilland avant que Bombardier s'en porte acquéreur.

Une fois que l'on soustrait ces 715 millions du 1,2 milliard initial, plus diverses sommes dont Bombardier n'est pas non plus la bénéficiaire, on découvre que le montant réel des subventions à Bombardier n'est que de 399 millions de dollars. Cet argent contribue au développement de nombreux aéronefs incluant le bombardier d'eau Canadair 415, le turbopropulsé Dash 8-400 et les jets régionaux à 50 et à 70 places. La somme semble importante de prime abord, mais il ne faut pas perdre de vue que Bombardier a investi 5,2 milliards de son propre capital dans ces projets. Sa contribution éclipse donc largement l'apport gouvernemental.

Dans le cas de Bombardier, la question est donc de savoir si le contribuable canadien est prêt à payer pour hisser une de ses entreprises jusqu'aux plus hauts sommets de l'arène internationale dans l'espoir d'en retirer quelque bénéfice socioéconomique. Si c'est le cas, alors il doit accepter les coûts et compromis que cela suppose. Cela dit, dans ce monde imparfait qui est le nôtre, le modèle Bombardier mérite d'être retenu. Il semble en effet particulièrement bien adapté aux réalités du XXIe siècle.

CHAPITRE 8

Étendre ses ailes

L'AVION D'AFFAIRES GLOBAL EXPRESS (1991-1996)

La sonnerie du téléphone retentit dans le bureau de John Holding. Laurent Beaudoin l'appelle depuis sa voiture. Les deux hommes sortent tout juste d'une réunion durant laquelle il était question d'un nouvel avion. Quel type d'aéronef Bombardier doit-elle développer pour étoffer sa gamme d'avions d'affaires ? Peut-on simplement proposer une version améliorée du Challenger ? Ne vaut-il pas mieux partir de zéro et créer quelque chose de neuf ? Laurent est sorti de la réunion sans trop savoir que penser. Puis, au volant de sa voiture, il a réfléchi. Sa décision est prise.

Pour damer le pion à la concurrence, il faut offrir plus qu'une simple amélioration du Challenger : Bombardier doit partir d'une feuille vierge et élaborer un jet entièrement nouveau qui volera plus vite, plus loin et plus confortablement que tous les autres modèles actuellement sur le marché. Laurent Beaudoin demande à Holding de formuler une proposition. De cette idée première naîtra le Global Express.

Nous sommes en 1991. Le catalogue Bombardier comprend la gamme Challenger de même que les produits Learjet, marque que Bombardier vient d'acquérir. Aux yeux de Laurent Beaudoin et de Robert Brown, cela ne suffit pas : Bombardier doit offrir un autre modèle qui viendra compléter l'éventail de ses avions d'affaires. La tendance étant à la mondialisation, les deux hommes entrevoient la nécessité d'un jet d'affaires dont la vitesse et le rayon d'action seront supérieurs. Les analystes du marché confirment la chose en précisant que les dirigeants d'entreprises florissantes ont tendance à échanger leurs avions plus modestes contre des modèles plus haut de gamme, ou même à conserver leurs avions d'affaires plus petits après l'achat d'un plus gros jet, ceci afin de disposer d'une flotte diversifiée.

Pour un avionneur désireux de créer un tout nouvel aéronef, John Holding est la personne à qui s'adresser. Natif du nord de l'Angleterre, Holding a fait une maîtrise en génie aérospatial à l'Université de Manchester et a travaillé pendant 17 ans pour British Aerospace, où il a contribué à la conception du Concorde, premier avion supersonique de l'aviation commerciale. À la fin des années 1970, Canadair lui offre un poste qu'il accepte. Holding et sa petite famille s'installent alors à Montréal. La situation, chez Canadair, est incroyablement chaotique à ce moment-là. Holding rentre chez lui après sa première journée de travail et avertit sa femme de ne pas déballer leurs affaires avant qu'il ait la certitude de pouvoir prendre les choses en main. Il reste en poste malgré tout, enthousiasmé par le concept du jet d'affaires Challenger qui, de son temps et sous bien des aspects, est à la fine pointe du développement aéronautique. Et puis, il se sent à l'aise dans le climat multiculturel montréalais de même que dans les ateliers d'ingénierie de Canadair, où travaillent plusieurs compatriotes britanniques.

D'abord ingénieur-concepteur, Holding a l'occasion de se démarquer après la mise en service du Challenger : Bombardier lui confie l'équipe qui a pour mission de rectifier les problèmes initiaux du nouvel avion, afin d'améliorer sa fiabilité et sa performance. Enchantés de son travail, ses supérieurs lui demandent de prendre les rênes d'un contrat de sous-traitance problématique venant de la firme Aérospatiale. Holding constate que c'est l'appareil administratif de Canadair, par sa dissipation et sa désorganisation, qui fait obstacle à la bonne exécution du contrat. Une fois cette lacune corrigée, la commande est remplie sans heurts. Grâce à Holding, Bombardier fait d'Aérospatiale « un client très satisfait[1] ».

Holding se trouve décidément « au bon endroit, au bon moment[2] » puisque Bombardier, à cette époque, est à la recherche d'un vice-président d'ingénierie qui saura diriger l'équipe de design de Canadair. Avec son expertise, son parcours exemplaire, sa connaissance des procédures et son entregent, Holding est le candidat idéal pour le poste.

Le nouveau vice-président se voit confier de plus en plus de responsabilités au fur et à mesure que Bombardier développe ses activités aéronautiques. Il a du pain sur la planche tout au long des années 1990, décennie durant laquelle Bombardier Aéronautique lance un nouveau modèle d'avion par année. La plupart sont des extensions des gammes Learjet, de Havilland et Canadair, l'exception étant le Global Express, qui est le premier aéronef à porter les couleurs de Bombardier. John Holding et Bryan Moss, le président de la division des avions d'affaires de l'entreprise, se saisissent du projet d'entrée de jeu : Holding confie le dessin conceptuel du nouvel avion à une équipe d'ingénieurs ; Moss recrute des experts en marketing qui recueillent les suggestions des clients potentiels, puis relaient cette information aux ingénieurs-concepteurs.

Dans le cadre de l'étude de marché, on découvre que, lorsqu'il est question de transport aérien, les gens d'affaires ont tendance à apparier les villes en paires bien précises qui forment, dans leur esprit, une liaison aérienne d'importance. Cette constatation, associée à la présence de plus en plus marquée de l'Asie dans le monde des affaires, amène les penseurs du Global Express à faire de la liaison New York-Tokyo leur point de repère. « Nous avons compris que ce corridor est la clé de l'affaire, de noter Holding. Le Global Express est conçu spécialement pour faire le trajet entre ces deux villes[3]. » Bombardier sera le premier avionneur à offrir un jet d'affaires capable de relier ces deux villes rapidement et sans escale. Le couloir New York-Tokyo n'est bien entendu qu'une référence : bien d'autres circuits vont bénéficier des capacités du Global Express, notamment la liaison Rome-Pékin, que le dernier-né de Bombardier effectuera sans escale en moins de 10 heures.

Laurent Beaudoin est un grand habitué des voyages en jet d'affaires, aussi s'est-il fait un point d'honneur de participer à la conception du Global Express. Comme il passe plusieurs heures par semaine à bord de ce type d'appareil, il peut offrir aux concepteurs le point de vue de l'usager. « Il n'hésite pas à soumettre ses idées ou à remettre les miennes en question, dit Holding. Laurent n'est pas du genre à passer ses journées assis dans son bureau. Il s'implique passionnément dans le développement des nouveaux produits.

« Je crois qu'au fond, c'est un ingénieur frustré », d'ajouter Holding d'un ton badin. L'ingénieur en chef de Bombardier Aéronautique est en fait très heureux de pouvoir interagir ainsi avec son PDG. « Laurent aime mettre la main à la pâte, dit-il, mais il le fait toujours de manière très constructive, en soutenant le travail des autres. Laurent est un vrai motivateur. Bombardier est une entreprise axée sur les produits, et non uniquement sur les états financiers, or, il est très gratifiant d'avoir un chef si enthousiaste et qui manifeste une telle passion pour du produit[4]. »

Dans le cas du Global Express, Laurent exige des concepteurs qu'ils soient aussi créatifs dans l'élaboration du plan d'affaires que dans les plans d'ingénierie. Le premier design que propose l'équipe de développement est techniquement réalisable et se démarque par ses caractéristiques des autres avions de sa catégorie, cependant son coût de développement est estimé à 1 milliard de dollars, ce qui est beaucoup trop pour un nouveau produit dont le succès n'est pas garanti. Laurent demande à son équipe de trouver un moyen plus économique de produire le nouvel avion.

La solution ne tarde pas à venir. En gérant le contrat de sous-traitance d'Airbus, Holding remarque la manière dont son client répartit les risques liés au développement de nouveaux produits parmi les membres du consortium. De même, le Global Express devient une entreprise moins coûteuse et moins risquée si Bombardier forme une coentreprise avec d'autres compagnies aéronautiques. Ces collaborateurs participeront au processus de développement en absorbant les coûts de l'ingénierie et de l'outillage, lesquels seront remboursés avec un amortissement réparti sur un certain nombre d'appareils vendus. En d'autres mots, Bombardier rémunérera ses fournisseurs non pas à échéance fixe, mais selon une modalité directement liée au succès du produit.

À l'été de 1993, Bombardier a déjà trouvé ses partenaires : le constructeur allemand BMW-Rolls Royce fournira les réacteurs ; les fuselages avant et arrière seront construits par Short Brothers, une filiale de Bombardier ; la firme japonaise Mitsubishi Heavy Industries se chargera de fabriquer les ailes et la partie centrale du fuselage. Les ailes représentent une avancée technologique majeure : de conception nouvelle, elles assurent une distribution uniforme de la pression sur l'ensemble de leur surface, ce qui permet au Global Express de voler plus vite et plus loin que ses concurrents de l'époque. En tant qu'intégrateurs de système du projet, les ingénieurs de Canadair harmonisent les pièces et composants du nouvel avion et supervisent leur assemblage.

Basé dans l'État de la Géorgie, le grand constructeur d'avions d'affaires Gulfstream Aerospace manifeste à cette même époque son intention de lancer un jet d'affaires qui concurrence le nouveau venu de Bombardier. Contrairement au Global Express, créé de toutes pièces, l'avion de Gulfstream est une simple extension d'un modèle existant, ce qui permet à l'avionneur américain de devancer de deux ans la date de livraison de son concurrent. Les deux compagnies se lancent dans une bataille féroce. Pour Bombardier, l'enjeu est de taille puisqu'elle ne peut engager la production du Global Express qu'après avoir réalisé un certain nombre de ventes. Les deux camps courtisent la clientèle si assidûment que, dans le milieu, on raconte à la blague que dès qu'un vendeur d'une des deux compagnies sort par la porte arrière, un représentant de l'autre entre par la porte avant. Cette valse frénétique se poursuit même après que le client a fait son choix – à peine un des fabricants a-t-il cimenté une vente que l'autre frappe à la porte de l'acheteur pour l'exhorter à se raviser.

L'affrontement envahit bientôt l'espace médiatique. Dans une publicité couvrant les deux pages centrales du *Wall Street Journal*, Bombardier souligne qu'en dépit de son arrivée plus tardive sur le marché, le Global Express offre une cabine plus spacieuse, ainsi qu'une vitesse de croisière et une autonomie de vol plus grandes que le Gulfstream V. Ripostant par la voix du même journal, Gulfstream publie une annonce montrant un avion de papier chiffonné représentant le Global Express, accompagné d'un texte explicatif: tandis que Canadair fait des promesses, Gulfstream, lui, fait des avions. Dans cette publicité particulièrement vénéneuse, Gulfstream promet une prime de 250 000 dollars US à tout acheteur du Global Express qui annulera son contrat pour signer avec Gulfstream.

Mais les clients de Bombardier ne sont pas preneurs. Peu de temps après la parution des deux réclames, l'avionneur canadien annonce qu'il a vendu 30 Global Express au prix de 30 millions chacun, et qu'il amorce sa production.

La première chose à faire est de réunir les ingénieurs des différents fournisseurs. Le lieu de rassemblement choisi, dans l'usine principale de Bombardier à Dorval, a la superficie d'un terrain de football; il n'en faut pas moins pour installer les quelque 500 ingénieurs impliqués devant des écrans d'ordinateur afin que chaque service puisse définir les spécifications techniques qui relèvent de ses compétences. Sur le plan de la réunion, chacun des partenaires du projet s'est vu attribuer une portion de la salle : les ingénieurs de Mitsubishi sont regroupés dans une section, ceux de BMW-Rolls dans une autre, et il en va de même pour les gens de Shorts, de De Havilland et de Canadair.

Un système est mis en place pour assurer la bonne progression des choses et harmoniser le travail des différentes équipes. Bombardier fixe des objectifs d'étape bien précis : le travail est divisé en étapes et personne ne peut passer à l'étape suivante avant que certains objectifs ne soient atteints. Lorsque l'équipe mandatée sur place par un fournisseur s'estime prête à retourner à son usine pour y fabriquer les pièces dont elle a la responsabilité, elle doit livrer un exposé dans lequel elle décrit en détail les produits à livrer. Si les résultats envisagés ne sont pas à la hauteur des attentes de Bombardier, ou si les pièces proposées ne semblent pas compatibles, le groupe de travail doit rester sur place jusqu'à ce qu'il ait rectifié la chose. L'interface entre les produits d'une équipe et ceux des autres doit être très clairement définie.

De tous les nouveaux avions que Bombardier a créés, le Global Express est le premier à être entièrement conçu par ordinateur. Plans papier et maquettes sont remplacés par un prototype numérique 3D conçu sur CATIA, un logiciel de conception et de fabrication assistées par ordinateur, par l'entremise d'un réseau informatique comprenant deux superordinateurs et plusieurs centaines de postes de travail UNIX. L'automatisation du processus de conception permet à Bombardier de réaliser d'importantes économies d'échelle.

À cette époque, la plupart des avionneurs ne savent pas encore tirer le maximum des technologies informatiques de pointe ; ils s'en servent tout au plus comme d'une planche à dessin numérique. Mais Bombardier va beaucoup plus loin dans l'application de ce nouvel outil, faisant du logiciel CATIA un instrument de contrôle centralisé à partir duquel toutes les étapes des processus de conception et de production sont orchestrées. De cette manière, tout le monde est toujours sur la même longueur d'onde. Ayant instantanément accès aux changements apportés au design, les équipes peuvent travailler simultanément plutôt que de manière séquentielle comme c'était le cas à l'époque où les plans modifiés étaient acheminés le long de la chaîne des participants.

L'approche informatique engendre d'autres gains. Le superordinateur Cray permet d'effectuer des simulations de vol virtuelles qui remplacent avantageusement les essais en soufflerie, en dépit du temps de programmation que cela suppose. Le fait que les équipes peuvent utiliser CATIA comme interface tout en employant les systèmes de leur choix pour dessiner leurs pièces est un autre avantage de taille. « Le secret de cette approche réside dans la façon dont on utilise ses outils », souligne John Holding. Il est vrai que n'importe quelle compagnie peut se procurer les mêmes équipements et logiciels et engager des gens qui savent les utiliser, néanmoins Holding insiste sur le fait que l'achat de gadgets sophistiqués ne se traduit pas automatiquement en gains de productivité. « On ne devient pas un grand peintre simplement en achetant un pinceau, dit-il. L'aéronautique est un secteur de haute technologie, mais ses procédés sont plus archaïques du fait qu'ils sont hérités d'une époque dominée par la réglementation, les dépenses militaires et les subsides gouvernementaux. Il suffisait de hausser les prix pour régler un problème de production[5]. » Selon Holding, bien des compagnies ont tenté de s'adapter à l'avènement de marchés plus concurrentiels en se dotant d'outils qui ne sont pas plus avancés ou efficaces que des crayons à 30 000 dollars.

Si Bombardier s'impose comme un leader dans l'application d'outils technologiques de pointe, c'est en partie parce qu'elle n'est pas tributaire de l'ancienne méthode. « Il ne suffit pas d'acheter l'équipement et de former des employés, réitère Holding, il faut aussi comprendre la structure des systèmes et des procédés. Nous consacrons beaucoup de temps aux procédés ; le développement de systèmes est tout aussi important que le développement technique. Le tout est d'amener les gens [...] à développer des procédés qui traduisent [...] une certaine attitude, un certain esprit. La technologie, les outils sont là, à la portée de tous – la seule variable, ce sont les gens [...] il faut les encourager à trouver des façons créatives d'utiliser ces outils. C'est dans les gens qu'il faut investir [...]. Il faut développer les valeurs fondamentales. Tout le reste peut être acheté[6]. »

Pendant ce temps, la rivalité opposant Gulfstream à Bombardier se fait de plus en plus véhémente. Dans une nouvelle série de publicités, Gulfstream se décrit elle-même comme une institution américaine incontournable, en lutte contre des entités étrangères grassement subventionnées. Attaquant sur un autre front, l'avionneur américain tente de faire dérailler le projet du Global Express en débauchant Bryan Moss : le président de la division des avions d'affaires de Bombardier s'est laissé tenter et a quitté son poste sans préavis. Son ancien employeur intente une poursuite contre lui afin de l'empêcher de transmettre des informations confidentielles à la firme adverse. Bombardier va finalement retirer la poursuite, néanmoins il subsistera de part et d'autre une bonne dose d'amertume. « Ils m'ont fait la vie dure[7] », de confier Moss. De leur côté, les dirigeants de Bombardier ne voient dans le geste de leur ancien collègue rien de moins qu'une trahison.

Tandis que Bombardier travaille au développement du nouvel aéronef, Gulfstream et ses autres concurrents s'emploient à dénigrer le projet, prétendant tantôt que les partenaires internationaux du Global Express ne parviendront pas à coordonner leurs efforts, tantôt que la date de livraison ne sera pas respectée, ou alors que les performances de l'avion ne seront pas à la hauteur de ce qui avait été promis. Mais les mauvaises langues s'agitent en vain : le Global Express effectue son premier vol officiel en 1996 et reçoit son certificat de type de Transport Canada en 1998, tout cela dans les délais prévus. À la cérémonie de certification, Holding proclame fièrement : « Le fait que nous ayons accompli cela en respectant un échéancier établi cinq ans plus tôt en dit long sur les compétences et le dévouement des employés de Bombardier, mais aussi des partenaires qui se sont impliqués dans ce programme visionnaire[8]. »

Le Global Express surpasse les autres avions de sa catégorie sous bien des aspects. Il peut transporter huit passagers et quatre membres d'équipage sur une distance de 12 000 km sans escale, ceci à une vitesse quasi supersonique de Mach 0,88. Sa cabine est au moins 20 pour cent plus spacieuse que celle de son plus proche concurrent et peut être divisée en trois sections incluant une salle de conférences, un bureau et un salon. Grâce à ses ailes de conception nouvelle, il peut atterrir sur des pistes très courtes ; par conséquent, les gens d'affaires n'ont pas à exclure les petits aéroports de leur itinéraire. Par souci de fiabilité, le Global Express arbore des systèmes hydrauliques et électriques indépendants reliés à des sources d'alimentation multiples, et il est conçu pour répondre aux exigences d'ETOPS (« extended twin-engine operations »), un type de certification qui lui permet d'effectuer des vols long-courriers transocéaniques.

Au moment de sa certification, le Global Express fait l'objet de 80 commandes fermes. Et ce n'est qu'un début : d'autres clients admiratifs du nouvel avion viennent garnir encore davantage le carnet de commandes de Bombardier. Des tendances à long terme, comme la mondialisation des marchés, ainsi que des facteurs cycliques – la croissance économique, par exemple – contribuent à alimenter la demande. Le secteur militaire se rallie bientôt à la clientèle d'affaires : au Salon de l'aéronautique de Paris de 1999, Bombardier annonce que le Global Express servira de plateforme au système de surveillance radar aéroporté de l'armée britannique.

Les jets d'affaires de la firme canadienne gagnent en popularité tout au long des années 1990. À la fin de la décennie, Bombardier double Gulfstream pour accéder au premier rang de l'avionnerie d'affaires. Son concurrent ne s'en porte pas mal pour autant. Bien au contraire, Gulfstream devient un adversaire encore plus redoutable en 1999, année où elle est vendue à l'entreprise de défense General Dynamics. Ce nouveau propriétaire met de plus vastes ressources à la disposition de Gulfstream et lui donne accès à des technologies aéronautiques de pointe, changeant ainsi le rapport de force entre elle et Bombardier.

La concurrence est là, certes, toutefois Bombardier a lancé tant de nouveaux avions au cours de la décennie précédente que sa maîtrise en la matière est solide. Chaque nouvel appareil profite de l'expérience acquise précédemment, et au fil du temps la compagnie est parvenue à accélérer ses cycles de développement tout en haussant la qualité de ses produits. Elle affine encore davantage le système de partenariat qui assure le partage des risques au sein de ses projets, maintenant un très haut niveau de compatibilité entre ses fournisseurs grâce à cette interface commune qu'est le logiciel CATIA. Ses compétences en matière de modélisation numérique se bonifient, elles aussi. Au dire d'un conseiller du secteur aéronautique, Bombardier a « une stratégie d'innovation de produits des plus rigoureuses[9] ».

« Pour nous, la technologie n'est pas une fin en soi, déclare John Holding. Les projets irréalistes – la création d'un jet d'affaires supersonique, par exemple – ne nous intéressent pas. La recherche et le développement doivent toujours reposer sur des assises financières ; nous ne nous attardons pas aux technologies qui ne réduisent pas le coût total d'utilisation d'un avion ou qui n'apportent rien de plus au client. Au bout du compte, le succès d'un projet doit se mesurer sur le plan de la rentabilité[10]. »

« Il y a des gens qui nous demandent pourquoi nous développons autant de nouveaux modèles d'avions, dit Holding. À ceux-là, je réponds que ce n'est pas notre choix, mais celui du marché. On ne peut pas espérer devenir un jour numéro un si on n'écoute pas le marché. Il est plus important pour nous de répondre aux besoins du client que de satisfaire une quelconque ambition technologique[11]. »

Et c'est en écoutant sa clientèle que Bombardier a décidé de miser sur l'innovation continue dans ses avions d'affaires, même au cours des périodes de ralentissement économique qui affecteront la première décennie du XXIe siècle. Déterminée à maintenir une position de tête, Bombardier a investi dans le développement de nouveaux modèles ou d'améliorations significatives, lançant successivement le Challenger 300, les Global 5000, 7000 et 8000, les Learjet 40 et NXT, entre autres.

DIVERSIFICATION RÉUSSIE

Principal moteur de croissance de l'entreprise durant les années 1990, la division aéronautique est une véritable mine d'or pour les actionnaires de Bombardier. Un investisseur qui, en décembre 1989, aurait acheté 1 000 actions au prix de 15,75 $ l'action aurait vu son investissement initial de 15 750 $ atteindre 233 600 $ en décembre 1999. Une hausse constante des titres, fractionnés à plusieurs reprises, établit un rendement annuel de plus de 30 pour cent sur cette décennie. Les gains personnels de Laurent Beaudoin sont bien sûr considérables ; en décembre 1999, par exemple, avant de céder la direction à Robert Brown, il exerce une option d'achat d'actions d'une valeur totale de 94 millions de dollars.

La décennie suivante sera beaucoup plus difficile en raison de la crise que rencontre l'aéronautique après les événements de 2001.

Il demeure que la diversification vers le secteur aéronautique a été une réussite, tant du côté des avions régionaux que du côté des avions d'affaires. Elle a valu à Laurent Beaudoin et à Bombardier bien des honneurs. En voici quelques-uns :

1991
PDG de l'année – sondage du *Financial Post*
Chef d'entreprise canadien de l'année – Université de l'Alberta

1992
Dirigeant international de l'année – Chambre de commerce internationale

1993
Personnalité de l'année – revue *Flight International*
Prix du secteur aéronautique – revues *Aviation Week* et *Space Technology*

1995
L'entreprise la plus respectée au Canada – sondage du *Globe and Mail*
Le prix C. D. Howe – Institut aéronautique et spatial du Canada

1996
L'entreprise la plus respectée au Canada – sondage du *Globe and Mail*
Prix canadien du leadership en affaires – Harvard Business Club (Toronto)

1997
Temple de la renommée de l'entreprise canadienne – Jeunes entreprises du Canada
Prix de carrière – Conseil du patronat du Québec

1998
Prix de l'entrepreneur qui s'est le plus distingué – Université du Manitoba
Prix de l'entreprise du siècle au Québec – *Revue Commerce*
Personnalité de l'année – Gala d'excellence *La Presse*

1999
Panthéon de l'Aviation du Canada

2000
Prix Visions 2000, Grande entreprise – Chambre de commerce du Québec

Grand Prix de l'Entrepreneur 2000 : Prix d'excellence pour l'ensemble de ses réalisations – Ernst & Young

2006
Prix pour l'ensemble de la carrière en entrepreneurship – Fondation canadienne des jeunes entrepreneurs

2007
Woodrow Wilson Award for Corporate Citizenship – Institut canadien du Woodrow Wilson International Center for Scholars

2011
Living Legends of Aviation – Kiddie Howk Air Academy

QUATRIÈME PARTIE

CHAPITRE 9

Deux décennies mouvementées à Valcourt

SKI-DOO EN PERTE DE VITESSE

Pendant que le transport et l'aéronautique se développent, le groupe des produits récréatifs traverse des moments difficiles dans les années 1980. De la fin des années 1970 au début des années 1980, frappée par une deuxième crise de l'énergie et par une hausse vertigineuse des taux d'intérêt, l'industrie de la motoneige va en se dégradant. Bombardier survit à cette période difficile grâce au succès de sa division du transport en commun, mais le reste de l'industrie est en débandade : Yamaha et Polaris surnagent péniblement ; John Deere, Kawasaki et Arctic Cat s'avouent vaincus et lèvent le drapeau blanc. Ne restent plus en 1983 que trois fabricants qui, cette année-là, vendent à peine 87 000 unités, alors que 10 ans plus tôt, on comptait une centaine de fabricants pour des ventes globales approchant les 500 000 unités.

Avec plus de la moitié des parts du marché, Bombardier demeure le leader de l'industrie tout au long de cette période creuse. Son emprise sur l'industrie est telle qu'elle occupe une position quasi monopolistique en 1980, lorsque Textron Inc., la société mère de Polaris, déclare son intention de vendre ou de démanteler cette dernière. Bombardier fait une offre que Textron accepte, mais la division antitrust du ministère américain de la Justice bloque la transaction. L'année suivante, un groupe d'anciens gestionnaires de la compagnie sauvent Polaris *in extremis,* l'achetant alors qu'elle ne compte plus que 50 employés.

En 1984, un quatrième fabricant de motoneiges se joint à l'industrie pour faire concurrence à Bombardier. Durant la procédure de faillite d'Arctic Cat, un concessionnaire de la compagnie basé au Wisconsin a acheté la marque ainsi que l'ensemble de ses actifs. Le nouveau propriétaire laisse l'usine inactive et attend passivement qu'un acheteur se manifeste. D'anciens dirigeants d'Arctic Cat prennent finalement le contrôle de la compagnie en changeant son nom pour Arctico Inc.

Les quatre fabricants jouissent d'une bonne croissance tout au long des années 1980, période au cours de laquelle ils peuvent enfin écouler leurs stocks, les ventes s'étant vivifiées durant la reprise économique. L'avancement des technologies associées à la motoneige, la création de vastes organisations de motoneigistes et l'expansion du réseau de pistes partout en Amérique du Nord sont autant d'éléments qui viennent grossir les rangs des adeptes.

Si Bombardier reste le numéro un de l'industrie durant cette phase de redressement, ses concurrents gagnent du terrain, aidés de facteurs externes qui viennent éroder la position dominante du géant québécois. Il y a d'abord la montée ininterrompue du dollar canadien, qui, de 1986 à 1990, passe de 0,72$ US à 0,90$ US, une hausse qui fait grimper le prix des motoneiges Ski-Doo sur le marché américain. Des problèmes de qualité et une mauvaise analyse du marché – les motoneiges de haute performance sont devenues très en vogue, or, Bombardier ne propose aucun modèle dans ce créneau – contribuent également à la perte de vitesse du Ski-Doo.

En 1990, Polaris fait un grand bond en avant en s'emparant de 30 pour cent du marché. Bombardier est à 25 pour cent, et elle est talonnée de près par Arctico et Yamaha. Mais le pire, c'est que le groupe des produits récréatifs de Bombardier accuse une perte de 30 millions de dollars pour l'exercice financier de 1991. Jusque-là dominante, la marque Ski-Doo voit sa survie menacée par des concurrents qui ont failli être éradiqués quelques années auparavant.

Acculée de la sorte, Bombardier procède à une automatisation plus poussée de son usine, agrémente sa gamme de motoneiges de modèles haute performance et resserre ses procédés de contrôle de la qualité. Ces mesures, associées à la stabilisation du dollar canadien, restaurent la profitabilité de la division des produits récréatifs tout au long de la première moitié des années 1990, permettant à Bombardier de regagner une partie du terrain perdu aux mains de Polaris.

PIERRE BEAUDOIN ET LA REVANCHE DU SEA-DOO (1988)

Une version complètement redessinée du Sea-Doo contribue, durant cette période, au retour en force des produits récréatifs Bombardier. Relancée en 1988, la motomarine Sea-Doo connaît un succès énorme : les ventes annuelles de Sea-Doo montent en flèche pour atteindre 100 000 unités durant l'année financière 1995, ce qui représente 50 pour cent du marché des motomarines. De 1992 à 1997, la majorité des profits de la division Produits récréatifs proviennent des ventes de Sea-Doo. La gamme réalisera sa meilleure performance durant l'exercice financier de 1997, enregistrant des bénéfices nets de 212 millions de dollars.

Le principal artisan du succès du Sea-Doo n'est nul autre que Pierre Beaudoin, fils de Laurent Beaudoin. « Je ne voulais pas vraiment travailler pour Bombardier[1] », avoue-t-il. Il se retrouve malgré tout dans le giron de la compagnie, recrue récalcitrante, un peu comme son père avant lui. En 1985, Laurent l'invite à travailler sur une nouvelle version du Sea-Doo. Pierre, qui n'a alors que 23 ans, accepte. « Je me suis dit que ça me tiendrait occupé jusqu'à ce que je trouve autre chose à faire[2]. »

Pierre Beaudoin est le seul fils d'une famille de quatre enfants, dont il est le cadet. Dès l'adolescence, il entre dans le monde des affaires : accompagnant son père dans ses voyages d'affaires, il assiste à la négociation de contrats valant des centaines de millions de dollars et à des pourparlers visant l'acquisition d'autres compagnies. Il étudie la gestion d'entreprise au collège Brébeuf, puis les relations industrielles à l'Université McGill. À la fin de ses études, il travaille pendant un an chez BIC Sport, un fabricant d'équipements sportifs de Toronto. Vient ensuite l'invitation de son père et le passage chez Bombardier.

La réticence initiale de Pierre est compréhensible. L'idée d'être « le fils du patron » ne lui plaît guère, d'une part parce qu'il ne veut pas être considéré comme un privilégié, mais aussi parce qu'à ce titre il sera très certainement l'objet d'attentes très élevées. Il veut bien travailler pour Bombardier, mais il aurait préféré tracer sa propre voie, acquérir une certaine expérience avant d'intégrer l'entreprise familiale. Le poste qu'on lui accorderait alors aurait au moins été mérité.

Toutes ces considérations s'évanouissent lorsque Pierre commence à travailler sur le Sea-Doo, d'abord comme pilote d'essai. Six mois plus tard, jugeant son travail passionnant, il décide de rester chez Bombardier.

Dans son enfance, Pierre a pris énormément de plaisir à piloter les véhicules récréatifs Bombardier, et plus particulièrement les prototypes de Sea-Doo que sa famille conserve après l'introduction avortée du produit en 1968. Son expérience aux commandes de ces motomarines le convainc qu'il s'agit d'un produit attrayant, et il a une bonne idée de ce qu'il faut faire pour le rendre encore plus plaisant à utiliser. C'est là un défi intéressant, qu'il relève avec enthousiasme.

Laurent suggère que le projet soit amorcé à l'extérieur de Bombardier, au sein d'une compagnie distincte. Cette mesure a raison des dernières réticences de Pierre, mais elle permet aussi de développer la nouvelle incarnation du Sea-Doo sans interférence de la part de Bombardier et de ses employés – le projet ne sera transféré à l'interne qu'une fois les prototypes finalisés. Fidèle à sa philosophie, Laurent donne carte blanche à Pierre et à ses collaborateurs, les laissant libres de travailler comme ils l'entendent, d'expérimenter à satiété et de faire des erreurs sans crainte de récrimination.

La création du nouveau Sea-Doo s'étend sur plusieurs années. Parallèlement à l'élaboration des prototypes, Pierre et son équipe développent les processus de fabrication, les campagnes de mise en marché et les réseaux de distribution. Pierre teste personnellement chaque nouveau prototype dès sa sortie de l'atelier, une habitude qui lui fait réaliser combien il est important que les dirigeants utilisent les produits de la compagnie ; c'est à ses yeux un aspect capital du processus de développement. « Notre succès est en partie dû au fait que nos gestionnaires utilisent nos produits, dit-il en 1995 lors d'une entrevue. En en faisant eux-mêmes l'expérience, ils sont plus aptes à comprendre ce que veulent les clients[3]. »

Avant de faire passer le Sea-Doo en mode production, il faut s'assurer de la collaboration d'une cinquantaine de fournisseurs de pièces et de composants. Bombardier agit en tant qu'intégrateur de systèmes, ce qui signifie qu'elle supervise le processus de conception et met sur pied la chaîne de montage. L'essentiel du travail est effectué par les fournisseurs, si bien que le personnel de Bombardier ne travaille que quatre heures sur chaque Sea-Doo. Ce haut degré d'externalisation a pour effet de simplifier les procédés, permettant ainsi au groupe Sea-Doo d'accroître plus rapidement la production, et à Bombardier de mieux contrôler ses coûts et d'afficher une plus grande souplesse face aux fluctuations du marché.

Par-delà la production, il faut rehausser la notoriété de la marque, ce que Bombardier accomplit par l'entremise d'une campagne publicitaire de plusieurs millions de dollars à la télévision et dans les magazines. Bombardier veut protéger ses prix et la marge de profit de ses concessionnaires en limitant sa production, néanmoins elle réduit ses prix courants à la fin de la première année de production, ce qui irrite les détaillants qui ont encore des modèles de l'année précédente en stock. Hormis ce désagrément, la stratégie de marketing et la politique des prix de Bombardier s'avèrent très efficaces puisqu'elles permettent à la compagnie de gagner des parts du marché sans offrir de rabais sur ses produits.

Lorsque Bombardier lance son Sea-Doo en 1988, elle se retrouve nez à nez avec un rival qui était déjà solidement implanté. Kawasaki Heavy Industries Ltd. a introduit son interprétation de la motomarine en 1973 : alors que le Sea-Doo se pilote en position assise, le conducteur de Jet Ski se tient debout ou à genoux derrière les guidons. La motomarine de Kawasaki a connu des ventes peu reluisantes dans sa première décennie d'existence ; cela dit, d'année en année, elle a graduellement gagné en popularité. De plus en plus nombreux, les adeptes s'organisent. Au début des années 1980, on assiste aux premières courses de Jet Ski. La firme japonaise introduit alors de nouveaux modèles, plus faciles d'entretien et plus maniables, qui connaissent un certain succès.

En 1987, juste avant que Bombardier ne lance son Sea-Doo, un autre constructeur japonais, Yamaha Motor Corp., introduit une motomarine à conducteur assis. L'exercice s'avère concluant : il est plus facile de rester en équilibre sur ce type de véhicule que sur un Jet Ski, et le pilote ne se fait pas mouiller autant. *Splash* et *Personal Watercraft Illustrated*, les deux premières revues entièrement consacrées à la motomarine, arrivent sur le marché cette année-là, ce qui augmente la visibilité du produit.

Dès son arrivée sur le marché, le Sea-Doo s'impose comme la référence en la matière. Sa coque en V offre un maniement supérieur à la motomarine Yamaha, dont la coque plate heurte violemment la surface de l'eau au lieu de la fendre avec aisance comme celle du

Sea-Doo. Cette caractéristique rend la motomarine de Bombardier beaucoup plus confortable à piloter à haute vitesse que le véhicule de son concurrent japonais. Toutes les études de marché que Pierre Beaudoin a effectuées, toutes ces années d'essais, de développement et de tâtonnements ont porté leurs fruits.

Désireuse de regagner les parts de marché perdues aux mains de ses deux nouveaux concurrents, Kawasaki introduit en 1989 une motomarine à conducteur assis dotée d'une coque très large qui la rend plus stable que les modèles de ses concurrents. Cette particularité en fait la favorite des exploitants qui en font la location, mais son règne sera de courte durée puisque Bombardier réplique peu après par des modèles encore plus stables. Le fabricant québécois lance à cette époque la motomarine la plus rapide au monde : affichant une vitesse de pointe de 80 km/h, le Sea-Doo XP met fin à la suprématie de Kawasaki dans les compétitions de motomarines. Le XP remporte toutes les grandes courses et domine le circuit pendant plusieurs années ; ses performances phénoménales font grimper les ventes de Sea-Doo.

Les deux principaux rivaux de Bombardier dans le domaine de la motoneige, Polaris Industries et Arctico Inc., décident finalement de faire une incursion dans l'univers de la motomarine. Leurs modèles, lancés en 1992, ne parviendront pas à desserrer l'emprise du fabricant québécois, qui garde toujours une longueur d'avance en améliorant sans cesse son produit, offrant les modèles les plus performants et les technologies les plus avancées : Bombardier introduit un système antivol à encodage numérique, un siège à suspension directe, ainsi qu'un mécanisme permettant d'ajuster l'assiette en fonction du poids et du style de conduite du pilote.

Le Sea-Doo se démarque aussi par sa structure en fibre de verre, une caractéristique qui le rend plus léger et plus rapide que les motomarines à composés métalliques de ses concurrents. Ce choix de matériau permet en outre à Bombardier d'accélérer la production de ses nouveaux modèles du fait qu'il est plus facile de fabriquer des moules pour des pièces en fibre de verre que pour des pièces en métal.

Un autre facteur joue en faveur du Sea-Doo. Bien qu'elle apporte chaque année des améliorations à son produit, Bombardier continue d'offrir les meilleurs prix de l'industrie. Cela découle en partie de son volume de production élevé, qui lui permet de réduire sensiblement ses coûts de production par unité, mais la valeur du dollar canadien l'aide aussi en ce sens : il est plus facile pour Bombardier d'offrir de bons prix aux États-Unis du fait que le dollar canadien est à la baisse par rapport au dollar américain, alors que le yen, lui, est à la hausse ; il est par conséquent plus difficile pour Kawasaki et Yamaha de garder leurs prix concurrentiels sur le marché américain. Les fabricants américains Polaris et Arctico souffrent du même problème puisque leurs composants de motos aquatiques, et notamment les moteurs, sont pratiquement tous importés du Japon. À l'opposé, Bombardier s'approvisionne presque exclusivement auprès de fournisseurs canadiens, hormis pour son moteur, qui est fabriqué par sa filiale autrichienne Rotax.

Avec le succès de la gamme Sea-Doo, Pierre Beaudoin voit son statut se bonifier au sein de Bombardier. En octobre 1990, il accède au poste de vice-président Planification et développement de produits pour les marques Sea-Doo et Ski-Doo. En juin 1992, il devient vice-président exécutif de la division Sea-Doo / Ski-Doo. Puis, en avril 1996, il est nommé président et chef de l'exploitation de Bombardier Produits récréatifs. Cette dernière promotion est loin d'être un poisson d'avril : considérant la *maestria* avec laquelle il a redoré le blason de la division des produits récréatifs, Pierre est désormais perçu comme le successeur naturel de son père à la tête de l'entreprise.

Le bel élan de Pierre Beaudoin et des produits récréatifs Bombardier tire malheureusement à sa fin. Après un exercice financier spectaculaire en 1996, la division se retrouve au seuil de la rentabilité l'année suivante, puis accuse des pertes de 45 millions en 1999 et de 17 millions en 2000. Ce revirement plutôt brutal est imputable aux ventes de Sea-Doo, qui chutent de façon catastrophique à cause de la saturation de la demande et des restrictions imposées par les autorités municipales et régionales en ce qui a trait au bruit, à la pollution et à la sécurité. Voyant ses stocks s'amonceler, Bombardier réduit sa production de 50 pour cent pour la saison de 1998. Cela ressemble drôlement à la débâcle qu'a connue la motoneige dans les années 1970 !

La compagnie tente de créer une nouvelle dynamique de croissance avec des produits comme le véhicule électrique de proximité NV et le tout-terrain Traxter. Semblable à une voiturette de golf, le NV est destiné à une clientèle âgée désireuse de se déplacer dans les confins d'un village de retraités ; sa production est interrompue à plusieurs reprises faute de demande.

Introduit en 1998, le Traxter représente une première incursion de Bombardier dans les sphères du véhicule tout-terrain. Le Traxter affiche un potentiel plus intéressant que le NV, d'une part parce que le marché du VTT est en plein essor, d'autre part parce qu'il s'agit d'un produit que Bombardier peut distribuer par l'entremise de ses concessionnaires Ski-Doo et Sea-Doo. Malheureusement, les ventes s'avèrent décevantes du fait que son design innovateur déconcerte les consommateurs, et six autres marques établies, dont Polaris et Honda, se partagent déjà le marché. Il faudra du temps à Bombardier avant de faire sa marque avec le VTT Outlander qui connaîtra le succès.

MOTONEIGE EXTRÊME ET INNOVATION

La motoneige subit au cours des années 1990 des transformations radicales qui lui donnent des performances époustouflantes. Au dire d'un observateur: « Ces "machines musclées" sont à la motoneige traditionnelle ce que la voiture de course Formule 1 est au tracteur John Deere[4]. »

Produit phare de la gamme Ski-Doo en 1997, la motoneige Mach Z est un bolide de 800 cc qui peut atteindre 95 km/h en moins de trois secondes. « Elle n'est pas simplement rapide : elle est *#@%ement vite[5] », disent certains pilotes professionnels au sujet de la bête. Cette époque marquée par la vitesse engendre d'autres monstres de la trempe du Mach Z. Il suffit de songer qu'une Toyota Camry quatre cylindres génère 136 chevaux pour avoir une idée de la puissance du Mountain Cat 1000 de la firme Arctic Cat, qui, à 270 kilos, est quatre fois plus léger que la Camry mais est doté d'un moteur de 172 chevaux.

Nous sommes loin des autoneiges de Joseph-Armand Bombardier. Ces nouvelles motoneiges sont si légères et si puissantes qu'elles grimpent des pentes quasiment verticales et glissent sur des étendues poudreuses dans lesquelles d'autres s'enfonceraient jusqu'au cou. Certains modèles haut de gamme donnent naissance à des sports nouveaux tels que la motoneige de montagne. Dans ce genre de compétition, que l'on peut voir à la télé, les pilotes lancent leurs engins sur des pentes vertigineuses comme celle de la montagne Snow King, dans le Wyoming, qui affiche une inclinaison de 85 degrés, le but de l'exercice étant d'atteindre le sommet en moins de deux minutes. Une motoneige qui se renverse durant la montée culbute jusqu'en bas, où un filet arrête sa dégringolade juste avant qu'elle n'atteigne les spectateurs.

Outre ces divertissements télévisés, on assiste à d'autres manifestations de motoneigisme extrême. Il y a d'abord les compétitions de vitesse pure, le record du monde étant actuellement de plus de 340 km/h. Puis il y a les concours de trait durant lesquels les motoneiges sont appelées à tirer des charges extrêmement lourdes – des remorques contenant des éléphants, par exemple. Il y a aussi des courses de motoneige sur eau, ou *watercross*, dans lesquelles les engins, emportés par leur élan, filent à la surface de l'eau. Le saut à motoneige est un autre type de compétition extrême : les motoneiges s'élancent sur une rampe et doivent parcourir la plus grande distance possible dans les airs ; le record du monde a été réalisé grâce à un saut de 110 m ! Joseph-Armand, en son temps, aurait-il pu imaginer que son invention mènerait à tout cela ?

Faire de la motoneige sur l'eau est sans doute le sport le plus hasardeux que l'amateur puisse tenter. À ceux qui veulent s'y risquer, le vétéran motoneigiste Urban Öhman offre ces quelques conseils : « Je préfère la position classique, écrit-il sur son site Web. Les pieds sont en avant et le dos au milieu du siège. Le tout est de bien se centrer pour trouver son point d'équilibre. Tenez les guidons fermement [...]. Les virages sont interdits durant la traversée[6] ! » Öhman suggère le truc suivant en cas de catastrophe : « Je recommande d'attacher une grosse corde au châssis de la motoneige et de fixer une bouteille de javellisant vide à l'autre bout en guise de flotteur [...]. Ainsi, si votre motoneige se retrouve au fond de l'eau, vous pourrez revenir en bateau et la remonter à la surface à l'aide d'un treuil. Vous aurez bien du mal à récupérer votre engin sans cette corde et cette bouée qui vous servira de repère[7]. » Vous voulez ajouter un peu de piquant à vos activités de motoneige aquatique ? Essayez cette variante du ski nautique qu'Öhman propose : lorsque vous filez sur votre motoneige en eaux libres, halez un skieur qui glissera sur l'onde à votre suite. Surtout, qu'il n'oublie pas d'enfiler son parka !

À l'autre extrémité du spectre, on retrouve les novices qui s'inscrivent à leur première randonnée de motoneige. L'expérience, pour la plupart d'entre eux, s'avère des plus stimulantes. L'un d'eux raconte en ces termes un moment particulièrement excitant : « Quand j'ai jeté un œil par-dessus le capot de ma motoneige, mon sang n'a fait qu'un tour. Les patins de mon engin avaient dépassé les bords du gouffre, comme suspendus au-dessus du vide. Il me fallait dévaler une longue pente de 60 degrés pour atteindre la vallée qui se trouvait à 45 m en contrebas [...]. J'ai lancé le moteur de 120 chevaux à pleins gaz et j'ai bondi dans les airs [...]. À cette seconde précise, j'avais vraiment l'impression d'être Evel Knievel[8]. »

Mais les néophytes de la motoneige ne connaissent pas que des moments sublimes de ce genre. Accidents et mésaventures sont aussi monnaie courante. Il n'est pas rare que l'un d'eux percute un arbre. C'est la plupart du temps le manque de technique qui est à blâmer dans ces cas-là : pour faire tourner une motoneige, il ne suffit pas de tourner les guidons, il faut aussi contrer la force centrifuge en se penchant à l'intérieur du virage, un peu comme le ferait un motocycliste. Une motoneigiste débutante raconte comment elle a évité de justesse une première collision : « Le virage, en haut de la côte, ne me paraissait pas très prononcé. Je me suis penchée comme on m'avait dit de le faire [...] mais non, c'était raté. Déviant à peine de sa trajectoire, ma motoneige s'est dirigée droit sur un sapin. Crac ! mon patin gauche a heurté le tronc, mais fort heureusement le choc m'a ramenée sur la piste [...]. "Pourquoi ne m'avez-vous pas dit qu'il fallait que je lève mon cul du siège pour me pencher encore davantage ?" avais-je envie de leur crier[9]. »

Un autre nouvel adepte résume ainsi une première randonnée plutôt mouvementée : « En deux jours d'excursion, j'ai été jeté deux fois en bas de ma motoneige, j'ai piqué du nez dans le bas d'une pente, je suis resté embourbé dans la neige à sept reprises, j'ai percuté une souche, j'ai fait un tonneau de 360 degrés – qui n'était pas intentionnel, je vous le garantis –, j'ai été catapulté dans les airs et j'ai percuté un arbre de plein fouet (si ça vous arrive, visez les conifères, ils sont moins durs)[10]. » Notre néophyte malchanceux avoue tout de même avoir trouvé l'expérience incroyablement grisante.

En 2002, peu avant la vente de la division par Bombardier, deux innovations majeures vont de nouveau propulser la motoneige Ski-Doo au premier rang : le châssis REV, qui modifie complètement la position du conducteur, et la technologie des moteurs deux-temps à injection semi-directe. La même année, la division des Produits récréatifs lancera le premier VTT deux places. Après des années difficiles, le succès commercial et financier est de retour.

ACQUISITION DE MOTEURS HORS-BORD (2001)

Pendant ce temps, Laurent travaille à une autre acquisition qui répondrait à la quête d'équilibre de Bombardier en venant enrichir la division des produits récréatifs. La transaction est typique de Bombardier en ce sens qu'il s'agit d'une compagnie en difficulté qui détient de nouvelles technologies prometteuses qu'elle ne peut développer faute de ressources.

Il y a plusieurs années que Bombardier songe à acheter Outboard Marine Corp. (OMC), mais elle ne l'a pas fait parce que le prix demandé a toujours été trop élevé à son goût. Puis, en février 2001, les actifs de ce fabricant de bateaux de plaisance sont mis à l'encan par le tribunal américain des faillites. Bombardier soumet une offre de 42,7 millions de dollars US pour la division des moteurs hors-bord d'OMC, laquelle inclut les marques Johnson et Evinrude, la technologie d'injection de carburant FICHT, ainsi que des usines de production. Le plus grand fabricant américain de moteurs de bateaux de plaisance, Brunswick Corp., riposte avec une offre de 46 millions US.

Ne voulant pas voir une si bonne occasion lui filer entre les doigts, Bombardier s'associe avec Genmar Holdings Ltd., un autre fabricant d'embarcations de plaisance. Les deux firmes déposent ensemble une offre conjointe de 95 millions de dollars US pour l'ensemble des actifs d'OMC, incluant les marques Chris Craft, Four Winns, Hydra-Sports, Seaswirl et Statos, qui intéressent Genmar.

Les banquiers et les créanciers qui procèdent à la liquidation d'OMC réclament alors que Brunswick paie une caution non remboursable de 25 millions de dollars avant de pouvoir déposer une nouvelle offre. Jugeant cette condition inacceptable, Brunswick se retire. Le stratagème des créanciers a fonctionné : ils n'ont imposé cette exigence que pour porter entrave au rival de Bombardier, craignant que la Commission fédérale du commerce (FTC) ne rejette une éventuelle prise de contrôle d'OMC par Brunswick en vertu des lois antitrust américaines – Brunswick détient déjà 50 pour cent du marché des moteurs hors-bord aux États-Unis, une part qu'elle aurait augmentée de 28 pour cent en achetant OMC. Les avocats du gouvernement auraient forcément étudié l'affaire si Brunswick avait remporté la mise. Or, les créanciers d'OMC craignent que les actifs de la compagnie ne perdent de la valeur le temps d'obtenir l'approbation gouvernementale.

Les créanciers soupçonnent par ailleurs Brunswick de vouloir liquider une bonne part des actifs d'OMC si elle n'obtient pas l'assentiment de la FTC, soupçon qui se voit renforcé par le fait que la firme a retenu les services d'un expert en liquidation de sociétés. Mais pourquoi donc Brunswick achèterait-elle OMC pour la démanteler l'instant d'après ? Pour éviter qu'elle n'aboutisse entre les mains d'un concurrent, tout simplement. Elle aurait perdu environ 50 millions de dollars US dans la foulée, mais c'était le prix à payer pour assurer sa dominance du marché.

Brunswick n'aura pas l'occasion de mettre son plan à exécution puisque Bombardier et Genmar se partagent les avoirs d'OMC, la division des moteurs hors-bord revenant à la firme québécoise. « C'est une belle occasion pour nous, soulignait Michel Baril, alors président et chef d'exploitation de Bombardier Produits récréatifs. Cette acquisition va nous permettre de bonifier nos exploitations[11]. »

La technologie d'injection de carburant FICHT s'avère particulièrement intéressante pour Bombardier, car elle réduit d'un tiers la consommation d'essence et de moitié la consommation d'huile que requièrent les moteurs deux-temps, ce qui se traduit par une réduction des émissions de l'ordre de 75 pour cent. Ces améliorations rendent les produits nautiques Bombardier conformes aux exigences environnementales en vigueur dans bien des pays, et notamment aux États-Unis.

CHAPITRE 10

Stratégie et gouvernance

L'ÉMINENCE GRISE

Jusqu'à sa retraite en 2001, il sera l'éminence grise de Bombardier, le conseiller de Laurent Beaudoin en matière de stratégie, de diversification et de gouvernance. Durant ses dernières années en service, il aidera ce dernier à diriger la compagnie. C'est à lui que l'on s'adresse pour toute question touchant à la stratégie d'entreprise, au financement et aux acquisitions. Lorsque vient le temps de prendre des décisions majeures comme celle de développer le Global Express, c'est lui qui analyse et évalue la situation, lui qui communique ses réflexions au patron de Bombardier.

L'homme dont il est question ici est dans la soixantaine à l'époque où il remplit de si prestigieuses fonctions chez Bombardier. Grisonnant, le regard animé derrière ses lunettes fines, il garde une apparence jeune – son physique courtaud et un peu rondelet lui donne l'air d'un chérubin. Cette première image se dissipe dès qu'on le voit en action: se dégage de lui une impression de force, un dynamisme rendu encore plus impressionnant par la manière claire et articulée qu'il a de s'exprimer. Il parle de gestion de façon si éclairée qu'il est impossible, l'écoutant, de ne pas en retirer une ou deux leçons signifiantes.

D'anciens collègues qui ont travaillé avec lui chez de précédents employeurs le décrivent comme un individu ambitieux qui a trouvé chez Bombardier un défi à la mesure de ses aspirations. Ils disent de lui qu'il est un homme sérieux qui tolère mal la bêtise, ce qui est souvent le cas chez les gens dotés d'une intelligence supérieure à la moyenne. Il n'accepte pas les raisonnements brouillons et n'hésite pas à rectifier le tir de ceux qui en font usage[1]. Pour toutes ces raisons, et parce qu'ils éprouvent l'un pour l'autre une admiration réciproque, Laurent et lui forment une équipe du tonnerre. Leur collaboration est sans contredit l'un des éléments clés du succès de Bombardier.

Ce dirigeant remarquable, cette éminence grise de Bombardier, se nomme Yvan Allaire. Des études supérieures poussées ont formé son esprit : un baccalauréat en sciences avec mention très bien à l'Université de Sherbrooke (l'*alma mater* de Laurent Beaudoin) est suivi, toujours à Sherbrooke, d'une maîtrise en administration des affaires, puis d'un doctorat en science administrative au prestigieux MIT (Massachusetts Institute of Technology), diplôme qu'il obtient au début des années 1970. Il enseigne ensuite la stratégie commerciale aux universités de Sherbrooke, d'Ottawa et de Québec, et est professeur invité au MIT ainsi qu'à d'autres universités étrangères.

Ces années d'étude et d'enseignement sont accompagnées d'une expérience pratique impressionnante. Yvan Allaire est, entre autres choses, le cofondateur et président du Groupe Secor Inc., une firme-conseil en gestion particulièrement influente.

Allaire est encore étudiant lorsqu'il rencontre celle qui va devenir sa femme et collaboratrice. Mihaela Firsirotu partage avec lui un intérêt sans bornes pour la gestion et les affaires. Sa thèse de doctorat, intitulée *Strategic Turnaround as Cultural Revolution : The Case of Canadian National Express*, a remporté en 1985 le prix A. T. Kearney de la meilleure thèse de management en Amérique du Nord. Firsirotu et Allaire développent une vision très particulière de la stratégie de gestion et rédigent ensemble plusieurs livres et articles sur le sujet, notamment *L'entreprise stratégique : penser la stratégie*, un ouvrage de 620 pages paru en 1993 qui devient une référence en langue française dans le domaine[2]. Firsirotu enseigne aujourd'hui à l'Université du Québec à Montréal, où elle est titulaire de la Chaire Bombardier en gestion des entreprises transnationales.

En avril 1985, Laurent Beaudoin invite Allaire à manger. À cette époque, Laurent songe à diversifier Bombardier, ou alors à ajouter un troisième groupe de produits qui viendra contrebalancer la division des motoneiges et celle du transport en commun. Il a besoin d'être conseillé quant à la manière de gérer une compagnie qui se complexifie et est en pleine expansion. C'est à ce moment que débute l'implication d'Yvan Allaire dans Bombardier. Grand spécialiste de la gestion, ce dernier a conseillé de nombreuses sociétés sur ces questions, particulièrement en ce qui a trait à la planification stratégique. Il a publié en 1988 un article[3] qui résume sa pensée sur le sujet, et qui dit, entre autres choses, que la planification stratégique ne doit pas s'appuyer sur des prédictions. Comme les prévisions d'avenir s'avèrent invariablement inexactes, toute planification basée sur celles-ci ne peut mener qu'à une impasse.

Au modèle prédictif, Allaire propose deux solutions. La première est l'approche proactive, laquelle exige que l'on pose des gestes concrets pour façonner et contrôler les facteurs et environnements externes. Une entreprise peut par exemple : faire pression auprès des organismes de régulation afin qu'ils apportent des changements à leur législation ; déléguer les risques en favorisant les contrats à prix fixe ; contrôler les pratiques de ses concurrents en soumettant celles-ci au jugement des tribunaux ; et instaurer des mesures permettant le partage coopératif d'un marché. La seconde option que propose Allaire appelle les entreprises à « développer une capacité de réponse flexible », notamment par une diversification du portefeuille de produits. Cette approche permet aux entreprises de maintenir un bon niveau global de rentabilité, leur donnant par le fait même les outils et le temps nécessaires au développement de produits à succès.

Allaire œuvre d'abord comme consultant indépendant pour Bombardier. Soucieux d'éviter les écueils de la diversification, Laurent cherche souvent conseil auprès de lui. Mais bientôt, cela ne suffit plus : en regard de la vive expansion de la compagnie, Laurent a besoin d'un collaborateur de tous les instants. Lorsque Bombardier fait son entrée dans le secteur aéronautique, Laurent offre à Allaire un poste de direction que ce dernier refuse, ne voulant pas abandonner sa carrière universitaire. Allaire se voit néanmoins de plus en plus accaparé par Bombardier au fur et à mesure des années, au point où, en 1992, il diminue radicalement ses heures d'enseignement à l'université ; il n'est plus dès lors que professeur à temps partiel.

En 1996, la réorganisation de Bombardier, qui suit le départ de Raymond Royer à la présidence, mène à la création d'un poste clé que Laurent destine à son conseiller. Allaire, cette fois, accepte : à titre de vice-président à la direction des Stratégies et affaires de l'entreprise de Bombardier, il est responsable des initiatives stratégiques, des structures de financement, des opérations de trésorerie et du développement organisationnel. Bombardier est, pour ce grand théoricien de la gestion, un vaste laboratoire vivant. « Cela me fera passer quelques années sur le terrain[4] », se dit-il. S'il ne se doute pas au début de l'ampleur de la tâche, il ne tarde pas à en prendre la mesure, ses responsabilités spécifiques l'amenant d'entrée de jeu à gérer le litige relatif aux politiques de financement de Pro-Ex, et à participer aux négociations visant l'acquisition d'Adtranz.

Laurent a eu du mal à s'adapter à l'expansion et à la diversification de sa compagnie. Il manifeste pour le monde des affaires une passion égale à celle que certains vouent au sport, à l'art ou à d'autres sujets. Dans les années 1960 et 1970, il est impliqué à tous les échelons opérationnels de Bombardier, de l'ingénierie à la production en passant par le marketing et les ventes. Il a pu adopter cette approche touche-à-tout du fait que Bombardier est, à cette époque, une entreprise centralisée – dans ce type de société, il n'est pas rare que le processus décisionnel tourne autour du grand patron. Accoutumé comme il l'est à cette façon de faire, Laurent a du mal à déléguer les responsabilités durant les premiers soubresauts expansionnistes de Bombardier.

« Monsieur Beaudoin est un autocrate qui n'aime pas partager le pouvoir[5] », avait commenté un observateur. Cette propension était à l'origine des frictions avec Claude Hébert dans les années 1970, époque où ce dernier était PDG de Bombardier. Puis il y a la démission subite et mystérieuse du président et chef de l'exploitation Louis Hollander en 1982, pour laquelle ni Laurent Beaudoin ni Hollander lui-même ne donnent d'explication. Les circonstances laissent supposer que les deux hommes ne se sont pas laissés en bons termes. Plutôt que de remplacer Hollander, Laurent remplit ses fonctions. Les postes de haute direction dont Laurent assume la responsabilité ne seront confiés à d'autres qu'après l'arrivée, en février 1986, de Raymond Royer à la barre de la compagnie.

Laurent Beaudoin est le premier à admettre que cette approche administrative plutôt autocratique se fait de moins en moins appropriée au fur et à mesure que Bombardier prend de l'expansion. La compagnie devient trop grosse pour être gérée par une seule personne. Bien qu'il sache cela, Laurent a du mal à changer son style de gestion. « Ce n'est pas facile de déléguer quand on est intimement lié à une entreprise, reconnaît-il. Et c'est difficile de confier à quelqu'un d'autre une tâche qu'on veut faire soi-même. Il m'a fallu plusieurs années avant de changer sur ce point-là[6]. »

Laurent parvient finalement à s'adapter. Fort heureusement, car il s'agit là d'un changement nécessaire à l'évolution de Bombardier. Le dialogue que Laurent Beaudoin entretient avec Yvan Allaire est le principal moteur de cette transformation. Il a été lancé, plusieurs années auparavant, par la question suivante : « Pourquoi la plupart des compagnies échouent-elles dans leurs tentatives de diversification[7] ? » Puis il culmine en 1992 avec un document qu'Allaire rédige avec l'aide de son épouse, Mihaela Firsirotu, dans lequel il identifie les quatre piliers de la gouvernance stratégique, qui sont : 1) l'architecture et le leadership ; 2) les processus de gestion et de planification stratégique ; 3) une information stratégique et financière de qualité ; et 4) un système de rémunération et de reconnaissance qui favorise une meilleure performance.

Ce sont les principes énoncés dans ce document qui vont guider Bombardier dans les années à venir, notamment en ce qui concerne l'intégration de ses filiales, l'idée première étant que, dans une entreprise décentralisée, la haute direction ne peut pas se contenter de jouer le rôle d'un observateur passif : elle doit instaurer un système d'évaluation et de vérification rigoureux et en assurer le suivi ; elle doit aussi être en constant dialogue avec les différents groupes opérationnels de l'entreprise.

LA DÉCENTRALISATION

De ce cadre stratégique émane la nécessité pour Laurent de changer son style de leadership. De l'approche administrative traditionnelle, il passe à l'ère de la gouvernance. Ce faisant, il doit déléguer une bonne part du processus décisionnel à ses cadres, à ses vice-présidents et à ses directeurs. Voici ce qu'Yvan Allaire dit à ce sujet dans un article paru en 1997 :

> La première étape dans l'établissement d'un système de gouvernance efficace réside dans le chef de l'entreprise lui-même, qui doit changer son attitude et son style de leadership

> – ce qui est plus facile à dire qu'à faire – au fur et à mesure que l'entité d'affaires qu'il dirige se complexifie et se diversifie. Il doit résister à cette propension, développée durant toutes ces années passées au sommet de la chaîne hiérarchique, à prendre seul des décisions qui doivent en principe relever des groupes opérationnels. Bombardier a de la chance de ce point de vue. Le développement de Laurent Beaudoin en tant que leader devance le développement de l'entreprise [...] il a imposé, à Bombardier et à lui-même, la discipline rigoureuse nécessaire à un système de gouvernance de haut niveau[8].

Si Bombardier est l'une des rares compagnies à avoir évité les dangers de la diversification, c'est, selon Allaire, parce qu'elle sait « accroître le niveau de sophistication de son appareil administratif au même rythme que son niveau de croissance d'entreprise ». La plupart des entrepreneurs ne réagissent pas assez rapidement : ils tentent d'introduire un nouveau système de gouvernance seulement à la toute fin d'une période de croissance importante. « À ce point, il est déjà trop tard, dit Allaire. Parce que ses systèmes administratifs ne sont plus adéquats, la compagnie ne peut que stagner ou imploser[9]. » Laurent n'attend pas que Bombardier vaille 20 milliards de dollars pour changer son style de gestion : sachant la transformation inévitable, il travaille la chose au fil du temps, aidé de ses conseillers.

En 1996, Bombardier met en place un système de gouvernance stratégique dans lequel le processus décisionnel est décentralisé en aval vers les cinq groupes opérationnels – qui sont Bombardier Aéronautique, Bombardier Transport, Bombardier Produits récréatifs, Bombardier Capital et Bombardier International. Chaque groupe est dirigé par un président qui jouit d'une latitude considérable puisqu'il a le pouvoir décisionnel sur tous les aspects de sa division, de la fabrication au marketing en passant par le développement de produits.

Bref, Bombardier est désormais composée de centres de profit distincts qui sont jugés en fonction de leurs initiatives et de leurs résultats bénéficiaires. « Je me vois un peu comme un chef d'orchestre, disait Laurent. Ce n'est pas moi l'instrumentiste, mais je sais dire quand mes musiciens jouent en harmonie les uns avec les autres[10]. »

Le niveau de décentralisation de Bombardier se voit à la taille de ses bureaux administratifs. Avec l'expansion vient généralement la complexité – bon nombre de grandes sociétés ont conçu, en réponse à une poussée de croissance, des structures et des systèmes complexes dont la gestion et la coordination nécessitent un contingent administratif volumineux, voire démesuré. Ce n'est pas le cas chez Bombardier : au siège social montréalais de l'entreprise, un effectif d'environ 150 âmes suffit à superviser une organisation comptant approximativement 77 000 employés disséminés un peu partout sur la planète. En son centre, Bombardier ne souffre assurément pas d'embonpoint.

Les valeurs fondamentales de ce Bombardier décentralisé favorisent l'esprit d'entreprise à tous les échelons de l'organisation. « Nous jugeons nos administrateurs à leur capacité de venir nous voir pour nous dire ce qu'ils font et ce qu'ils comptent faire. C'est à eux de prendre l'initiative. Leur esprit d'entreprise se manifeste dès que vous leur faites savoir que c'est ce que vous attendez d'eux[11]. » Un système de reconnaissance vient renforcer cette approche.

Les promotions à des postes de direction, ou à l'intérieur de la direction elle-même, sont basées elles aussi sur l'esprit d'entreprise et la performance ; dans ce système qui récompense la prise d'initiative, les individus sont encouragés à prendre des risques. Mais pour en arriver là, il faut que les gens se débarrassent d'une crainte naturelle. « Nous ne voulons pas que nos gens aient peur de commettre une erreur, explique Laurent Beaudoin. Nous faisons tous des erreurs – ce n'est pas un problème, du moment que l'on apprend d'elles et qu'on ne les répète pas. La peur de l'erreur paralyse ; elle empêche les gens de prendre des décisions et des initiatives. Vous vous retrouvez alors avec une organisation qui stagne, avec des employés qui attendent de voir ce que le patron va dire[12]. »

Cela dit, la décentralisation a ses désavantages. Certains disent que cela fait de Bombardier une « organisation cloisonnée », l'information circulant librement à l'intérieur d'un groupe donné, mais plus difficilement d'un groupe à l'autre. Cette compartimentation des divisions de l'entreprise mène à des problèmes de partage des connaissances et de coordination des politiques, et peut rendre les économies d'échelle plus difficiles à réaliser. Toutefois aux yeux des dirigeants de Bombardier, c'est le prix à payer pour garder la bureaucratie à son minimum et préserver la liberté de mouvement de ses directeurs de division. Laurent explique en ces mots le compromis : « Nous préférons renoncer à une plus complète synergie entre les groupes plutôt que de juguler l'esprit d'entreprise et la capacité décisionnelle à l'intérieur des groupes[13]. »

Les convictions décentralisatrices de Bombardier sont manifestes partout dans l'organisation. Plutôt que de formuler un plan central qui est ensuite communiqué aux groupes d'exploitation, le siège social favorise un processus de planification stratégique démocratique reposant sur deux réunions annuelles. La première a lieu au milieu de l'année financière ; à cette occasion, les équipes de gestion des groupes et des divisions rencontrent les membres de la haute direction pour discuter des défis et des occasions à venir, de la concurrence, de la direction stratégique et des nouveaux produits. Lors de la seconde réunion, qui a lieu vers la fin de l'exercice financier, le conseil d'administration se fait présenter les objectifs de rendement triennaux et les projections financières sur cinq ans. Les budgets et les plans opérationnels sont déposés à cette seconde réunion et, par la suite, ils sont passés en revue chaque trimestre de l'exercice financier.

Le processus est exigeant, mais il contribue énormément à la discipline de l'entreprise. Fidèle à sa formation de comptable agréé, Laurent a toujours insisté sur le fait que les budgets et états financiers doivent être régulièrement examinés. Ces vérifications routinières lui permettent de savoir ce qui se passe dans sa compagnie. « Je veux savoir où je m'en vais, dit-il. Il faut s'assurer que les décideurs disposent d'une information exacte, que tout le monde participe et que chacun connaît ses responsabilités [...]. Ça représente beaucoup de travail, mais sans cette information-là, on ne peut pas prendre de décisions éclairées et on ne peut pas répondre adéquatement aux demandes qui nous sont faites puisqu'on n'est pas vraiment au courant de ce qui se passe[14]. »

Bien qu'il ait été affiné au fil des ans, ce système de contrôle est essentiellement resté tel qu'il était lorsque Laurent l'a instauré au début de sa carrière chez Bombardier. « Il n'y a pas de miracle là-dedans, affirme ce dernier. Je suis toujours étonné quand je découvre que le plan d'entreprise d'une compagnie que nous venons d'acquérir a été élaboré par les comptables. Le reste du personnel ne semble pas avoir voix au chapitre. Leur plan d'affaires est uniquement là pour satisfaire les comptables – ils ne s'en servent pas comme d'un outil sur lequel ils peuvent baser leurs décisions [...]. Ils ne font pas de budgets et leurs plans d'entreprise ne semblent concerner que la haute direction. Ne faisant pas de vérifications régulières, ils ne savent pas s'ils ont dépassé ou non leur budget. Ils ont droit à toute une surprise à la fin de leur exercice financier[15] ! »

Chez Bombardier, le siège social et les groupes d'exploitation entretiennent un dialogue continu, quoique informel, qui vient compléter les évaluations budgétaires et stratégiques. À l'époque où Laurent Beaudoin est PDG de la compagnie, ce dialogue occupe environ la moitié de son temps de travail ; il rencontre régulièrement les responsables de chaque groupe, et, ensemble, ils discutent des occasions à saisir, des problèmes à résoudre, et essaient de trouver des façons de mieux faire les choses. Une fois par mois, ils évaluent le rendement des opérations et échafaudent un plan d'action. « Cette façon de faire est très intense [...] et très peu bureaucratique[16] », note Yvan Allaire en 1997.

Ces voies de communication continues permettent à Bombardier d'exercer un contrôle très serré du rendement parmi ses troupes. Au sein de ce dialogue, le développement de produits demeure une préoccupation prédominante. Selon Laurent Beaudoin, il incombe au chef de la direction de stimuler l'innovation. Des réunions stratégiques permettent à Laurent de voir ce que ses gens mijotent sur ce plan. « Mon boulot, disait-il, c'est d'amener mes cadres et mes directeurs à se dépasser, de m'assurer qu'ils prennent les bonnes décisions et qu'ils pensent à l'avenir. Ils doivent gérer les opérations et les problèmes au jour le jour, mais en même temps, ils doivent regarder en avant et planifier l'avenir[17]. » Concentrée ainsi, de façon continue et très pointue sur le développement de produits, Bombardier maintient tout au long de son existence un sens de l'innovation, une sensibilité aux réalités du marché comparables à ce que l'on retrouve dans les petites entreprises.

Dans toutes les réunions officielles ou officieuses, Laurent veille à ce que les prises de décisions soient précédées d'un échange d'idées. Bien qu'engagé dans ce processus démocratique, tout le monde sait qui est le chef. « Personne ne veut lui déplaire, dit Allaire en faisant référence à Laurent. Il est une réelle figure d'autorité dans l'entreprise[18]. »

Laurent est conscient du fait que c'est lorsqu'on donne aux gens une certaine liberté d'action qu'on obtient le meilleur d'eux-mêmes. Il sait aussi qu'en lâchant la bride à quelqu'un, on risque qu'il s'empêtre les pattes dedans. Lorsqu'il y a incompétence, Laurent se fait un devoir d'intervenir. Il n'entreprend jamais ce genre d'intervention de gaieté de cœur ou à la légère, préférant donner à un employé loyal et sincère le bénéfice du doute plutôt que de le fustiger. Favorisant la liberté d'expression sans pour autant relâcher son autorité, Laurent a la réputation d'être un leader ferme, mais équitable.

Le style de gestion de Laurent est à l'image de la structure organisationnelle de Bombardier dans la mesure où tous deux abritent des contradictions fort intéressantes. Le PDG de Bombardier est ouvert aux conseils et aux suggestions, mais il n'en demeure pas moins le chef, ultime détenteur du pouvoir.

Tout comme son commandant, la compagnie est un étrange mélange de rigueur et d'abandon : d'une part, elle encourage l'autonomie, l'esprit d'entreprise et l'innovation partout dans l'organisation ; d'autre part, le siège social se réserve le droit de surveiller, de contrôler et d'orienter ses troupes. En théorie comme dans les faits, cela peut sembler paradoxal, mais comme le disent si bien ces deux gourous de la gestion que sont Peters et Waterman, dans la sphère des affaires, l'excellence repose bien souvent sur de telles dualités[19].

OUTILS DE GESTION

Pendant toute la période où il est au siège social, Yvan Allaire se fait un point d'honneur de rester au fait des plus récentes pratiques managériales. Les nouveaux développements sont analysés en profondeur par Allaire et ses collègues de la haute direction. Un concept jugé à la fois intéressant et approprié à la situation de Bombardier est rapidement mis en œuvre, ce qui vaut à la compagnie la réputation de pionnière en la matière en Amérique du Nord. Bombardier est en effet l'une des premières entreprises à implanter des outils de gestion, comme l'indicateur de performance CVE (création de valeur d'un exercice) et la méthode Six Sigma, qui permet d'évaluer la qualité des procédés manufacturiers.

L'indice CVE équivaut aux bénéfices nets d'une entreprise dans un exercice financier, moins le coût réel du capital, lequel inclut les paiements d'intérêts sur dette ainsi que le coût d'opportunité du capital tel que défini par le rendement des obligations d'État. Le CVE est positif quand le résultat opérationnel net est plus élevé que le coût réel du capital. Les partisans du CVE prétendent qu'il exprime le niveau de performance d'une entreprise beaucoup plus précisément que les seuls bénéfices d'exploitation.

Selon les règles de comptabilité traditionnelle, une firme dont les profits sont à la hausse constitue un bon investissement ; or, l'indice CVE nous révèle que ce n'est pas toujours le cas. Si la compagnie en question affiche un CVE négatif, elle produit un rendement de croissance inférieur à celui d'actifs alternatifs comportant un niveau de risque égal ou moindre. S'il est plus judicieux pour cette compagnie d'investir son capital dans ces autres actifs plutôt qu'en elle-même, on en déduit que les investisseurs optent eux aussi pour ces investissements alternatifs.

Une société au CVE négatif n'est pas viable à long terme, sachant qu'à risque égal ou moindre, les investisseurs se tournent invariablement vers les placements à rendement supérieur. La promesse de performances meilleures les convainc peut-être, pendant un temps, d'investir dans l'actif moins prometteur, mais ils n'hésitent pas à retirer leur soutien si le rendement de l'entreprise ne répond pas à leurs attentes.

L'indice CVE est l'outil que Bombardier utilise pour mesurer le rendement dans l'ensemble de ses opérations et pour optimiser l'attribution de ses ressources. Le CVE permet aux directeurs de division d'identifier les projets qui ne sont pas assez profitables pour couvrir les coûts de financement réels ; ainsi, plutôt que d'investir 100 millions de dollars dans un projet dont le taux de rendement est estimé à 4 pour cent, ils placent cette somme dans des obligations d'épargne affichant un taux de rendement de 6 pour cent jusqu'à ce qu'un projet plus rentable se présente à l'interne. Cette approche favorise une utilisation plus efficace du capital et contribue à la création d'une valeur durable pour les actionnaires.

Le CVE s'avère très profitable pour Bombardier. Cet outil permet à la compagnie de faire coïncider les intérêts de ses employés avec ceux de ses actionnaires – ce qui, bien sûr, mène à un plus grand influx de capitaux. Il lui permet également de mieux identifier les opérations déficitaires (une gamme de produits peuvent par exemple inscrire des bénéfices à son bilan, mais ces profits ne suffisent peut-être pas à couvrir les coûts liés au maintien des stocks). Une entreprise habituée à gérer efficacement ses ressources financières tend par ailleurs à mieux contrôler ses désirs expansionnistes ; contrairement à bien des sociétés soucieuses de bâtir un empire, Bombardier ne cherche pas à grossir à tout prix.

En 1999, le cabinet-conseil Stern Stewart & Co., créateur de l'indice CVE, accorde à Bombardier une cote très élevée. La compagnie affiche un rendement de 14,2 pour cent sur son capital d'exploitation, ce qui est 4,7 points de pourcentage de mieux que son coût d'investissement, qui se situait à 9,5 pour cent. Ce résultat fait de Bombardier l'une des sociétés les plus performantes en Amérique du Nord.

Bombardier emploie également la méthode Six Sigma, une démarche extrêmement rigoureuse, basée sur des statistiques, qui vise à réduire la variabilité des procédés de fabrication et, par conséquent, à réduire la production défectueuse. La méthode fixe des objectifs très ambitieux, soit moins de 3,4 pièces défectueuses par million de pièces produites – les fabricants compétents opèrent en deçà de quatre sigma, ce qui correspond à 6 210 défectuosités par million. Le passage de quatre à six sigma permet de réaliser des gains considérables ; pour un fabricant automobile, cela signifie 3,4 véhicules par million à réparer au lieu de 6 210. L'accroissement de la qualité des processus donne lieu à une réduction des coûts de production, mais aussi à un plus haut taux de satisfaction de la clientèle.

Bombardier envoie régulièrement des groupes d'employés à l'académie Sigma de l'Arizona, et ce, depuis 1997. Pendant plusieurs semaines, ces travailleurs reçoivent une formation théorique intensive à mettre en pratique. Certains d'entre eux deviendront des « maîtres formateurs », sortes de mentors qui ont pour mission de superviser la formation et le travail du personnel opérationnel. Les cadres et les chefs d'unité qui implantent avec succès le système Six Sigma reçoivent des primes les encourageant à poursuivre ces pratiques. Bombardier a tout intérêt à intégrer la méthode à sa culture d'entreprise : Six Sigma lui permet de réduire ses coûts opérationnels de 242 millions de dollars durant l'exercice financier de 2001.

Les techniques Six Sigma permettent notamment de résoudre une lacune majeure à l'atelier de peinture de la division aéronautique : la peinture, sur les jets régionaux, avait tendance à s'écailler. À court de ressources, Bombardier demande à une équipe Six Sigma d'étudier ce problème qui persiste depuis cinq ans. L'affaire est compliquée, car il s'agit de démêler 10 causes possibles qui interagissent entre elles. Il faut moins de cinq mois aux spécialistes Six Sigma pour découvrir que la solution réside dans l'épaisseur de la couche de fond.

UNE STRUCTURE EN MOUVEMENT

La société General Electric connaît une croissance vertigineuse à l'époque où elle est dirigée par Jack Welch. Qu'a donc fait l'illustre PDG pour accomplir pareil prodige? «Nous avons créé un modèle d'entreprise internationale qui préserve les avantages typiques des grandes entreprises, mais qui en élimine les désavantages, dit Welch. Nous voulons constituer une entreprise hybride qui combine la portée et les ressources d'une grosse société à la soif de connaissance, au sens du partage et au dynamisme d'une petite société. Bref, une grosse compagnie qui a l'âme d'une petite compagnie[20].»

Cela s'approche assez du but de Bombardier. Pour l'atteindre, elle s'est engagée à encourager toute initiative qui contribue au développement de l'entreprise. Des conseillers en gestion de renom écrivent que Bombardier est l'exemple d'une compagnie qui a maîtrisé «l'alchimie de la croissance[21]», un concept qui décompose le développement d'entreprise en trois «horizons», qui sont: 1) les champs d'activité actuels; 2) les activités émergentes; 3) les activités d'avenir. Soumises aux impératifs de leurs occupations, bien des grandes entreprises ont tendance à négliger les horizons menant à de nouveaux développements et à ne réagir que lorsque leurs gammes de produits actuelles atteignent la phase de maturité, c'est-à-dire trop tard.

Bombardier remanie constamment sa structure organisationnelle, encore une fois dans le but d'agencer les caractéristiques des petites et des grandes entreprises. Elle peut par exemple diviser des unités plus vastes en groupes restreints à qui elle confie des tâches et des occasions de croissance spécifiques, sur lesquelles elle n'aurait autrement pas pu capitaliser. Cette approche lui permet de stimuler l'activité de certains créneaux en leur assignant un poste de commandement précis, dans un environnement propice au développement. «Nous sommes constamment en train de recréer et de refaçonner Bombardier, dit Yvan Allaire. C'est un processus continu[22].» Shona Brown et Kathleen Eisenhardt[23], deux grandes spécialistes de la gestion d'entreprise, voient dans la manière Bombardier une manifestation de leur théorie de la transformation permanente (*patching*), selon laquelle une entreprise doit procéder à de petits, mais fréquents remaniements pour demeurer flexible et pouvoir s'adapter à des conditions changeantes.

La réorganisation de la division des produits récréatifs en 1997 illustre bien cette méthode. À cette occasion, Bombardier a formé pour le Sea-Doo et les autres produits marins une division distincte, dirigée par son propre président, séparant ainsi ces produits de la gamme Ski-Doo. Au vu de la popularité grandissante du Sea-Doo, Bombardier se doit de hausser la visibilité de ses exploitations nautiques. Kawasaki, son grand concurrent sur le marché de la motomarine, procède peu après à un remaniement similaire. Cette spécificité organisationnelle a ses avantages: « Autrefois, une compagnie pouvait justifier ses erreurs en disant qu'elle travaillait sur un autre produit destiné à un autre marché, précisait un journaliste spécialisé dans les sports nautiques. Mais aujourd'hui, il y a des divisions qui sont concentrées sur un seul marché et qui n'ont donc aucune raison de ne pas connaître ce marché à fond[24]. »

La création en 1998 de Bombardier International constitue un autre exemple de remaniement d'entreprise. Cette cinquième entité du groupe Bombardier a pour objectif d'accélérer l'expansion de la compagnie ailleurs qu'en Amérique du Nord et en Europe occidentale, d'acheter ou de former des alliances avec des firmes étrangères, d'assurer la liaison avec les gouvernements étrangers et de coordonner les stratégies des quatre autres divisions de Bombardier. En regroupant ces activités sous l'égide d'un président et chef de l'exploitation distinct, et en fournissant à la nouvelle division les ressources dont elle a besoin, Bombardier montre qu'elle est bien déterminée à faire de l'expansion géographique l'une de ses principales priorités.

Une autre de ses priorités est d'assurer sa mission sociale. Tant le succès financier que les difficultés sporadiques auraient pu détourner Bombardier de ses responsabilités de citoyen socialement responsable; or, cela n'a pas été le cas. L'entreprise verse chaque année environ 3 pour cent de ses revenus bruts à la Fondation J. Armand Bombardier, laquelle contribue à des organisations impliquées dans les domaines de l'éducation, de la santé, de la culture et du soutien communautaire. Dans le domaine de l'éducation, la Fondation offre aux institutions collégiales et universitaires des montants dédiés à la création de fonds de bourses et elle appuie des projets novateurs qui contribuent au savoir collectif.

En santé, la Fondation soutient notamment des projets de recherche et l'acquisition d'équipements, ainsi que plusieurs organismes voués à la lutte contre le cancer et les maladies du cœur.

Sur le plan culturel, la Fondation soutient des organismes et des institutions dans leur action de diffusion des arts de la scène et de l'enrichissement culturel des communautés.

Dans le domaine du soutien communautaire, elle est présente, entre autres, dans la prévention du décrochage scolaire, le soutien aux malades et à leurs proches, ainsi que dans l'initiation à l'entrepreneuriat et la lutte contre la pauvreté.

CHAPITRE 11

Passation des pouvoirs

ROBERT BROWN AUX COMMANDES

En décembre 1998, le président de Bombardier Aéronautique, Robert Brown, est nommé président-directeur général de la compagnie. Laurent Beaudoin continue d'œuvrer au sein de la société en tant que président du conseil et du comité exécutif. Il a pour vice-président directeur Yvan Allaire, qui occupe également le poste de président de Bombardier Capital. À partir de cette date, on assiste à une curieuse situation au sommet de la pyramide hiérarchique de Bombardier: Brown est responsable des exploitations courantes, mais il n'a pas autorité sur le groupe financier qu'est Bombardier Capital, lequel relève d'Yvan Allaire, qui a aussi la responsabilité des acquisitions et de la stratégie.

Bien que cette soudaine division des pouvoirs en fasse sourciller plus d'un, les analystes la considèrent favorablement, voyant en elle l'expression d'un plan de succession à Laurent Beaudoin. L'âge de sa retraite approchant, certains ont exprimé des inquiétudes quant à l'avenir de l'entreprise, inquiétudes que Laurent se fait fort d'apaiser en installant graduellement un nouveau leadership au sein de l'organisation, afin qu'elle puisse continuer de s'épanouir en son absence.

Cette introduction progressive donne au nouveau chef le temps de se familiariser avec les opérations des différentes divisions. Le successeur de Laurent serait certainement dépassé par les événements s'il se voyait brutalement confier, au lendemain du jour où le grand patron prendrait sa retraite, la direction d'une entreprise aussi vaste et diversifiée. Joseph-Armand Bombardier a tenu les rênes du pouvoir jusqu'à sa mort; c'est pour cela que son fils avait eu tant de mal à lui succéder.

En attendant le départ de son chef, Bombardier est dirigée par le triumvirat Beaudoin-Brown-Allaire. « Nous entretenions un dialogue à trois voix très intense[1] », se souvient Allaire. Le partage des pouvoirs n'engendre aucune chicane territoriale, aucune guerre intestine. Les trois hommes sont entièrement voués au bon fonctionnement de l'entreprise. Laurent demeure le leader charismatique qu'il a toujours été, et sa connaissance de Bombardier et de ses marchés reste inégalée. Brown est davantage homme de collaboration, aussi se dit-il simplement heureux de travailler auprès de collègues qui figurent selon lui parmi les plus grands hommes d'affaires de son époque. Allaire, pour sa part, ne nourrit pas d'ambitions à long terme quant à sa carrière chez Bombardier; il s'est engagé pour un mandat de cinq ans qui se termine à l'été 2001 et compte poursuivre ensuite sa route pour explorer de nouveaux horizons.

Soulagé d'une bonne partie de ses responsabilités, Laurent peut enfin ralentir la cadence. Il ne vient plus au bureau que trois jours par semaine. Néanmoins, son amour de la stratégie et des acquisitions demeure intact, ce qui l'incite à s'impliquer plus résolument dans les négociations visant l'achat d'Adtranz en 2000-2001. Cette acquisition est motivée par le désir qu'a Bombardier de devenir le numéro un de l'industrie, mais aussi par son adhésion aux principes de diversification et de croissance équilibrée.

Laurent Beaudoin admire beaucoup les compétences de gestionnaire de Robert Brown. « À la base, je suis un entrepreneur, dit Laurent, tandis que Bob, lui, est un administrateur professionnel. Il est mieux organisé que moi[2]. » Les analystes en courtage semblent apprécier eux aussi les qualités de Brown. « Regardez ce qu'il a accompli dans le domaine de l'aéronautique, s'exclame John Reider, conseiller chez RBC Dominion valeurs mobilières. Ce qui est le plus frappant, c'est qu'il a fait tout cela en si peu de temps[3]. » Le président de la compagnie de chemins de fer Canadien National, Paul Tellier, est également élogieux à l'endroit de Robert Brown: « Une des plus grandes qualités de Bob est qu'il sait s'entourer des bonnes personnes, mais qu'il sait aussi écarter celles qui ne sont pas performantes[4]. »

« Je ne peux pas être content de moi-même si les choses n'avancent pas », répond Brown pour expliquer sa réputation d'homme d'action. Homme d'action, certes, mais qui prend toujours le temps de s'asseoir et de réfléchir au contexte et aux éléments en jeu avant d'agir. Chaque jour, il prend des notes et dresse une liste de choses à faire. Accomplir les tâches apparaissant sur cette liste est pour lui source de satisfaction. « Je dois faire ma liste chaque jour et biffer les éléments qui y apparaissent au fur et à mesure, sinon je ne me sens pas bien[5] », confie-t-il.

Mais les choses ne se résument pas toujours à la simple exécution de tâches et de scénarios déjà prévus. La réalité vient parfois tout chambouler. « Dans ces cas-là, de déclarer Brown, il faut réagir rapidement. Il y a des moments où on ne peut faire avancer les choses qu'à force de détermination. » Ce qu'il faut éviter à tout prix, selon lui, c'est la paralysie du processus décisionnel. Lorsqu'il voit des cadres « se torturer en attendant l'information parfaite », il les oblige à bouger. L'organisation doit rester en mouvement et les gestionnaires doivent prendre des décisions appropriées à partir d'informations imparfaites. « Ils ne doivent pas avoir peur de prendre des décisions, d'avertir Brown [...] et ils doivent accepter le fait qu'ils feront parfois des erreurs[6]. » Brown peut accepter qu'un collaborateur se trompe, du moment que l'expérience lui a été profitable et qu'il ne répète pas son erreur.

Outre sa capacité de décision, un bon cadre ne doit pas avoir peur de prendre des risques ; il doit se retrousser les manches et plonger dans le feu de l'action, comme un entrepreneur marchant sans cesse sur le fil du rasoir. Cela implique des contacts réguliers avec les troupes, histoire de s'assurer que toute l'entreprise marche au rythme d'un même plan d'action. « Je crois fermement qu'il faut être sur place, insiste Brown. Il faut voir les gens, leur langage corporel, pour être sûr que tout le monde embrasse les valeurs de la compagnie. Et quand vous demandez à vos gens de faire une chose, vous devez retourner voir si elle a bel et bien été faite[7]. »

En vérité, Brown se fait un devoir de prêcher par l'exemple. Sa mise est toujours impeccable et ses chaussures, cirées à la perfection. Il travaille 12 heures par jour, six jours par semaine. Son emploi du temps peut être aussi laborieux (il se prête à des évaluations mensuelles et trimestrielles des opérations) que fastidieux (cette philosophie selon laquelle il faut « être sur place » exige de lui des déplacements fréquents), mais il n'en a cure. Toutes ces années passées au collège militaire ont fait de Robert Brown un être discipliné. « Je crois que pour obtenir un certain niveau de discipline dans une organisation, il faut être soi-même discipliné. La manière dont vous vous présentez est extrêmement importante[8]. »

Brown accorde également une grande importance au personnel dirigeant de l'entreprise. Son boulot n'est pas d'obtenir lui-même des résultats, mais de sélectionner et de soutenir les décideurs et les exécutants dont c'est la mission. « Il ne faut jamais oublier qu'à travers l'appareil de gouvernance et toutes les autres structures en place, l'élément de base demeure l'individu », souligne-t-il. Durant ses cinq premières années en poste, de 1987 à 1992, Brown double les effectifs de la haute direction : en réponse aux impératifs de la formidable croissance de Bombardier, il porte à 350 le nombre de cadres évoluant au sein de la compagnie.

« Il faut absolument former des leaders[9] », identifier des individus appartenant aux cultures existantes ou nouvellement acquises de Bombardier, qui s'identifient aux valeurs de Bombardier : le souci du rendement aux actionnaires, la maîtrise de sa propre destinée, une vision de la productivité axée sur l'esprit d'entreprise, etc. Des mécanismes, incluant le programme Six Sigma et la réunion annuelle de la haute direction en Floride, sont mis en place tout spécialement pour identifier et développer un nouveau leadership. Les candidats prometteurs se voient confier des fonctions de plus en plus exigeantes, dans le but de les préparer à occuper un poste de direction au sein de la société.

Il ne suffit pas, selon Brown, qu'un cadre de direction ait mis en place « un bon processus de sélection et ait un bon flair pour débusquer les futurs leaders » : il doit croire dans le potentiel de ses subalternes. Une fois les meilleurs candidats mis en place, il faut les laisser libres de faire les choses à leur manière. Bombardier est « organisée de façon que chacun puisse agir comme s'il en est le propriétaire [...] il revient à chacun de prendre des initiatives, de définir ses responsabilités et d'assumer le contrôle de son environnement[10] ». Au fil de sa longue expérience, Brown observe que cette approche produit rarement des résultats décevants, que les gens sont généralement plus performants quand on croit en eux et qu'on leur fait confiance. Un individu livré à lui-même ne fait pas toujours les choses de la manière convenue et s'aventure parfois dans une mauvaise voie, mais il finit presque invariablement par obtenir de bons résultats.

Lorsque Brown s'engage à redresser une compagnie en péril, ce qu'il a fait à maintes reprises, il se concentre d'abord sur l'individu. Il est souvent très difficile d'établir le dialogue avec un personnel mécontent ou démotivé, néanmoins Brown estime qu'un bon leader doit montrer aux gens qu'ils sont capables de se dépasser. La prise en charge d'un nouveau projet et sa réussite sont les meilleurs antidotes à la morosité, à la résignation et à l'antagonisme. « Il suffit que les gens aient le sentiment d'avoir accompli quelque chose pour qu'ils veuillent aller de l'avant, affirme-t-il. Il n'y a rien de plus motivant et de plus exaltant que la réussite. Elle redonne aux gens le goût de se remettre au travail, elle leur redonne confiance en eux-mêmes. Une fois que le processus est mis en branle, il fait aussitôt boule de neige[11]. »

Tout au long des années 1990, Robert Brown travaille très fort à l'édification de Bombardier Aéronautique. Dans ses moments libres, il se rend dans la région de Perth, en Ontario, pour se relaxer au magnifique chalet en rondins de deux étages qu'il a bâti de ses mains. Comme la plupart des hauts gestionnaires de la compagnie, Brown meuble ses loisirs avec une panoplie de produits récréatifs Bombardier incluant un Ski-Doo, un Sea-Doo, ainsi qu'un bateau sport dans lequel il sillonne les canaux et rivières qui s'étendent au sud d'Ottawa.

L'IMPACT DE SEPTEMBRE 2001

Une tempête frappe Bombardier en 2001 sur quatre fronts : l'acquisition d'Adtranz, les maisons préfabriquées, les avions turbopropulsés Q-400, et les attaques terroristes du 11 septembre. Les perturbations entraînent une série de revers financiers qui réduisent le bénéfice de 2001 de plus de la moitié.

Une fois l'acquisition d'Adtranz de Daimler-Chrysler achevée en mai, « nous avons découvert plusieurs contrats insuffisamment financés, se souvient Laurent Beaudoin. Nous étions tenus d'exécuter ces contrats et cela nous a coûté pas mal d'argent[12]. »

Bombardier jouit jusque-là d'une réputation enviable en matière d'acquisitions. Qu'est-ce qui a mal fonctionné dans ce cas ? Comme Bombardier était un concurrent, elle n'a eu qu'un accès limité aux données comptables d'Adtranz durant les négociations.

Ce n'est qu'après l'achat que Bombardier découvre des coûts non répertoriés pour l'exécution des contrats en cours, ainsi que des lacunes importantes dans la valeur de l'actif net. Daimler-Chrysler ayant garanti un certain niveau d'équité dans la convention d'achat, une poursuite de plus de 1 milliard de dollars est déposée par Bombardier. Mais le règlement du litige qui n'intervient qu'en 2004 réduit le coût d'acquisition de 30 pour cent seulement.

Ensuite, il y a les frais spéciaux de 663 millions de dollars pour permettre à Bombardier Capital de se retirer du financement de maisons préfabriquées. Dès le début des années 2000, il est devenu difficile de titriser[13] les prêts en raison des problèmes d'un prêteur de premier plan. Devant cet échec, Bombardier se résout à encaisser la perte.

De plus, le marché des avions à turbopropulseurs Q-400 « ne paraissait pas prometteur à l'époque et on nous a conseillé de radier les coûts de développement, rapporte Laurent. Personnellement, j'avais confiance parce que les avions turbopropulsés sont économiques sur le plan énergétique, et devraient être en demande lorsque le prix du carburant augmente ». L'avenir lui donnera raison. Néanmoins, Bombardier va de l'avant en 2001 et radie la moitié des coûts de développement.

Enfin, aux États-Unis, des avions de ligne détournés par des terroristes vont s'écraser le 11 septembre 2001 sur le World Trade Center. La crainte s'empare des voyageurs, à tel point que les compagnies aériennes entreposent des avions dans le désert. « Nous avions encore des avions à livrer aux compagnies aériennes, mais nous éprouvions des problèmes à leur obtenir du financement », fait remarquer Laurent.

Tel est le contexte, lorsque Pierre Beaudoin, fils de Laurent, est nommé président et chef de l'exploitation de Bombardier Aéronautique en octobre 2001, moins d'un an après sa nomination comme président de la division Avions d'affaires. Le défi est énorme : il lui faut relever un groupe affaibli.

Le ralentissement économique qui débute en 2001 se poursuit en 2002, affectant les ventes des avions d'affaires et des jets régionaux. En août 2002, le PDG Robert Brown fait émettre un avertissement sur les résultats de l'histoire de Bombardier, une première dans l'histoire de la société. La nouvelle secoue la communauté d'affaires : les actions plongent de 22 pour cent en une journée. En fin d'année, leur valeur n'est plus que de 5 $; c'est une baisse de 80 pour cent par rapport au début de 2001.

PAUL TELLIER SE JOINT À BOMBARDIER

Alors que 2002 tire à sa fin, Laurent en vient à la conclusion qu'un changement est nécessaire à la tête de l'entreprise. Brown a permis une croissance remarquable au cours des années 1990 au sein du groupe aérospatial, mais maintenant, l'entreprise est en difficulté. « Bob avait perdu un peu de sa crédibilité sur les marchés financiers et nous devions apporter des changements majeurs dans nos objectifs pour éviter que la situation ne s'aggrave, explique-t-il. C'est pourquoi nous avons invité Paul à bord, comme agent de changement. »

Paul Tellier est une recrue de haut calibre. Il est l'un des PDG les plus admirés au Canada après avoir mené à bien la privatisation du Canadien National (CN), une compagnie de transport ferroviaire, et avoir transformé la société d'État en leader de l'industrie et en favorite du marché boursier. Avant son poste au CN, il avait déjà démontré sa capacité à faire bouger les choses à titre de greffier du Conseil privé, le plus haut poste de la fonction publique fédérale.

Tellier siège au conseil d'administration de Bombardier depuis 1997. Il a non seulement une excellente connaissance de l'entreprise, mais il a aussi une bonne relation personnelle avec Laurent, ce qui facilite des discussions informelles sur son avenir de PDG.

Après de longues discussions avec Laurent au cours de l'automne de 2002, Tellier se joint à Bombardier, le 13 janvier 2003, pour un mandat de trois ans. Un de ses premiers gestes est de réduire les attentes : il annonce, en mars, que Bombardier se dirige vers une perte au quatrième trimestre et n'affichera pas les résultats escomptés pour la fin de l'exercice, en avril. Un avertissement est également émis que des pertes plus lourdes encore sont à prévoir. Les actions plongent à 3 $.

Sa priorité pour remettre la compagnie sur ses rails est de trouver des moyens de la refinancer. Il rencontre des dizaines de représentants d'institutions financières et réussit à aller chercher 1,2 milliard de dollars grâce à une émission de nouvelles actions. Cette somme importante est rendue possible en raison de la crédibilité qu'il a acquise par sa réussite au CN.

Plus de capital encore est amassé en 2003 avec la vente d'actifs. Certains sont des services marginaux : les services à l'aviation militaire et l'aéroport de Belfast. Mais on vend également l'emblématique groupe des produits récréatifs qui comprend Ski-Doo, Sea-Doo et d'autres marques. Laurent et sa famille gardent un lien fort avec ce groupe qui est le cœur et l'origine de l'entreprise. Quand la question est abordée au conseil, Laurent affirme qu'il ne s'opposera pas à la décision de vendre le groupe, mais qu'il va réunir un groupe indépendant pour faire une proposition d'achat.

Son groupe présente la meilleure offre. Le prix est de 1,23 milliard de dollars, défrayés par Bain Capital (50 %), la famille Bombardier (35 %) et la Caisse de dépôt et placement du Québec (15 %). Depuis le 18 décembre 2003, le groupe des produits récréatifs ne fait plus partie de Bombardier, mais fait cavalier seul, à Valcourt, sous le nom de BRP.

Bombardier se départit progressivement du portefeuille de Bombardier Capital, qui représente près de 70 pour cent de la dette de l'entreprise. En août, le portefeuille de financement d'avions d'affaires est cédé à GE Financement Commercial Equipment pour 475 millions de dollars. D'autres actifs sont vendus les années suivantes.

La phase de recapitalisation a été « une période difficile », admet Laurent. Il n'a pas été facile pour l'entreprise de se départir de la division des produits récréatifs, ainsi que d'autres actifs que Laurent avait fait croître au cours des ans. Par ailleurs, Paul Tellier est un chef habitué à avoir les coudées franches – comme Laurent Beaudoin. Il y a eu quelques échanges houleux. « Je suis impatient. Donc, très souvent, j'élève le ton de ma voix et il lève le sien et ainsi de suite[14] », a révélé Paul Tellier.

L'impatience est en effet un trait de caractère de Tellier. Il exige des résultats rapides de ses employés et agit avec vigueur s'il ne les obtient pas. En novembre 2003, il congédie le dirigeant de la division ferroviaire, Pierre Lortie, après que celui-ci eut échoué à mettre fin à une série de contre-performances. Les licenciements ne sont pas rares sous Tellier. Il congédie même Louis Morin, le chef de la direction financière.

Avec la recapitalisation en train, Tellier est en mesure de se concentrer davantage sur les opérations de restructuration, en particulier dans la division ferroviaire où les marges d'exploitation sont minces. En mars 2004, il annonce qu'il y a surcapacité dans les opérations ferroviaires européennes et qu'il ferme donc sept usines, abolissant environ 6 500 emplois, soit 750 millions de dollars en coûts de restructuration sur trois ans. Pendant son mandat, Tellier a fait pas moins de 16 000 licenciements dans les secteurs ferroviaire et aérospatial.

Dans la foulée, une nouvelle série de mauvaises nouvelles touche la division ferroviaire. Après le départ de Lortie, André Navarri, son remplaçant, trouve les choses dans un état pire que ce qu'il pensait. Puis, les investisseurs reçoivent d'autres mauvaises nouvelles, lorsque Bombardier annonce une perte au premier trimestre. Lassés du flux de mauvaises nouvelles, ils vendent massivement. Les actions sont en pleine débandade depuis leur remontée à près de 7$ au début de 2004.

D'autres initiatives de Tellier sont destinées à assurer une plus grande précision dans les systèmes de comptabilité de Bombardier et à améliorer la gouvernance de l'entreprise – afin d'attirer un public d'investisseurs plus large et d'assurer l'inscription des titres de la compagnie sur les Bourses américaines. Tellier va jusqu'à suggérer de mettre fin à la structure à deux catégories d'actions qui permet à la famille Bombardier de garder le contrôle. La famille considère cela comme hors des limites de son mandat et n'approuve pas.

Depuis plusieurs années, Bombardier réfléchit par ailleurs à la possibilité de développer un avion de 100 à 149 sièges, les biréacteurs régionaux ne pouvant pas tenir plus de 100 sièges. Pour partager le coût de développement d'un avion neuf, elle avait déjà pressenti Boeing et Airbus (séparément) à la fin des années 1990 dans le but de former une coentreprise, mais les pourparlers avaient échoué.

Toute volonté de faire cavalier seul est abandonnée après le début de la tempête de 2001. En 2003, les choses se calment un peu, mais Tellier est à la barre et il n'est pas partisan de l'expansion des produits aéronautiques – son souci est de conserver des liquidités.

En effet, il croit que la croissance de Bombardier au cours des années 1990 est responsable de la crise financière des années 2000. Un journaliste lui demande, en 2004, ce qui a mal tourné et il répond: « Certaines personnes sont devenues obsédées par la croissance des revenus. En conséquence, Bombardier a développé 14 avions en 14 ans [...] une chose impossible à réussir et à exécuter parfaitement. Nous avons payé cher cette erreur[15]. »

Pourtant, la pression pour développer un plus grand jet se maintient. La clientèle veut des jets régionaux capables de transporter plus de passagers encore. De surcroît, Bombardier a besoin d'une plus vaste gamme de jets régionaux pour rivaliser avec Embraer. La pression s'intensifie lorsque JetBlue commande 100 Embraer E190 en juin 2003, puis suit la commande d'Air Canada pour 45 avions du même modèle en décembre 2003.

Mais il est difficile de développer un nouvel avion quand les clients dans l'industrie du transport aérien font faillite. Bombardier elle-même est en difficulté financière, et plus de 20 pour cent de ses effectifs en aéronautique sont en train d'être licenciés. Pourtant, il est temps d'agir : soit on bat en retraite et on diminue les pertes, soit on riposte et on enrichit la gamme de produits.

En janvier 2004, sous la direction de Pierre Beaudoin, le groupe Aéronautique se met à la recherche d'un chef d'équipe capable d'explorer la faisabilité du passage de 100 à 149 sièges. Le vétéran Gary R. Scott, ancien de Boeing qui a dirigé la production du Boeing 737 NG et du 757-300 est choisi. La nouvelle famille de réactés de Bombardier est nommée CSeries.

UN RETOUR INATTENDU

Vers la fin de 2004, le cours des actions de Bombardier est à la baisse et se dirige vers 2 $. Trois années de pertes n'aident pas les choses, sans compter la décote de Bombardier par Standard & Poors et Moody 's Investors en novembre. Les préoccupations croissantes de Laurent se transforment en grande inquiétude. Il se souvient d'être allé voir Tellier en décembre pour lui dire : « Paul, avec la direction que prennent les choses, je sens que la compagnie ne va pas passer au travers. J'ai passé ma vie à bâtir l'entreprise et je vais regretter tout le reste de mes jours si l'entreprise tombe et que je ne fais rien. Je sens que j'ai la responsabilité de revenir. »

Une de ses principales préoccupations est l'impact du style de gestion de Tellier sur les employés. « Tellier a des forces du point de vue financier, mais il ne met pas beaucoup d'accent sur la gestion et la motivation du personnel. Sur ce point, nous avons beaucoup de problèmes avec nos gens », explique Laurent. Et il ajoute : « Nous avons une entreprise complexe et renverser la situation prend du temps. Vous pouvez couper ceci et cela, vous pouvez vendre des actifs et renforcer le bilan, mais en fin de compte, nous avons une entreprise à gérer, des produits à développer et à vendre et nous avons besoin du soutien de toute l'équipe. C'est la façon dont nous avons toujours traité notre personnel, en lui donnant notre appui et en travaillant avec lui. »

En décembre 2004, Laurent reprend le contrôle de l'entreprise et récupère son poste de PDG. Il crée également un bureau du président qui comprend trois dirigeants : lui-même, André Navarri, président de Bombardier Transport, et son fils, Pierre Beaudoin, président de Bombardier Aéronautique (depuis sa nomination en octobre 2001). Laurent met l'accent sur la stratégie à long terme de l'entreprise, tandis que les deux autres se concentreront sur leurs divisions respectives.

Laurent poursuit la restructuration entreprise par Tellier. Il travaille aussi à la relance de la culture de Bombardier. « J'ai commencé à reconstruire l'esprit d'équipe et à faire travailler les gens ensemble, fait-il remarquer. Je n'ai pas fait de miracles, sauf de travailler avec les gens et de les soutenir. Cela a toujours été ma façon de faire. »

En effet, c'est sa manière. Décrivant son style de direction sur sa carrière, il dit au journal *Les Affaires* : « Je ne peux pas dire que je me suis imposé. Je ne pense pas qu'un leader doive le faire. Lorsque c'est le cas, c'est mal reçu. Je pense que diriger, c'est être proche des gens, comprendre leurs problèmes, travailler avec eux et leur montrer qu'en prenant des décisions, on fait avancer les choses. C'est à ce moment-là qu'ils vous font confiance [...] il faut également faire confiance aux gens, leur donner des responsabilités et admettre qu'ils peuvent commettre des erreurs. S'ils en font, il ne faut pas leur tomber sur le dos à la première occasion [...][16]. »

Au début de 2005, le dividende est suspendu et le débouclage du portefeuille de Bombardier Capital progresse avec la cession de la division de financement de stocks à General Electric, qui paie 1,4 milliard de dollars US et assume 1 milliard de dollars USD du passif de Bombardier (il faut savoir que les rapports financiers de la compagnie sont en dollars américains depuis le début de 2004). L'encaisse augmente à plus de 3 milliards de dollars US, une somme suffisante pour apaiser les inquiétudes sur la capacité de Bombardier de faire face aux paiements en cours et de financer sa croissance, selon les analystes.

En 2006, un revirement prend forme... et se poursuit en 2007 et en 2008. Les recettes augmentent chaque année pendant les quatre ans se terminant par l'exercice 2009, pour atteindre

19,7 milliards de dollars US, soit une augmentation cumulée de 34 pour cent. Les profits montent à 1 milliard de dollars US, un bond de plus de 600 pour cent. En outre, les marges d'exploitation et les carnets de commandes s'améliorent et le prix des actions s'apprécie jusqu'à 9 $ à la mi-2008. Pour couronner le tout, le paiement du dividende est restauré en 2008.

La division aéronautique a fortement contribué à ce retournement. Les années 2005 à 2007 ont été une époque d'expansion de l'économie mondiale et des bénéfices des sociétés. Les ventes de jets d'affaires de Bombardier ont grimpé. L'innovation qui a propulsé le groupe aéronautique durant les années 1990, maintenue sous la direction de Pierre Beaudoin au cours des années 2000, porte ses fruits.

Un avion totalement nouveau, le Challenger 300, entre en service en 2004 : c'est un grand succès. Année après année, on voit apparaître des modèles dérivés et améliorés du Global, du Learjet et des CRJ. Même les avions Q-400 à turbopropulseurs jouent un rôle : comme Laurent l'avait prévu, la hausse des prix du pétrole dope la popularité de ces appareils économes en carburant.

Laurent attribue également une grande partie du redressement de la division ferroviaire à la direction d'André Navarri. Au début de la décennie, l'acquisition d'Adtranz a doublé la taille de la division et apporté des problèmes. Les contrats à perte d'Adtranz ont diminué les profits pendant plusieurs années. Mais l'acquisition « a été la bonne chose à faire, affirme Laurent. Elle nous a apporté la technologie dont nous avions besoin pour compléter nos portefeuilles en transport ».

De plus, ces contrats déficitaires ont finalement été remplacés par des contrats avec de meilleures marges de profits. « Vous pouvez voir chaque année les marges s'apprécier, observe Laurent. C'est un secteur d'activité qui demande du temps – parce qu'il est fondé sur des contrats à long terme. Nous avons dû en reconstruire la base et, par ailleurs, amener les gens à comprendre notre culture et ce qu'il fallait faire. »

« Vous devez comprendre, poursuit Laurent, que la gestion des activités d'Adtranz était répartie entre Daimler et ABB – et ne correspondait pas vraiment bien à la spécialité de Daimler qui est l'automobile. En conséquence, les affaires d'Adtranz étaient négligées. Il y avait là l'occasion de les améliorer. Mais ce n'est pas quelque chose qui pouvait se produire en une nuit en raison des contrats que nous avions à compléter. »

Les marchés ferroviaires en Asie, en Russie, en Inde et en Europe de l'Est contribueront également aux carnets de commandes et aux ventes. Ces pays émergents améliorant leurs infrastructures de transport, Bombardier gagne quelques contrats. Les préoccupations relatives aux coûts de la congestion, de la pollution et du carburant dans les pays en développement (et développés) favorisent le transport en commun.

CAP SUR LE FUTUR : PIERRE BEAUDOIN ET LES AVIONS CSERIES

À l'assemblée annuelle du 4 juin 2008, Laurent, qui est alors âgé de 70 ans, cède son poste de PDG à son fils, Pierre, qui a 46 ans. Laurent garde le poste de président du conseil, mais, pour donner à son fils les coudées franches, son bureau est déménagé dans les locaux de la société de portefeuille de la famille Beaudoin.

Pour Laurent, c'est le point culminant des années 2000. « J'ai été très chanceux que mon fils puisse me remplacer en tant que PDG et que le conseil d'administration, après évaluation, l'ait choisi. Il a fait ses preuves. Le conseil l'a interrogé, évalué, lui a demandé une présentation sur ses perspectives pour l'entreprise. Il m'a dit : "Je dois prouver mes capacités davantage que si je venais de l'extérieur." »

Pierre n'a pas subi de pression pour se joindre à l'entreprise familiale. « Je n'ai jamais imposé à Pierre de travailler chez Bombardier. Je lui ai dit : "C'est à toi de faire ton succès." », dit Laurent à la réunion inaugurale de l'International Business Families Centre, le 22 septembre 2008[17]. Quant à Pierre, lorsqu'il a accepté l'invitation de se joindre à la société en 1985, il a précisé à son père que c'était pour un maximum de six mois. « J'ai manqué mon coup. J'y suis depuis 23 ans[18] », plaisante-t-il avec *Canadian Business* en 2008.

En 2006, Bombardier avait reporté le lancement du programme CSeries parce que les conditions de marché n'étaient pas favorables. Puis, Gary Scott et une équipe réduite ont peaufiné le projet et le temps a joué en leur faveur. De nouvelles technologies sont apparues – en particulier le moteur à turboréacteurs couplés de Pratt & Whitney et de meilleurs matériaux composites. Ils peuvent être utilisés pour développer un appareil CSeries plus léger, plus silencieux et plus économe en carburant que les avions actuels de 100 à 149 sièges sur le marché.

La veille du Salon aéronautique international de Farnborough en juillet 2008, un événement important survient. La compagnie aérienne allemande Lufthansa (client de lancement du Jet régional Canadair, propriété de Bombardier, en 1989) exprime son intérêt à devenir le premier client de l'avion CSeries – il y a eu des négociations jusqu'à la dernière minute: «Il y avait un accord pour faire l'annonce à Farnborough, mais tout n'était pas réglé, alors nous nous sommes assis la veille et avons terminé les discussions[19] », déclare le chef de projet, Gary Scott. Ayant obtenu un client de lancement et une offre pour un financement remboursable de quatre gouvernements, le conseil d'administration donne l'approbation pour le lancement de la gamme d'avions CSeries le 13 juillet 2008.

La culture de travail d'équipe et de communication est depuis des années une priorité chez Bombardier Aéronautique – au point où la société considère qu'elle est un atout important. En fait, Pierre sent que c'est l'une des principales raisons pour lesquelles l'audacieuse gamme CSeries a une bonne chance d'éviter la plupart des problèmes et des retards qui minent les constructeurs aéronautiques rivaux dans leurs programmes de développement.

«Développer un avion demande un fort esprit d'équipe, commente Pierre. Supposons que j'assiste à une réunion et que j'entende parler de quatre problèmes, et que je tape du poing sur la table en disant: "Je ne veux plus entendre parler de problèmes; vous êtes là pour les régler." Eh bien, devinez quoi, je ne vais plus en entendre parler, poursuit-il. Et voilà comment vous vous attirez des ennuis dans les avions: les problèmes refont surface trop tard [...]. Pour bien faire les choses, l'équipe doit travailler ensemble, se tenir au courant des problèmes, les résoudre, et nos ingénieurs doivent se sentir bienvenus de soumettre une question afin que nous puissions leur donner les outils pour remédier à la situation[20]. »

L'approche Bombardier sert aussi à gérer les rapports avec des partenaires dans la chaîne d'approvisionnement mondiale. «Tout est très largement fondé sur la communication, dit Éric Martel à un journaliste. Nous avons besoin de créer ce genre d'environnement. Si un fournisseur fait face à un défi, on ne tape pas du poing sur la table. Nous écoutons et essayons de le soutenir par la suite en fournissant les ressources nécessaires pour régler le problème[21]. »

Les appareils CSeries de Bombardier sont en concurrence directe avec les géants de l'industrie Boeing et Airbus. Mais Bombardier ne fait pas que soutenir et encourager ses employés, elle a le courage de prendre des risques calculés. Comme le dit le professeur Yvan Allaire, longtemps conseiller en affaires de Laurent: « Bombardier est le fruit de gageures audacieuses, de ces décisions qui mettent en jeu l'entreprise et qu'on prend avec un nœud à l'estomac [...]. [Par exemple,] la signature du contrat pour le métro de New York, la décision de construire un avion de 50 places, le Global Express, l'acquisition des actifs de Daimler dans le secteur ferroviaire [...][22]. »

Fin 2009, Laurent est honoré par l'Association des industries aérospatiales du Canada et saisit cette occasion pour répondre aux critiques du programme CSeries. Quand on suggère que l'appareil ne pourra résister à la concurrence de Boeing et d'Airbus, Laurent Beaudoin rit et répond: « Pensez-vous que Honda ou Toyota tremblaient à l'idée de faire concurrence à GM? Regardez-les maintenant[23]. »

Interrogé sur le soutien financier du gouvernement, il confirme que le tiers du montant approximatif de 3 milliards en coûts de développement sera financé par des prêts remboursables des gouvernements fédéral, du Québec et du Royaume-Uni (avec les deux autres tiers des coûts répartis de manière égale entre Bombardier et ses fournisseurs). Une telle répartition des coûts est pratique courante au sein de l'industrie, et, ajoute-t-il, est conforme aux règles de l'Organisation mondiale du commerce. Et « nous rendons son argent au [gouvernement][24] ».

L'HÉRITAGE DE LAURENT BEAUDOIN

Laurent a reçu de nombreuses récompenses, mais le prix qu'on lui a décerné le 21 janvier 2011 est unique: il a été intronisé Légende vivante de l'Aviation, à la 8e édition du Annual Living Legends of Aviation Awards Ceremony, à Beverly Hills, en Californie. Dans la salle, on comptait des célébrités de Hollywood et d'autres personnalités, dont Kurt Russell, Harrison Ford, Calista Flockhart et Buzz Aldrin. Était également présent John Travolta qui a remis son prix à Laurent.

Comment s'est-il senti au moment de recevoir une telle récompense des mains de John Travolta et devant un aréopage des plus grands de Hollywood? « Normalement, je ne suis pas porté vers ce genre de choses», répond Laurent, avec le sourire et un geste de la main. «J'ai été invité par notre personnel de Lear aux États-Unis, alors, j'y suis allé, pour les soutenir. Il y avait là beaucoup de gens de l'industrie à qui parler.»

Parler d'affaires… c'est ce que Laurent fait de mieux. Si on lui demande en quels termes il espère qu'on se souviendra de lui, il répond: «Pour moi, ce qui est important, je pense, c'est que j'ai été un entrepreneur, un bâtisseur. J'ai aidé à développer Bombardier comme leader dans le transport et dans l'aéronautique, et BRP dans les produits récréatifs, tout en créant des emplois. Grâce à tous ces développements, nous avons réussi à faire travailler au Québec de 12 000 à 15 000 personnes bien rémunérées. C'est là qu'a été ma contribution à la société. J'ai aidé à son évolution et à celle du Canada, à sa renommée internationale dans nos secteurs industriels[25].»

Notes bibliographiques

Avant-propos

1. John KAY, « Relativism Rules : No Single Perspective Will Give a Full Explanation of Business Behaviour », *Financial Times of London*, 21 février 2001.

Introduction – La montée d'un empire

1. François SHALOM, « Adtranz Talks Tough », *The Gazette*, Montréal, 26 mai 1999.
2. R. GIBSON, « Did Brunswick Want To Deep-Six Rival's Business ? », *Dow Jones News*, 20 mars 2001.
3. Brenda DAGLISH, « Tycoons in Progress », *Maclean's*, 6 juillet 1992.
4. Matthew FRASER, *Quebec Inc : French-Canadian Entrepreneurs and the New Business Elite*, Toronto, Key Porter Books, 1987, p. 152.
5. *Ibid.*
6. Gordon PITTS, « CEO of the Year : Laurent Beaudoin », *Financial Post Magazine*, décembre 1991.
7. Christian ALLARD, « The Fast Track », *Canadian Business*, janvier 1990.
8. G. GOAD et A. FREEMAN, « Bombardier Team is Making New Tracks », *Wall Street Journal*, 9 juin 1989.
9. R. KOSELKA, « Let's Make a Deal », *Forbes*, 27 avril 1992.
10. Edward CLIFFORD, « More to Bombardier than Luck and Handouts », *Globe and Mail*, 25 août 1990.

Chapitre 1 – Joseph-Armand fonde une compagnie : les années 1940 et 1950

1. Roger LACASSE, *Joseph-Armand Bombardier : An Inventor's Dream Come True*, Libre Expression, 1988, p. 174.
2. *Ibid.*, p. 164.
3. *Ibid.*, p. 126.

Chapitre 2 – L'épopée du Ski-Doo : l'âge d'or des années 1960

1. Matthew FRASER, *Quebec Inc : French-Canadian Entrepreneurs and the New Business Elite*, Toronto, Key Porter Books, 1987, p. 151.
2. Kathryn STALEY, *The Art of Short Selling*, New York, John Wiley and Sons, 1997.
3. Roger LACASSE, *Joseph-Armand Bombardier : An Inventor's Dream Come True*, Libre Expression, 1988, p. 176.

4. François LABONTÉ (réal.), Jacques BONIN et Claude VEILLET (prod.), Jean-Pierre CEREGHETTI (chef monteur), *Bombardier: la minisérie*, Toronto, Astral Video, 1993 (156 min).
5. Matthew FRASER, *op. cit.*, p. 156.
6. *Ibid.*
7. Antonia ZERBISIAS, « How Do You Make a Turkey Soar », *Report on Business Magazine*, octobre 1987.
8. Anonyme, « The Ski-Dog Comes of Age », *Executive*, octobre 1970.
9. Entrevue avec John Hethrington, ancien cadre de Bombardier, 13 décembre 2000.
10. Carole PRECIOUS, *J. Armand Bombardier*, Markham, Fitzhenry & Whiteside Ltd., 1984, p. 60.
11. C. J. RAMSTAD, *Legend: Arctic Cat's First Four Decades*, Deephaven, PPM Books, 1999, p. 18.
12. Steve BREARTON, « Reality Check: Back to the Future », *Globe and Mail*, 24 novembre 2000.

Chapitre 3 – La diversification ou la mort: les années 1970

1. Anonyme, « For Bombardier, it's a Bleak Winter », *Financial Post*, 1er juin 1974.
2. Brian ROGER, « Can Ski-Doo Team Get Off the Skids ? », *Financial Post*, 6 octobre 1973.
3. F. ROSE, « Bombardier Picks Up Speed on Downhill Run », *Financial Post*, 29 décembre 1973.
4. M. BAGHAI, S. COVEY, R. FARMER et H. SARRAZIN, « The Growth Philosophy of Bombardier », *The McKinsey Quarterly*, nº 2, 1997, p. 11.
5. *Ibid.*, p. 6.
6. Rob GIVENS, « Beaudoin Aims to Make Bombardier a Global Operation », *Financial Post*, 12 juin 1989.
7. Entrevue avec Laurent Beaudoin, président de Bombardier, 25 avril 2001.
8. A. BOOTH, « Bombardier's Role Emerging in Quebec », *Financial Post*, 28 juin 1975.
9. Jeffrey SIMPSON, « Ontario Playing into Separatist Hands », *Globe and Mail*, 21 juillet 1977.
10. Matthew FRASER, *Quebec Inc: French-Canadian Entrepreneurs and the New Business Elite*, Toronto, Key Porter Books, 1987, p. 158.

Chapitre 4 – Le contrat du siècle: le métro de New York (1982)

1. Service de nouvelles de la *Gazette*, « Quebec Minister Has Praise for Feds », *The Gazette*, Montréal, 20 mai 1982.
2. L. IAN MACDONALD, « Bombardier Deal Brings Out Landry's Mean-Minded Side », *The Gazette*, Montréal, 21 mai 1982.
3. Aileen MCCABE, « Canada's Cold Shoulder Irks Bombardier », *The Gazette*, Montréal, 12 décembre 1983.
4. Agence de presse du CP, « Aid to Bombardier Unfair, CAE Boss Says », *The Gazette*, Montréal, 17 juin 1982.
5. John SAUNDERS, « Bombardier: The Government Did Something Right », *The Gazette*, Montréal, 22 juin 1982.
6. Agence de presse du CP, « Political Action Puts Subway Deal in Jeopardy », *The Gazette*, Montréal, 28 mai 1982.
7. John KING, « Bombardier Loan a $67-million Waste, Study Says », *Globe and Mail*, 17 juillet 1982.
8. Entrevue avec Edward C. Lumley, ancien ministre libéral, 13 janvier 2001.
9. Norman PROVENCHER, « Bombardier's Careful Research Helps it Win Transit Contracts », *Globe and Mail*, 19 novembre 1982.
10. G. GOAD et A. FREEMAN, « Bombardier Team is Making New Tracks », *Wall Street Journal*, 9 juin 1989.

11. Raymond ROYER, « Managing By Commitment », *Business Quarterly*, printemps 1991.
12. Robert PERRY, « We Helped Each Other to Beat Some Very High Odds », *Financial Post*, 22 mars 1986.
13. Raymond ROYER, *op. cit.*
14. Robert PERRY, *op. cit.*
15. *Ibid.*
16. *Ibid.*
17. Graham WARWICK, « Canadian Turnaround », *Flight International*, 9 août 1995.
18. *Ibid.*
19. Raymond ROYER, *op. cit.*
20. Agence de presse du CP, « Bombardier Train Called Lemon », *The Gazette*, Montréal, 12 avril 1985.
21. Agence de presse du CP, « Quebec-Made Subway Trains Break Down in NY », *The Gazette*, Montréal, 8 juin 1985.
22. Associated Press, « New York Senator Denounces Bombardier », *The Gazette*, Montréal, 24 octobre 1985.
23. Alan GRAY, « The Next Station on Bombardier's Route », *Financial Times of Canada*, 18 juillet 1988.
24. J. LANCASTER, « Young's Brother Paid to Lobby City », *Atlanta Journal and Constitution*, 18 mai 1986.
25. *Ibid.*
26. *Ibid.*
27. Tara PARKER-POPE, « Rail Team Partner Hiding No Skeletons », *Houston Chronicle*, 4 mai 1991.
28. *Ibid.*
29. Bertrand MARCOTTE, « Bombardier Counts on "D" to Succeed », *Globe and Mail*, 24 octobre 1988.
30. Aileen MCCABE, « Canada's Cold Shoulder Irks Bombardier », *Financial Post*, 12 décembre 1983.
31. Peter MENYASZ, « Bombardier's Formula for Growth », *Financial Times of Canada*, 28 novembre 1983.
32. Antonia ZERBISIAS, « How Do You Make a Turkey Soar », *Report on Business Magazine*, octobre 1987.
33. Peter COOK, « Foreign Moves Convince Ottawa to Subsidize Exports », *Globe and Mail*, 25 mai 1981.
34. *Ibid.*

Chapitre 5 – La grande conquête : le transport des années 1980 et 1990

1. Peter LYNCH et John ROTHCHILD, *Beating the Street*, New York, Simon & Schuster, 1994.
2. Christian ALLARD, « The Fast Track », *Canadian Business*, 30 janvier 1990, p. 31.
3. Wendie KERR, « Bombardier Looks to Amtrak's LRC to Open Doors », *Globe and Mail*, 7 juin 1980.
4. *Ibid.*
5. Stephen BRUNT, « Via's LRC Train Chugging Behind Promises », *Globe and Mail*, 12 mars 1984.
6. Deirdre MCMURDY, « High-Speed Rivals », *Maclean's*, 3 juin 1991.
7. Drew FAGAN, « Bombardier Hits Rail Jackpot », *Globe and Mail*, 16 mars 1996.
8. Paul MCKAY, « Deadbeat Loans Cost Taxpayers Billions », *Winnipeg Free Press*, 19 mars 2000.

9. Anonyme, « Critics Question $1B in Canadian Loans to Amtrak », *Congress Daily*, 4 avril 2000.
10. William MIDDLETON, « 120 Years of Passengers By Rail », *Railway Age*, 1er juin 1996.
11. Lawrence FABIAN, « Driverless Metros Are on a Roll », *Mass Transit*, 19 septembre 1997.
12. Anonyme, « Talks with Bombardier Over UTDC Are at Crucial Stage », *The Globe and Mail*, 20 décembre 1985.
13. Anonyme, *ibid.* (traduction de l'anglais)
14. Alan Christie, « Bombardier Deal Will Create a National Firm, Peterson Says », *Toronto Star*, 21 décembre 1985.
15. Jean-Philippe Décarie, « UTDC lui échappe mais Bombardier se place les pieds en Europe », *Le Journal de Montréal*, 7 mars 1986.
16. Matthew HORSMAN, « Bombardier a Hit in Europe », *Financial Post of Canada*, 25 octobre 1989.
17. Barrie MCKENNA, « Bombardier to Build Channel Tunnel Trains », *Globe and Mail*, 27 juillet 1989.
18. Ann GIBSON, « Global Strategies », *Globe and Mail*, 31 décembre 1993.
19. *Ibid.*
20. Konrad YAKABUSKI, « Bombardier Sets Out on a European Odyssey », *Toronto Star*, 19 décembre 1993.
21. François SHALOM, « Adtranz Talks Tough », *The Gazette*, Montréal, 26 mai 1999.
22. Alan FREEMAN, « Bombardier Target Eastern Europe », *Globe and Mail*, 11 mai 1998.

Chapitre 6 – L'envol de l'aéronautique

1. Antonia ZERBISIAS, « How Do You Make a Turkey Soar ? », *Report on Business Magazine*, octobre 1987.
2. William SYMONDS, « Bombardier's Blitz », *Business Week*, 6 février 1995.
3. Robert W. MOORMAN, « The Deal Maker », *Air Transport World*, 1er juillet 1992.
4. Gordon PITTS, « CEO of the Year : Laurent Beaudoin », *Financial Post Magazine*, décembre 1991.
5. Christian BELLAVANCE, « Trains, Planes, and Snowmobiles », *CA Magazine*, novembre 1992.
6. Entrevue avec Laurent Beaudoin, président de Bombardier, 25 avril 2001.
7. Amanda LANG, « Honour Thy Grandfather », *Report on Business Magazine*, juin 1995.
8. Robert GIBBENS, « Bombardier Plans Mini-Car », *Globe and Mail*, 17 juin 1986.
9. Michael VALPY, « Project Venus Failed to Take Off », *Globe and Mail*, 22 février 1988.
10. Alan GRAY, « Bombardier Steps into the Billion-Dollar Class », *Financial Times of Canada*, 25 août 1986.
11. Christian BELLAVANCE, « Trains, Planes, and Snowmobiles », *CA Magazine*, novembre 1992.
12. D. STOFFMAN et E. GAJDEL, « Bombardier's Billion-Dollar Space Race », *Canadian Business*, juin 1994.
13. Christian ALLARD, « The Fast Track », *Canadian Business*, janvier 1990.
14. Gordon PITTS, « CEO of the Year : Laurent Beaudoin », *Financial Post Magazine*, décembre 1991, p. 14.
15. P. MCRAE, « Bombardier Has Ability to Turn Around Lame Ducks », *The Gazette*, Montréal, 7 mai 1990.
16. David OLIVE, *No Guts, No Glory : How Canada's Greatest CEOs Built their Empires*, Toronto, McGraw-Hill Ryerson Ltd., 2000, p. 209.
17. Ken ROMAIN, « BA Takes Option on 20 Canadair Jets », *Globe and Mail*, 10 juin 1989.
18. G. GOAD, « Salvage Strategy for Units Helps Bombardier Sell Jets », *Wall Street Journal*, 26 mars 1990.

19. David ESTOK, « Putting a Bloom on Intangibles », *The Financial Post 500,* été 1990.
20. Harvey ENCHIN, « Consensus Management? Not for Bombardier's CEO », *Globe and Mail,* 16 avril 1990.
21. Kenneth KID, « Cleared for Takeoff », *Report on Business Magazine,* novembre 1992.
22. David OLIVE, « Bombardier Retains Good Name in the M&A Game », *Financial Post,* 9 août 2000.
23. D. STOFFMAN et E. GAJDEL, « Bombardier's Billion-Dollar Space Race », *Canadian Business,* juin 1994.
24. *Ibid.*

Chapitre 7 – Une révolution dans le ciel : les avions régionaux

1. François SHALOM, « The Roads Ahead », *The Gazette,* Montréal, 17 avril 1999.
2. Entrevue avec Eric McConachie, président, AvPlan inc., 22 novembre 2000.
3. *Ibid.*
4. *Ibid.*
5. *Ibid.*
6. S. LOGIE, *Winging It: The Making of the Canadair Challenger,* Toronto, Macmillan Canada, 1992, p. 191.
7. Lettre d'AvPlan inc. à Dick Richmond (document interne), 23 septembre 1986.
8. Lettre d'AvPlan inc. à Donald Lowe (document interne), 31 octobre 1986.
9. Entrevue avec Eric McConachie, président, AvPlan inc., 22 novembre 2000.
10. *Ibid.*
11. Barry CAME, « Sky King », *Maclean's,* 11 août 1997.
12. M. BAGHAI, S. COVEY, R. FARMER et H. SARRAZIN, « The Growth Philosophy of Bombardier », *The McKinsey Quarterly,* n° 2, 1997.
13. *Ibid.*
14. Konrad YAKUBUSKI, « Bob Brown in Command », *Report on Business Magazine,* 27 octobre 2000.
15. *Ibid.*
16. *Ibid.*
17. S. BOURETTE, « Bombardier Rewards Brown by Promoting Him to Top », *Globe and Mail,* 9 décembre 1998.
18. Konrad YAKUBUSKI, *op. cit.*
19. *Ibid.*
20. Entrevue avec Robert Brown, président et chef de la direction, Bombardier, 7 mai 2001.
21. *Ibid.*
22. David CRANE, « Takeover Pace Forecast to Pick Up Again in '90s », *Toronto Star,* 30 novembre 1990.
23. Robert GIBBENS, « Canadair Chief Calls for Aid to Aerospace Firms », *Financial Post,* 27 décembre 1993.
24. Pierre LORTIE, *Economic Integration and the Law of GATT,* New York, Praeger Publishers, 1975.
25. Barry CAME, « Sky King », *Maclean's,* 11 août 1997.
26. Kathryn LEGER, « Tough Guy on the Tarmac », *Financial Post,* 1er août 1998.
27. Jennifer RICH, « Fly, Fly Away », *Latin Finance,* 1er mars 1999.
28. François SHALOM, « Meet Bombardier's Challenger », *The Gazette,* Montréal, 3 février 2001.
29. Peter C. NEWMAN, « Flying High With the Little Engine That Could », *Maclean's,* 27 mars 1989.

30. Michael JENKINSON, « Ralph Bombs Bombardier Loan », *Alberta Report,* 11 novembre 1996.
31. Terence CORCORAN, « How We Pay for Ford, Bombardier », *Globe and Mail,* 23 octobre 1996.
32. Michael JENKINSON, « Back to National Unity Through Spending », *Alberta Report,* 4 novembre 1996.
33. Derek FERGUSON, « Military Deal Won Without Tender », *Toronto Star,* 1er juin 1998.
34. *Ibid.*
35. Thomas WALKOM, « Why the Lion Bombardier is Under Attack », *Toronto Star,* 6 juin 1998.
36. Notes d'Yvan Allaire, 19 juillet 2001.
37. Laurent BEAUDOIN, « Bombardier Plans to Fly Without Government Help », *Canadian Speeches,* janvier 1997.
38. *Ibid.*
39. *Ibid.*
40. Bombardier Corp., « Bombardier and the Canadian Government – Backgrounder », [en ligne]. www.bombardier.com (26 juin 1998)

Chapitre 8 – Étendre ses ailes

1. Entrevue avec John Holding, vice-président, ingénierie, Bombardier Aéronautique, 11 avril 2001.
2. *Ibid.*
3. D. STOFFMAN et E. GAJDEL, « Bombardier's Billion-Dollar Space Race », *Canadian Business,* juin 1994.
4. Entrevue avec John Holding, vice-président, ingénierie, Bombardier Aéronautique, 11 avril 2001.
5. *Ibid.*
6. *Ibid.*
7. Anthony BIANCO et William SYMONDS, « Gulfstream's Pilot », *Business Week,* 14 avril 1997.
8. Agence de presse M2 Presswire, « Bombardier Global Express Certified », *M2 Communications Ltd.,* 4 août 1998.
9. Anthony VELOCCI fils, « Bombardier Disciplined in Innovation Strategy », *Aviation Week and Space Technology,* 4 décembre 2000.
10. *Ibid.*
11. Entrevue avec John Holding, vice-président, ingénierie, Bombardier Aéronautique, 11 avril 2001.

Chapitre 9 – Deux décennies mouvementées à Valcourt

1. Amanda LANG, « Honour Thy Grandfather », *Report on Business Magazine,* juin 1995.
2. *Ibid.*
3. M. BAGHAI, S. COVEY, R. FARMER et H. SARRAZIN, « The Growth Philosophy of Bombardier », *The McKinsey Quarterly,* nº 2, 1997.
4. Morgan MURPHY, « Abominable Snowmobile », *Forbes,* 20 mars 2000.
5. S. ZESIGER, « The Big Ticket ; Zero to 60 in Three Seconds », *Fortune,* 31 mars 1997.
6. Urban OHMAN, « How to Snowmobile Open Water », www.itv.se / ~ohm / snowopen.
7. *Ibid.*
8. Morgan MURPHY, *op. cit.*
9. S. ZESIGER, *op. cit.*
10. Morgan MURPHY, *op. cit.*
11. Steve WATERS, « New Wave Emerges in OMC's Wake », *South Florida Sun-Sentinel,* 16 février 2001.

Chapitre 10 – Stratégie et gouvernance

1. François SHALOM, « The Road Ahead », *The Gazette*, Montréal, 17 avril 1999.
2. Yvan ALLAIRE et Mihaela FIRSIROTU, *L'entreprise stratégique : penser la stratégie*, Boucherville, Gaëtan Morin, 1993.
3. Yvan ALLAIRE, « Is Strategic Planning an Oxymoron ? », mémoire de recherche, Université du Québec, 1988.
4. Entrevue avec Yvan Allaire, vice-président directeur, Bombardier, 25 avril 2001.
5. Harvey ENCHIN, « Consensus Management ? Not for Bombardier's CEO », *Globe and Mail*, 16 avril 1990.
6. Gordon PITTS, « CEO of the Year : Laurent Beaudoin », *Financial Post Magazine*, décembre 1991.
7. Entrevue avec Yvan Allaire, vice-président directeur, Bombardier, 25 avril 2001.
8. M. BAGHAI, S. COVEY, R. FARMER et H. SARRAZIN, « The Growth Philosophy of Bombardier », *The McKinsey Quarterly*, n° 2, 1997.
9. Entrevue avec Yvan Allaire, vice-président directeur, Bombardier, 25 avril 2001.
10. Nigel HOLLOWAY, « Bombardier's Master Builder », *Forbes*, 19 avril 1999.
11. Entrevue avec Yvan Allaire, vice-président directeur, Bombardier, 25 avril 2001.
12. Entrevue avec Laurent Beaudoin, président de Bombardier, 25 avril 2001.
13. M. BAGHAI *et al.*, *loc. cit.*
14. Entrevue avec Laurent Beaudoin, président de Bombardier, 25 avril 2001.
15. *Ibid.*
16. Bruce LIVESAY, « Ceiling Unlimited », *Globe and Mail*, 28 mars 1997.
17. M. BAGHAI *et al.*, *loc. cit.*
18. Bruce LIVESAY, *op. cit.*
19. Thomas PETERS et Robert WATERMAN, *In Search of Excellence : Lessons From America's Best-Run Companies*, New York, Harper & Row, 1982, p. 318.
20. GENERAL ELECTRIC, *Annual Report*, 1995.
21. M. BAGHAI *et al.*, *loc. cit.*
22. *Ibid.*
23. S. BROWN et K. EISENHARDT, « Patching », *McKinsey Quarterly*, n° 3, 2000.
24. Joel JOHNSON, « Sea-Doo and Kawasaki Reorganize », *Boating Industry*, 1er août 1997.

Chapitre 11 – Passation des pouvoirs

1. Ann WALMSLEY, « Meet the New Boss », *Report on Business Magazine*, avril 1999.
2. William MILLER, « Bombardier CEO Has Tough Act to Follow », *Industry Week*, 5 juillet 1999.
3. Konrad YAKUBUSKI, *op. cit.*
4. Entrevue avec Robert Brown, président et chef de la direction, Bombardier, 7 mai 2001.
5. *Ibid.*
6. Konrad YAKUBUSKI, *op. cit.*
7. *Ibid.*
8. Entrevue avec Robert Brown, président et chef de la direction, Bombardier, 7 mai 2001.
9. Anonyme, « Intelligence Management Philosophy », *The Weekly of Business Aviation*, 11 novembre 1991.
10. Entrevue avec Robert Brown, président et chef de la direction, Bombardier, 7 mai 2001.
11. *Ibid.*
12. Laurent Beaudoin, dans une entrevue accordée à l'auteur le 27 juillet 2011 (à moins d'indication contraire, les propos de Laurent Beaudoin dans ce chapitre sont extraits de cette entrevue).

13. La titrisation consiste à substituer à des formules de crédit bancaire des formules de titres négociables ou de contrats portant sur ces titres.
14. Konrad YAKABUSKI, « Hit the brakes… full speed ahead », *The Globe and Mail*, 27 août 2004.
15. Konrad YAKABUSKI, *op. cit.*
16. René VÉZINA, « Laurent Beaudoin : le leader stratégique, » *Les Affaires*, 5 février 2011. www.lesaffaires.com / leadership / confidences-de-leaders / laurent-beaudoin-le-leader-stratgique / 524236
17. International Business Families Centre website. http: / / expertise.hec.ca / businessfamilies / 2008 / 10 / 05 / cifa-inauguration
18. Joe CASTALDO, « Laurent Beaudoin Interview : Déjà vu », *Canadian Business*, 18 août 2008.
19. Entrevue avec l'auteur, 4 avril 2011.
20. Bruce SIMPSON, « Flying people, not airplanes : the CEO of Bombardier on building a world-class culture », McKinsey & Co., 2010.
21. Addison SCHONLAND, « Bombardier's Risk Mitigation on the CSeries Supply Chain », site de *AirInsight Consultancy*, 4 mars 2011.
22. Michel NADEAU, « Bombardier et les cycles de l'économie, » *Magazine Forces*, 16 décembre 2008.
23. François SHALOM, « Bombardier fires back at CSeries critics, » *The Gazette*, Montréal, 15 octobre 2009.
24. François SHALOM, *op. cit.*
25. René VÉZINA, *op cit.*

Un bref historique de Bombardier Inc.

1937

— Joseph-Armand Bombardier obtient son premier brevet d'invention pour le système de traction barbotin-chenille, invention révolutionnaire qui lui permettra de développer l'autoneige B7.

1942

— Joseph-Armand Bombardier fonde L'Auto-Neige Bombardier limitée, une entreprise basée à Valcourt, dans la province de Québec.

— L'entreprise contribue à la fabrication de véhicules militaires chenillés.

1945

— Début de la production des autoneiges C18, dont on se servira pour conduire les enfants à l'école.

— La production de l'autoneige B12 s'intensifie. Le véhicule sera utilisé par les transports publics, les services postaux, les services ambulanciers et pour le transport de marchandises.

1948

— Le gouvernement du Québec vote une loi qui rend obligatoire le déneigement des routes et des autoroutes de la province. L'Auto-Neige Bombardier limitée voit ses ventes chuter de moitié en un an.

1953

— La compagnie diversifie sa gamme de produits en introduisant plusieurs nouveaux véhicules comme le tracteur tout-terrain Muskeg, dont on se servira dans plusieurs secteurs de l'industrie pour transporter des charges lourdes sur la neige ou en terrains difficiles.

1959

— Introduction de la motoneige Ski-Doo. La marque reste aujourd'hui le numéro un mondial.

1963

— Le 1er mai, Laurent Beaudoin se joint à L'Auto-Neige Bombardier limitée à titre de contrôleur.

1964

— Joseph-Armand Bombardier meurt en laissant la direction de sa compagnie entre les mains de son fils, Germain.

1966

— Démission de Germain Bombardier. Laurent Beaudoin devient président et chef de la direction de la compagnie, un poste qu'il occupera jusqu'en 2008.

1967

— L'Auto-Neige Bombardier limitée est rebaptisée Bombardier limitée.

1968

— Lancement de la motomarine Sea-Doo.

— Bombardier limitée se lance, par l'entremise de plusieurs acquisitions, dans un programme d'intégration verticale. Acquisition de LaSalle Plastics Ltd. ; participation dans Ville-Marie Rembourrage et dans Walker Manufacturing Co. Ltd. (une manufacture de textile à Richmond).

1969

— Bombardier met ses actions en vente sur les Bourses de Montréal et de Toronto.

1970

— Dans le cadre de son nouveau programme d'acquisition, Bombardier achète la compagnie autrichienne Lohnerwerke GmbH, fabricant de tramways, et sa filiale Rotax-Werk AG, fabricant des moteurs qu'elle utilisera dans ses motoneiges et plus tard dans ses véhicules aquatiques et tout-terrain.

1971

— Acquisition de Moto-Ski.

1972

— Les ventes annuelles de Ski-Doo atteignent un nouveau sommet avec 210 000 unités vendues.

— Création de Crédit Bombardier ltée, au Canada, et de Bombardier Credit Inc., aux États-Unis, qui fourniront du financement sur inventaire aux concessionnaires Ski-Doo. Le service s'étendra par la suite à d'autres produits et offrira une option de crédit-bail sur les produits ferroviaires, ainsi que des prêts commerciaux.

1973

— Lancement de la motocyclette Can-Am.

1974

— L'industrie de la motoneige est décimée par la flambée des prix de l'énergie et par la récession économique, ce qui pousse Bombardier à se diversifier vers le secteur du transport en commun. Un premier contrat l'amènera à construire 423 voitures pour le métro de Montréal.

1975

— Le siège social de Valcourt déménage à Montréal.

— Bombardier achète MLW-Worthington Ltd., un fabricant de locomotives qui détient la technologie des trains LRC (léger, rapide et confortable). Une nouvelle entité est créée sous le nom de Bombardier-MLW Ltd. qui deviendra Bombardier inc. en 1978.

1976

— La division ferroviaire de Bombardier remporte son premier contrat américain: elle fabriquera des voitures pour le Chicago South Suburban Mass Transit District, une société de transport public desservant la banlieue de Chicago.

— Première livraison des wagons de métro de Montréal.

1981

— Commande de 180 voitures pour le métro de Mexico.

1982

— Bombardier décroche un fabuleux contrat de 1 milliard de dollars pour fabriquer des voitures pour le métro de la ville de New York. Cette commande fait d'elle la plus grande productrice de véhicules ferroviaires en Amérique du Nord.

1984

— Bombardier obtient les droits de licence sur le design du monorail et des systèmes WEDWAY People Mover de Disney World.

1986

— L'acquisition de Canadair, fabricant du jet d'affaires Challenger, marque le début de la diversification de Bombardier dans l'aéronautique.

— Nomination de Raymond Royer au poste de président et chef de l'exploitation de Bombardier inc.

— L'expansion de la division ferroviaire vers l'Europe s'amorce avec l'achat de 45 pour cent de la firme belge BN Constructions Ferroviaires et Métalliques S.A.

1987

— Entente avec Alstom (alors GEC-Alsthom) concernant la commercialisation du train à grande vitesse en Amérique du Nord.

— Acquisition des designs pour les véhicules ferroviaires des fabricants américains Budd et, l'année suivante, Pullman.

1988

— La deuxième génération de motomarines Sea-Doo est lancée sur le marché.

1989

— Bombardier renforce sa présence dans le secteur aéronautique en acquérant la firme irlandaise Short Brothers.
— Bombardier fait l'acquisition d'ANF Industrie (France), le deuxième fabricant français de matériel roulant ferroviaire.
— Obtention d'un contrat pour la conception et la fabrication de 252 navettes sur rail qui transporteront les voitures et autobus à travers le tunnel sous la Manche.

1990

— Bombardier élargit sa gamme de jets d'affaires en faisant l'acquisition de la firme Learjet.

1991

— Vol inaugural du jet régional à 50 places de Canadair. Le CRJ est le premier jet commercial à vocation régionale.
— Première phase de développement du jet d'affaires Global Express.

1992

— Acquisition du fabricant canadien de métros automatisés Urban Transport Development Corp. (UDTC).
— Bombardier acquiert une part majoritaire de l'avionneur de Havilland, fabricant du turbopropulsé Dash 8.
— Acquisition des actifs du fabricant de matériel ferroviaire mexicain Constructora Nacional de Carros de Ferrocarril (Concarril).

1994

— Contrat pour le métro de Kuala Lumpur, en Malaisie.

1995

— Acquisition par Bombardier Transport de Waggonfabrik Talbot GmbH & Co., KG, fabricant allemand de matériel de transport.
— Introduction du programme Flexjet, qui permet d'acheter des jets d'affaires en multipropriété.

— La gamme des turbopropulsés Dash 8 s'enrichit d'une version à 70 places. Vol inaugural de l'avion d'affaires Learjet 45. Bombardier devient le troisième avionneur civil en importance après Boeing et le consortium Airbus.
— Les ventes annuelles de la motoneige Ski-Doo atteignent les 110 000 unités vendues.

1996
— Pierre Beaudoin est nommé président et chef de l'exploitation du groupe Produits de consommation motorisés.
— Amtrak choisit le consortium Bombardier/Alstom comme fournisseur pour les trains à grande vitesse qui desserviront le couloir Washington New-York-Boston.
— Dévoilement du véhicule électrique de proximité NV.

1997
— Livraison du 200e jet régional Canadair, du 500e Dash 8 et du 400e jet d'affaires Challenger.
— Bombardier Aéronautique lance le CRJ-700, une version à 70 places du jet régional Canadair.
— La Ville de New York accorde à Bombardier un contrat de 1,3 smilliard de dollars pour la fabrication de 680 voitures de métro.
— Obtention d'un contrat pluriannuel de 2,85 milliards de dollars visant l'entraînement des pilotes de l'OTAN au Canada.

1998
— Acquisition du fabricant de matériel de transport sur rail Deutsche Waggonbau AG (DWA) de Berlin, en Allemagne.
— Création de Bombardier International, un nouveau groupe opérationnel qui s'intéressera aux possibilités de croissance sur les marchés étrangers, ailleurs qu'en Europe et en Amérique du Nord.
— Le groupe ferroviaire britannique Virgin Rail accorde à Bombardier un contrat de 2,6 milliards visant l'entretien de ses équipements.
— Dévoilement du Traxter, le nouveau véhicule tout-terrain de Bombardier.

1999

— Robert E. Brown est nommé président-directeur général de Bombardier. Laurent Beaudoin demeure au sein de l'organisation à titre de président du conseil d'administration.
— Le ministère des Chemins de fer de la Chine commande 300 voitures à Bombardier pour son réseau de trains interurbains.
— Commande importante de la Long Island Railroad pouvant totaliser, avec ses options, 2,7 milliards de dollars pour plus de 1 000 véhicules ferroviaires.

2000

— Des filiales régionales de Delta Airlines signent une entente pour 94 jets régionaux Canadair. La commande s'élève à près de 3 milliards de dollars.
— Le développement du CRJ-900, jet régional Canadair à 90 places, est annoncé.

2001

— Bombardier achète la société berlinoise Adtranz. Cette acquisition fait de Bombardier Transport le plus grand constructeur de matériel ferroviaire au monde.
— Bombardier achète à la Outboard Marine Corporation les divisions de moteurs hors-bord Johnson et Evinrude.

2001

— Bombardier remporte un contrat auprès de la SNCF et des Régions pour la fourniture de 500 Autorails Grande Capacité (AGC), une quantité qui sera haussée à 700 trains, ce qui constitue la plus grande série dans l'industrie ferroviaire moderne.

2002

— Mise en service du Millenium SkyTrain de Vancouver, le plus long système de métro entièrement automatisé au monde.
— Bombardier Produits récréatifs révolutionne l'industrie de la motoneige avec les nouveaux modèles Ski-Doo REV.
— Nomination de Paul M. Tellier comme président et chef de la direction de Bombardier (décembre 2002 à décembre 2004).

2003

— Vente de la division Produits récréatifs à un groupe composé de membres de la famille Bombardier, de Bain capital et de la Caisse de dépôt et placement du Québec. La nouvelle entité prend le nom de BRP.

2004

— En décembre, retour de Laurent Beaudoin comme président et chef de la direction de Bombardier.

2006

— Bombardier remporte le contrat emblématique du Francilien (NAT) qui porte sur 372 trains de banlieue pour la région d'Île-de-France, dont 172 en commande ferme pour 1,3 milliard d'euros.

2007

— Bombardier obtient un contrat de la Delhi Metro Rail Corporation Ltd (DMRC) en Inde, un contrat historique pour de l'équipement de signalisation ferroviaire d'une valeur de 43 millions de dollars américains.

— Pénétration majeure du marché chinois avec trois contrats successifs rapportant à Bombardier environ 760 millions de dollars américains, pour la fabrication de trains à grande vitesse, de navettes automatisées et d'équipement de signalisation ferroviaire.

2008

— Vol inaugural du CRJ-1000 à 100 places.

— Pierre Beaudoin devient président et chef de la direction de Bombardier inc.

— Bombardier donne le feu vert au développement des avions de la gamme CSeries, une nouvelle génération d'avions commerciaux à 110 et 130 places.

Index

Remerciements

Je voudrais remercier la directrice d'édition Karen Milner de m'avoir suggéré le sujet de ce livre. Mes remerciements également aux rédacteurs Ron Edwards et Elizabeth McCurdy, qui m'ont aidé à peaufiner mon manuscrit.

Je suis reconnaissant à Bombardier inc. de m'avoir autorisé à interviewer son personnel, et plus particulièrement: Laurent Beaudoin (président), Robert Brown (président-directeur général), Yvan Allaire (vice-président à la direction et président de Bombardier Capital), Jeremy Lee Jonas (vice-président, initiatives stratégiques) et John Holding (vice-président directeur, ingénierie et développement de produits). Michel Lord, le vice-président aux communications et relations publiques, a cordialement organisé ces entretiens.

Je me suis entretenu avec plusieurs personnes qui ne sont pas de chez Bombardier. Pour le temps qu'ils m'ont accordé et pour leurs commentaires, je tiens à remercier: Eric McConachie (président de la firme-conseil en aviation AvPlan Inc.), John Hethrington (ancien cadre de Bombardier) et Ed Lumley (ex-ministre libéral qui est aujourd'hui vice-président et directeur de BMO Nesbitt Burns Inc.). J'ai également eu des communications intéressantes avec d'autres personnes telles que Wanda Pokrykus (ancienne employée de Bombardier), René Armando Armas (détenteur d'une maîtrise en administration des affaires spécialisé dans le secteur aéronautique), ainsi que Luc Sirois et Hugo Sarrazin (conseillers chez McKinsey & Co.).

Je me suis référé, pour écrire les sections relatives à Joseph-Armand Bombardier et aux premières années de la compagnie, aux ouvrages de Roger Lacasse (*Joseph-Armand Bombardier: le rêve d'un inventeur*, 1988) et de Carol Precious (*J. Armand Bombardier*, 1984). Certaines données historiques ont été tirées d'un livre publié en 1987 par Matthew Fraser, *Québec Inc.: les Québécois prennent d'assaut le monde des affaires*, et de l'ouvrage de David Olive, *No Guts, No Glory: How Canada's Greatest CEOs Built their Empires* (2000).

Merci à David et Diana Nicholson de m'avoir accueilli si chaleureusement dans leur résidence de Westmount et de m'avoir intégré au merveilleux groupe de discussion qu'ils tiennent tous les mercredis depuis plus de deux décennies, et durant lequel d'estimables citoyens montréalais sont invités à partager leurs idées. Je remercie également David et Diana de m'avoir mis en contact avec des gens de Bombardier, et d'avoir fait de Bombardier le sujet de quelques-unes de leurs soirées de discussion du mercredi.

En dernier lieu, je veux remercier Erwan Leseul, vice-président aux Éditions de l'Homme, d'avoir entrepris et soutenu une traduction en français. Je me sens aussi le débiteur de Monic Robillard, pour sa contribution à la vérification, au remaniement et à l'enrichissement du texte établi pour l'édition française.

TABLE DES MATIÈRES

DEUXIÈME PARTIE

TROISIÈME PARTIE

QUATRIÈME PARTIE